Henri Matisse
Open Window, Collioure (1905)
oil on canvas

야생의 진리

박동환
철학선집 VI

야생의 진리

불타는 자아의 경계 위에 살다

사월의책

야생의 진리

1판 1쇄 발행 2021년 6월 30일

지은이 박동환
펴낸이 안희곤
펴낸곳 사월의책

편집 박동수
디자인 김현진

등록번호 2009년 8월 20일 제2012-000118호
주소 경기도 고양시 일산서구 중앙로 1388 동관 B113호
전화 031)912-9491 | 팩스 031)913-9491
이메일 aprilbooks@aprilbooks.net
홈페이지 www.aprilbooks.net
블로그 blog.naver.com/aprilbooks

ISBN 978-89-97186-84-6 94100
ISBN 978-89-97186-64-8 (세트)

* 책값은 뒤표지에 있습니다.

차례

머리말 1

1.

20세기의 야수파 화가들 가운데 개척자로 앞서 나타난 앙리 마티스(1869~1954)는 이렇게 말했다.

> "내가 초록색을 칠할 때 그것은 풀이 아니다. 내가 파란색을 칠할 때 그것은 하늘이 아니다."[1] "나는 자연을 예속적으로 복사하지 않는다."[2]

이는 그의 그림이 가리키고 있는 바로 그 대상으로부터의 해방을 선언하는 것이다. 그의 1905년의 작품「열려 있는 창」에서 바다는 옅은 붉은 색을 띠고, 거기에 떠 있는 배는 오렌지색과 검은색을 두르고 있으

풀이말

1) Henri Matisse, "Henri Matisse Quotes," http://www.matissepaintings.org/quotes/

2) Henri Matisse, "Notes of a Painter," https://www.austincc.edu/noel/writings/matisse%20-%20notes%20of%20a%20painter.pdf

며 그 닻은 짙은 오렌지색이다. 바다를 향해 열려 있는 창문의 유리창은 방안의 벽을 비추는데 위는 파란색과 붉은색을, 아래는 검은색을 띠고 있다.

그림이 보여주는 사물들의 색깔은 사물 자체들로부터 독립하여 있다. 야수파 화가들은 그렇게 그들이 관찰하는 대상에서 해방되어 독립한 색채 고유의 자유로운 질서를 탐구하고 있는 것이다. 왜 그들은 그들이 그리는 바로 그 대상으로부터의 해방을 추구했는가? (201208)

2.

고대 그리스의 철학자 플라톤은 그림에 대한 그 나름의 견해를 가지고 있었다. 그에 따르면 가장 이상적인 그림은 사물들의 종류에 따라 존재하는 이데아 곧 형상을 충실하게—말하자면 예속적으로—복사하는 것이다. 현실계의 사물들 또는 대상들은 그렇게 형상들의 복사품이며, 화가들의 그림은 그런 대상들 곧 복사품들의 복사품이다. 그러해서 플라톤도, 그를 따라 대상들을 가능한 한 충실하게 복사하려고 했던 화가들도, 야수파 화가들이 추구했던 '대상 세계로부터의 해방'을 이해할 만한 단계에 이르지 못했었던 것이다.

야수파 화가들은 사물 또는 대상 자체에 별로 충실하지도 않은, 그래서 다만 그 임시적 분류 명칭 또는 명사에 다름 아닌 형상(形相), 그런 허구의 대상 세계로부터 해방 독립한 활기찬 색채들이 스스로 불타며 만들어내는 야생의 시야를 개척하고 있었다. (201209)

3.

여기서 나는 저 야수파 화가들로부터 시작된 색채들의 자유로운 질서에 관한 탐구를 넘어 창밖으로 펼쳐지는 시야에서 자연의/시간의 존재들이 각기의 자신을 불태우며 만들어가는 '야생의 뜀터' '야생의 광야'를 개척하는 실험을 이어가고 있다. (201210)

머리말 2

1.

20세기의 인류학자 클로드 레비스트로스는 '야생의 사고'[1]라고 이름한 인류 보편의 논리 구조를 깊이 파고 들어갔다. 그것은 문명 이후 인류가 모색해온 합리성의 논리 구조가, 결코 원시 단계의 인류가 이미 지니고 있었던 합리성의 논리 구조와 크게 다른 것이 아니라는 관찰에 근거한 것이었다.

21세기의 지금 여기에 내건 '야생의 진리'라는 것은, 오히려 문명 이후의 인류에게는 거의 회복 불가능한 미지의 영역이 되어버렸다는 관찰에 근거를 두고 있다. 그렇게 야생의 진리라는 인류 본래의 체험인 그것이 오늘날 회복 불능의 상태에 이른 것은, 주로 인류의 언어조작 기술의 발달로 말미암은 것이다. 왜냐하면, 언어 사용에 의지해 사물 사

풀이말

1) Claude Levi-Strauss, ***La Pensée sauvage***. Paris: Plon, 1962, 2009. ***The Savage Mind***. Chicago: University of Chicago Press, 1966.

건에 접근하면, 야생의 진리 곧 언어체계 저편에 있는 체험 본래의 척도 x가 시야에 들어오지 않기 때문이다.

그리고 인류의 언어조작 기술은 수십만 년 전 지구 위에 살았던 호모에렉투스가 돌도끼를 사용해 자연을 조작하고 매개 개척했던 기술에서 비롯하는 것이다.[2] (201029)

2.

그러므로 적어도 수천 년 동안 역대의 철학자들은 거의 모두 돌이킬 수 없는 지나침을 감행한 것으로 보인다. 동서양을 통틀어 그 가장 모범적인 지나침이 플라톤에 의해 행해졌다. 그는 '모음과 나눔'[3]이라는 개념분석 절차에 따라 질서정연한 범주체계와 그에 의지하는 추론방법을 세울 수 있었다. 역대의 철학자들 가운데 이러한 유의 범주체계와 추론

---

2) "그러므로 철학사의 시원에 관한 완전한 이해는 태곳적 돌도끼의 발명자 호모에렉투스가 착안한 존재파악과 그 [개념 추상화의] 논리에 의해서 이루어진 혁명으로부터 시작하지 않으면 안 된다." "호모에렉투스의 돌도끼에 얽힌 철학사," 『동양의 논리는 어디에 있는가』 (1993년 초판) 고양, 경기: 사월의책, 2017, 54쪽.

3) "[플라톤이 원숙기에 들어서 쓴] 『소피스트』 편이 대표하는 후기 변증법 '모음과 나눔'에서도 주어진 類의 사물들을 포섭하는 공통성분 곧 높은 위계의 類 또는 형상을 찾아 올라가는 '모음'의 절차가 있고, 그 모음의 類 안에 포섭된 낮은 類 또는 개별자들 사이의 서로 겨루며 견제하는 관계에서 각자가 자기 자리를 얻는 '나눔'의 절차가 있다. 특히 '모음'의 절차에서 포섭되는 類 또는 개별자들은 그들을 포섭하는 높은 類 안에서 얻는 그들의 존재 위상 및 正體가 확인, 정당화된다." 『안티호모에렉투스』 (2001년 초판) 고양, 경기: 사월의책, 2017, 157-158쪽.

방법 같은 언어 구사에서 벗어난 인물을 찾기 어려운 것은, 동서양의 문명 발달 자체가 '독선 금지'라는 자연의 계율 실은 그 절대의 계율 x를[4] 어기며 주로 언어조작 기술의 발달에 의존해 왔기 때문이다.

이는 물론 문명 이전에 호모에렉투스가 자연을 개척하고 이용하기 위해 돌도끼와 같은 도구를 매개로 사물 조작기술을 개발하는 과정의 연장선 위에서 이루어진 지나침의 결과로 볼 수 있다. 그렇게 회복 불능의 시대로 들어간 지 오래된 야생의 진리는 언제 우리 앞에 다시 떠오르는가? (201029)

3.

야생의 진리는 저러한 조작과 매개의 기술 또는 그에 따르는 말들의 수다로서 전해지는 것이 아니라, 의지하던 모든 전통과 사상이 그 말들의 수다와 함께 완전히 무력화(無力化)되는 폐허의 광야, 야생의 뜀터에 비로소 떠오르며 다가오는 것이다.

그러나 낱말과 개념들 그리고 범주체계들에 의해 이루어지는 역대 철학자들의 진리라는 것은 영원으로부터 매 순간순간에 교대하며 연이

---

4) "생명과 자연을 향한 탐구와 그 접근 방법인 실험은 끝이 없이 이어지는 인간의 물음 행위이다. 그런 탐구와 실험으로써 접근하려는 궁극의 원점 x는, 우리가 독선 독단적으로 넘겨짚을 수 있는 눈앞의 '대상'이 아니다. 따라서 '독선 금지'는 다만 자연의 계율이 아니고 마지막으로는 절대의 계율 곧 X로부터 전해지는 명령이다." 이 책 『야생의 진리』 Σ1. "모든 이야기의 핵심에는 x가 있다"의 줄기글 3.에서 따옴.

어 가는 시간/시간대들의 흐름이 제거된, 그래서 박제화된 형상과 범주들의 체계를 우리에게 남길 뿐이다. (201122)

4.

이렇게 플라톤을 비롯한 역대의 동서 철학자들이 박제화하려고 했던 시간/시간대가 매 순간순간에 보여주는 생생한 흐름의 모양을 되찾는 데에 '야생의 진리'가 지향하는 마지막 표적이 있다. 철학자들이 말하는 모든 진리의 마지막 심판자는 저 시간/시간대를 이끌고 가는 영원의 안내자 X이다.

그리고 저 시간/시간대를 이끌고 가는 자가 보여주는 '매 순간이 영원에 교차하는 모양' 그 야생의/시간의 논리를 '부재화(不在化)하며 초월함'으로 풀이한다.[5]

그러므로 '박제화된 시간/시간대의 파도를 해방하라.' 이것이 존재론적 전회의 한 선구자 클로드 레비스트로스의 '야생의 사고'가 모든 소임을 다하고 난 다음의 세대가 '야생의 진리'로서 21세기의 임박한 전지구적(global) 위기 '인류세'에 내놓는 새로운 메시지 곧 제2의 존재론적 전회이다.[6] (210311)

---

5) 이 책 Σ5. "매 순간이 초월하는 삶—순간의 논리" 참고.

6) 이 책 Σ1. 붙임 1. "x의 계보—그 합류와 독립의 역사" 그리고 이 책 Σ2. 붙임 2. "인류학—박제화된 시간/시간대의 파도를 해방하라" 참고.

Σ1
모든 이야기의 핵심에는 x가 있다

1.

1950년 6월 25일에 일어난 한국 전쟁 이후, 전대미문의 난세였던 한국 사회가 품고 있는 과제에, 문학계는 충실하게 그 소임을 다했다고 볼 수 있다. 그 당대에 호응하는 사상적 반응으로서 칠흑 밤의 별들처럼 빛나는 회고록과 작품들을 생산해냈다.[1)]

그런데 여기에 당연히 떠오르는 물음이 있다. 철학자로 알려진 분들은 그 당대에 아니면 그것의 숙성에 더 오랜 시간이 소요되는 것이라면, 그 다음세대에 그때의 체험을 반영하는 무슨 철학을 남겼는가? (200913)

6.25 전쟁으로 시작된 전대미문의 난세, 그 전쟁으로 말미암은 폐허와

풀이말

1) 이 책 Σ2. "플라톤에서 헤라클레이토스로"의 줄기글 5.에서 작가 최인훈과 시인 고은의 1950년대 회고를 참고.

야생의 시대는 어떤 모양으로 다가왔었는가? 1950년 그해를 시작하는 세상의 분위기는, 그때 '국방부 장관'이라는 이가 전혀 어떤 대비책도 없이 대통령의 '북진(北進)하라!'라는 명령만 기다린다는 공개선언을 해서 어수선했다.

> "각하께서 명령만 내리시면, 우리 국군은 점심은 평양에서, 저녁은 신의주에서 먹을 것이다."

터무니없는 역전극으로 드러난 이 선언은 당시 어린아이들도 장난삼아 던져보곤 하는 유행어였다. 그렇게 어수선하게 시작한 그해 6월 어느 날 비가 억수처럼 쏟아지는 새벽에 멀리서 울리는 포성이 들리기 시작하다 점점 격화했는데, 그렇게 단 3일이 지나더니 서울은 인민해방군의 천하가 돼 있었다. 그때 14세의 소년이 겪으며 보았던, 일파만파로 모두의 삶이 산산이 부서진 당시의 격파 장면은 아직도 그가 점검하는 '진리의 척도'를 시험하는 데 쓰인다.

그렇게 졸지에 포위된 여름 3개월 동안 서울에는 먹을 것이 귀했다. 사람들은 희멀건 시래기죽이나 보리죽 같은 것으로 배를 채우다가 채독과 설사로 병사하는 일이 흔했다. 그때 약국에는 찾는 약이 없었다. 피신할 겨를이 없었던 형들은 인민의용군으로 징발되어 대개 낙동강 전투에서 전사한 것으로 추정할 뿐이었고, 서울의 하늘에는 매일같이 뜨는 미군 폭격기의 공습으로 때 없이 방공호를 찾는 데 다급했다. (201009)

2.

이미 20세기에 들어서서 말려든 일본제국의 통치권 아래에서 제2차 세계대전을 겪다가, 1945년에 해방된 지 5년 만에 다시 터진 한국전쟁으로 폐허의 장터가 되기까지, 동아시아의 여기 한 영토에서 통과한 시간대는 한 새로운 세계 전망을 여는 개벽의 원점으로 이해할 만하다. 여기서 한 세기 가까이 겪어온 시간대의 혼돈은 모든 사상과 삶의 전통이 붕괴해버린 그런 개벽의 원점을 선언하는 데 충분한 허허벌판이다.

이는 고대의 아시아 대륙과 지중해 해안 도시들에서 시작한 문명과 함께 출현한 새로운 세계 전망을 품고 있던 시대 전환점에 해당하는 것이다. 이를테면, 고대 황하 유역에서 비롯한 선진(先秦)시대의 노자와 공자가, 또는 지중해에 인접한 주변 도시에 나타난 헤라클레이토스와 파르메니데스가, 그들이 마주친 전환 시대에 호응하는 세계 전망을 펼치던 그런 유의 개벽 원점에 놓여 있다는 감으로, 여기 이 영토에서 겪은 폐허와 야생의 시대 체험에 반응하며 접근할 만한 것이다.

다만, 기술과 정보가 양적으로 누적된 오늘의 배경은 아리스토텔레스가 향유했던 수준에 비교할 만한, 그러나 모두 '무력화(無力化)되어 버린' 유산을 전달받은 시점에 해당한다.

그러므로 현재에 한 철학자가 구상하며 개척할 만한 소임은, 한쪽으로는 과거 25세기를 통과해온 세계관의 유산을 전적으로 소화 지양하면서 새로운 세계 전망을 발상하는 일이며, 다른 한쪽으로는 그 전망 안에 떠오르는 한 개벽의 원점 x에서, 아리스토텔레스가 했듯이 각 분야에 해당하는 각론의 출발점을 유도하는 데 있다.[2)] 이를테면, 그 개벽의 원점 x를 가지고 역사와 운명, 존재와 영혼, 사회와 전쟁, 그리고 유한의 시간대를 초월하는 영원의 시간대 같은 과제에 대한 미래의 전망을 개척하는 것이다.

나는 그 새로운 미래를 전망하는 출발점에 x를 놓고 있다. x는 우연한 발상이 아니고 현재가 당면한 개벽 원점에 다가온 필연이다. (200913)

3.

철학과 학부 시절에 나는 실험심리학을 선택과목으로 청강한 적이 있다. 그 강의 가운데에는 거의 모든 그때의 이론들이 빛을 잃어버린 지금까지도 나에게 지속적인 영향을 행사하고 있는 한 부분이 있었다.

그때는 존 왓슨(John B. Watson)이 퍼뜨린 행동주의 학파의 심리학이 유행하고 있었다. 거기서 인간 또는 생명 유기체(Organism)를 이해하는 데는, 그 살아 움직이는 내면으로 들어가 볼 수가 없으므로, 그에게 어떤 자극(Stimulus)을 던져서 그로부터 돌아오는 반응(Response)의 관계 곧 'S⇨O⇨R'이라는 관계식에 의해 접근하는 것이 한 대안의 방법이라는 것이다.[3)]

---

2) 『진리의 패권은 사람에게 있는 것이 아니다』(고양, 경기: 사월의책, 2019)의 I, II, III, IV 그리고 i, ii, iii, iv에서 각각 x라는 원점으로부터 역사철학, 존재론, 신학, 사회학에 관한 담론의 기초를 어떻게 풀어낼 수 있는지를 실험하고 있다.

3) 『안티호모에렉투스』의 4. "古代 漢語와 原始 反求: 철학사 비판 I."에서, 고대 중

그런데 그러한 접근 방법은 심리학 같은 행동과학(behavioral science) 분야에서만이 아니고, 물리 과학(physical science) 분야에서도 행하는 실험 방법으로서 같은 일을 하는 것이다. 그래서 생명 유기체이든 물리적 자연이든 그것을 향해서 자극/질문을 던지고 그로부터 돌아오는 반응/응답을 함수관계로 묶으면, 그것이 곧 우리가 모든 분야에서 실험적으로 검증하려는 자연의 법칙인 것이다.

그렇게 자연 또는 우주 자체가, 더구나 그것이 통과하는 백 수십억 년의 시간대를 떠올릴 때, 그 안에 품고 있을 오래된 비밀을 직접 잡을 수 있는 것은 아니다. 그것은 영원한 블랙박스 깊은 속에 칩거하고 있으며 결코 그 온전한 정체를 직접 드러내지 않는다. 그 직접 들어가 잡을 수 없는 깊은 속의 비밀, 우리가 질문을 실험적으로 던져서 그로부터 울려 나오는 응답을 기다려야 하는 그 궁극의 원점 자체가 x이다. 그러해서, 생명과 자연을 향한 탐구와 그 접근 방법인 실험은 끝이 없이 이어지는 인간의 물음 행위이다. 그런 탐구와 실험으로써 접근하려는 궁극의 원점 x는, 우리가 독선 독단적으로 넘겨짚을 수 있는 눈앞의 '대상'이 아니다.

따라서 '독선 금지'는 다만 자연의 계율이 아니고 마지막으로는 절대의 계율 곧 X로부터 전해지는 명령이다.

국의 한어(漢語)를 배경으로 해서, 'S⇨O⇨R'의 원시 모형이라고 할 만한 '원시 반구'(原始 反求)가 은대(殷代)에서 공자에 이르기까지 이미 이해 사용되고 있었음을 증거 설명하고 있다. 『안티호모에렉투스』(2001년 초판; 고양, 경기: 사월의책, 2017)의 **4.** (61-100쪽) 참고.

그러므로 세상에 몸을 드러낸 어떤 사물 사건에 대해서도, 그 시작하는 뿌리를 따져 올라가면, 도대체 그 정체를 정의할 수 없는 그 자체 x가 있다. 생명이든 자연이든 그의 뿌리 x를 향한 진리의 물음에서 '독선 금지'는 절대의 수칙이다. 그럼에도 그 절대의 수칙을, 여전히, 가벼운 말 놀림의 대상 정도로 인식하는 이들이 있다. (200914)

그러나 다시 돌이켜보면, 실로 인간은 각기 지닌 어쩔 수 없는 한계로 말미암은 독선을 행하지 않을 수 있는 여유로운 존재가 아니다. 모두 '선(善)-대(對)-선(善)'이라는 대립 아니면 경쟁에 말려들어 가기가 일쑤이다.

> "대안으로의 출구가 없는 마당에서 비교 평가당하며 경쟁하는 가운데, 많은 어린아이와 젊은이들이 패배자가 되며, 때로는 폐기되기도 한다."[4]
>
> (200920)

4.

20세기 1950년대에 철학 공부를 시작했을 때 떠오른 철학의 위상을 지금도 나는 추구하고 있다. 철학은 '상식 ⇨ 과학 ⇨ 철학'이라는 순위를 따라 발전해온 것이며, 그에 따라 생각의 깊이와 체계가 완성되는 것이다.

---

4) 이 책 Σ2.의 붙임 3. "경쟁 그 치열한 불일치의 진로를 따라"의 줄기글 1.에서 따옴.

현실 세계의 거의 모든 분야를 탐구 영역으로 하는 과학은, 역시 세계에 주어진 거의 모든 문제의 시작과 귀결을 묻는 철학적 반성과 철학적 사변으로 나아가는 데 필수의 선수(先修) 과정이다. 과학의 흐름과 그 전선(戰線)을 무시하고 철학을 한다면, 이는 공허한 언어조작의 기술 또는 고전(古典)의 복습 아니면 암송[5]에 매달리게 할 뿐이다.

그런데 한국에서 철학을 한다는 적지 않은 분들이 예로부터 철학은 과학과 담을 쌓고 하는 심오한 사색 행위라고 이해하는지, 아니면 더 나아가 과학에 대립적 비판적 관계에서 출발하는 것이라고 믿는지 모호한 경향에 숨어있다. 이는 고대 그리스 또는 중국 전통으로부터 오는 인문주의 사상의 영향 아래에 있기 때문일 수도, 아니면 한때 서유럽 지역에 유행하던 반(反)과학 운동 또는 물질 기계문명 비판 사조에 잡혀 있기 때문일 수도 있다.

특히 요즈음 한국에서는 물질 기술 문명의 추세에 따라 일어나는 문제 상황에 대처하는 데에 오직 인문학, 인문주의의 부활에 해답이 있는 것처럼 이해되고 있다. 그러나 실은, 그러한 해답 자체가 동아시아 전통의 인문학, 인문주의에 박힌 좁은 시야에 뿌리를 내리고 있다는 한계도 돌이켜 볼 필요가 있다.

이를테면, "20세기에 들어서 한국 수필 문학을 개척한 김진섭 교수는 1940년대에 『생활인의 철학』에서 그 나름의 한 철학관(觀)을 갈파하여

5) 아래 줄기글 5.에 실린 클로드 레비스트로스의 『슬픈 열대』(79-80쪽)에서 따온 글 참고.

공감을 일으킴으로써 오늘에 이르기까지 한국인들의 독서와 교양 수준을 협소하게 또는 저급하게 한 데에 크게 기여하였다."[6] 지금까지도 한국의 교양인들과 이름난 문사들과 때로는 일부 전공자들의 철학관을 지배하고 있는 김진섭 교수의 견해는 다음과 같은 것이다.

> "그러므로 생활 속에서 부단히 인생의 예지를 추구하는 현대 중국의 '양식(良識)의 철학자' 임어당(林語堂)이 일찍이 "내가 임마누엘 칸트를 읽지 않는 이유는 간단하다. 석 장 이상 더 읽을 수 있은 적이 없기 때문이다."라고 말했는데, 이 말은 논리적 사고가 과도(過度)의 발달을 성수(成遂)하고, 전문적 어법이 극도로 분화한 필연의 결과로서, 철학이 정치 · 경제보다도 훨씬 후면에 퇴거(退去)되어, 평상인은 조금도 양심의 가책을 느끼지 않고 철학의 측면을 통과하고 있는 현대 문명의 기묘한 현상을 지적한 것으로서, 사실상 오늘에 있어서는 교육이 있는 사람들도, 대개는 철학이 있으나 없으나 별로 상관이 없는 대표적 과제가 되어 있는 것을 부정하기는 어렵다."[7]

"이는 임마누엘 칸트의 『순수이성비판』이 20세기 초에 알베르트 아인슈타인이 발표한 상대성이론의 해석과 그에 따르는 현대인의 세계관 변화에 어떻게 기여했는지에 관하여 읽어본 적이 없는 당대 '양식의 철학자' 임어당과 일급의 수필가 김진섭 교수의 미달한 불평일 뿐이다.

---

6) 『진리의 패권은 사람에게 있는 것이 아니다』 고양, 경기: 사월의책, 2019, 57쪽.

7) 김진섭, "생활인의 철학,"(362-368쪽) 『생활인의 철학』 서울: 글로벌콘텐츠, (1948) 2015.

김 교수는 또한 1940년대의 정치학과 경제학의 발전에 당시의 철학 사상과 방법론이 어떻게 관여하고 있는지에도 무지한 처지에서 근거 없는 혹평을 하고 있는 것이다."[8]

저렇게, 자연과 행위에 관한 과학의 탐구 전선에 무관심한 수준에서 하는 철학 공부라는 것은, 니체가 일찍이 플라톤에 대해 말했듯이, 정면으로 마주해야 할 '실재'의 현실 앞에서 일찌감치 '관념'의 세계로 도피하는 안일 비겁함일 수 있다.[9] (200914)

과학이 그의 모든 분야에서 일어나는 사물 사건의 뿌리에 접근하는 'S⇨O⇨R'이라는 실험과정의 끝, 거기서 만나는 것이 x이다. 말하자면, 모든 생명과 자연의 깊은 뿌리에 있는 것은 x이다. 그래서 x에는 모든 분야의 사물 사건의 뿌리를 향한 접근 방법과 그 결과가 함축되어 있다. 그러니까 x는 '독선 금지'라는 절대의 수칙을 지키며 접근하는 가상의 객관을, 그리고 그 가상의 객관에 이르는 길을 대표한다.

거기에는 이를테면 이념이나 도덕에 관한 독선과 같은 인간의 자의(恣

8) 『진리의 패권은 사람에게 있는 것이 아니다』 고양, 경기: 사월의책, 2019, 58-59쪽.

9) "플라톤은 실재 앞에서 겁쟁이였다. 그래서 그는 관념의 세계로 도피했다." Friedrich Nietzsche, ***Twilight of the Idols***, trans. R. J. Hollingdale. Penguin Books, 1968, p. 107.

意)가 개입할 여지가 비교적 없다.

그리고 x에서, 저 20세기의 과학철학자 카를 포퍼가 어떤 주장하는 명제에 대해 '증명 불가능성을, 그래서 오직 반박 가능성을' 말할 수밖에 없었던 이유를 비로소 발견한다.

그래서 사람은 오직 질문할 권리를 갖는다. 그에게는 다른 사람, 다른 생명을 향해 무엇을 확정해서 매길 내용도 권리도 없다. '선호하는 색깔에서조차' 모두 각기의 달리하는 바가 있다. 모두 각각의 고유한 특성과 그로 비롯하는 각각의 유일한 개체성을 지닌다. 그러므로 모든 이는 모든 다른 이의 x를 향해 오직 질문을 아니면 의문을 던질 수 있다. 그래서 이를테면 무엇을 확정해서 매기는 일은, 바로 그렇게 하는 자신의 자의적 독선을 행사하는 행위와 같은 것이다. 기껏해야 그것은 '선(善)-대(對)-선(善)'이라는 대립 아니면 경쟁을 걸어서 엔트로피를 증폭시킬 뿐이다.[10] (201004)

5.

하나의 이야기 가운데서 그것의 어떤 측면에 관한 일견(一見)을 토대로, 이야기 전체를 집약하고 있는 하나의 핵심 x를 이해할 수 없다.[11] 그

10) 『진리의 패권은 사람에게 있는 것이 아니다』(고양, 경기: 사월의책, 2019)의 "사사로운 대화록에서" 줄기글 3.(12-19쪽) 참고.

11) 이 책 Σ6. "불타는 자아의 경계 위에 살다"의 이야기들 1.에서 12.까지 참고.

러나 이야기 전체를 집약하는 하나의 핵심 x는, 아마도 불교의 탁월한 해설가 틱낫한이 말하는 다음과 같은 시적/현상학적 직관을 따라 '입문'할 수 있는 여지가 있다.

> "우리가 하나의 꽃을 깊이 들여다보면, 거기서 우리는 구름과 햇볕과 미네랄과 시간과 흙 그리고 우주 안에 있는 모든 것을 본다."[12)]

그리고 그를 따라 간격이 없이 모두 이어져 있는 실재 세계를 깊이 들어가 보면, 낱말들을 단위로 사용하는 언어를 폐기해야 하는 이유를 발견할 수도 있다.

> "앞뜰에 서 있는 한 그루의 나무는 한 낱개로 떨어져 있는 개체가 아니다. 해가 없이는, 구름이 없이는, 바람이 없으면, 미네랄이 없으면, 한 나무가 거기에 있을 수 없다. 하나의 나무는 나무가 아닌 것들로 이루어진다. … … 그러니까, [나무, 해, 구름, 바람 같은] 낱말들에 잡혀서 생각하지 말아야 한다. 실재 세계를 깊이 보며, 말들의 세계를 초월해야 한다."[13)]

그러해서, 이를테면 인류학자 클로드 레비스트로스가 말하는 언어조작의 기술자 곧 '말에 의지해 따지고 생각하는' 'verbalizer'들은,[14)] 이야

12) Thich Nhat Hanh, ***Living Buddha, Living Christ***. London: Rider, 1996, p. 11.

13) Thich Nhat Hanh, ***Going Home: Jesus and Buddha as Brothers***. New York: Riverhead Books, 1999, pp. 19-20.

기 전체가 하나의 핵심 x로 긴밀히 집약된 그림구조를 시각화해서 볼 수 없거나 보기를 거부하는 반(反)-'visualizer'들이 될 수밖에 없다. 철학 전공자 그리고 철학 교사로서 출발했던 레비스트로스는, 언어조작 기술자로서의 철학자들이 수행하는 작업의 문제점을 다음과 같이 말한다.

> "모든 [철학의] 문제는 항상 동일한 방법을 적용해서 처리할 수 있다는 것을 알기 시작했다. 그 방법이란 우선 어떤 문제에 관한 두 가지 전통적인 견해를 대치시켜 놓는 것이다. … 다음에는 마지막으로 제3의 견해를 사용하여 … 양자가 똑같이 부분적이라는 것이 드러나게 한다. … 이러한 수련은 사고 대신 말장난을 하는 일이며, 따라서, 결국 말에서 [일어나는] 문제로 그쳐 버리고 마는 것이다. … … 모든 것은 기교 상의 완성이나 내부적인 논리의 일관성이 뛰어날수록 더욱 가치가 있는 것이다."[15]

따라서, 이를테면 헤라클레이토스가 말하는 '반대되는 것들이 하나의 조화를 이룬다.'라는 진리의 핵심을 플라톤이 이해할 수 없었던 것은, 하나의 핵심 x로 집약되는 그림구조를 시각화해서 보는 'visualizer'의 접근법을 언어의 기술자 'verbalizer'인 그가 이해할 수 없었기 때문이다.[16] 어째서 역사에 불후의 이정표를 남긴 언어의 기술자 플라톤이 그에 앞서 나타난 변방의 철학자 헤라클레이토스를 이해할 수 없었는지

14) 이 책 Σ2. "플라톤에서 헤라클레이토스로"의 줄기글 9. 그리고 Σ2.의 붙임 1. "클로드 레비스트로스—박제화된 시간/시간대의 파도"의 줄기글 1. 참고.

15) 클로드 레비스트로스 『슬픈 열대』 박옥줄 옮김. 서울: 삼성출판사, 1990, 79-80쪽.

설명하는 다음과 같은 분석이 있다.

> “헤라클레이토스는 유동(flux)과 안정(stability)이 하나임을 말하고 있다. ‘같은 강에 들어가 보면, 다른 그리고 또 다른 물결들이 흘러서 간다.’ … 이 유동성[흘러가는 물결들]은 단순히 움직이기만 하는 것이 아니다. 그 움직이는 것이 하나의 안정성[한결같은 강]을 이루고 있다. 이렇게 반대되는 것 곧 [흘러가는] 물결들과 [머무는] 한결같은 강이 하나의 조화를 이루고 있는 것이 숨은 진리이다. 반대되는 것 이면에 밖으로 드러나지 않은 숨은 연결이 있다는 것을 보여주려는 것이 헤라클레이토스가 자임하고 있는 사명이다. 끊임없이 흐름(flux)에도 한결같음에 머무름(stability)이 바로 헤라클레이토스가 보여주려는 반대되는 것의 일치함이다.”[17]

겉으로 드러나는 반대/대립의 현상 이면에는 ‘하나로 일치함’ 또는 ‘하나의 조화’라는 숨은 진리가 있음을 보라고 헤라클레이토스가 그림과 같은 묘사를 통해 전하고 있는데, 그에 대해 플라톤은 끊임없이 흘러가서 ‘이러하다가’(it is thus) ‘이러하지 않은’(it is not thus) 다른 물결들을 하나로 일치하는 것이라고 말하는 헤라클레이토스는 논리적 모순에 빠져 있다고 엉뚱한 비판을 하고 있다.

---

16) ‘visualizer’와 ‘verbalizer’의 대비 관계에 관한 아래의 일부 내용은 이 책 Σ2. “플라톤에서 헤라클레이토스로”의 줄기글 9.에서 요약해 따옴.

17) Matthew Colvin, “Heraclitean Flux and Unity of Opposites in Plato’s ***Theaetetus*** and ***Cratylus***,” ***The Classical Quarterly***, New Series, Vol. 57, No. 2. (Dec. 2007) p. 760.

만약 플라톤이 헤라클레이토스의 수업시간에 들어가 청강을 하였다면, 그가 아무리 수십 편의 대화록을 지었을 뿐만 아니라 '나눔과 모음'이라는 언어분석의 뛰어난 기술자였다고 해도, 아마 F 학점을 받았을 것이다. 그랬더라면, 적어도 서구의 철학사에서 이후에 이어진 진리의 물음이 x라는 객관의 척도를 따라 지금쯤 성숙해가고 있었을지도 모른다.

그렇다고 해서 고대 중국의 선진(先秦)철학사에서 이어진 진리의 물음이 객관의 척도를 따라 성숙해질 수 있었던 것도 아니다. 은대(殷代)에서 공자에 이르기까지 일껏 이루어졌던 진리의 물음 곧 'S⇨O⇨R'에 다름 아닌 '원시 반구'(原始 反求)의 패턴이,[18] 이후에 '천인합일'(天人合一), '도통위일'(道通爲一) 같은 인문 도통 중심의 사조로 빠져들어 갔기 때문이다. (200915)

6.

나는 지난 '철학선집' V권의 머리말에서, 젊은 강사 시절 막상막하의 수강자들에게 질문에 질문을 걸고 물고 늘어지던 토론 장면을 떠올리며 이렇게 말했었다.

> "그런데 지금 거의 마지막 판에 들어선 나의 철학은 뜻밖에도, 옛날에 [강의를 듣는 이들에게] 질문을 던져서 괴롭히던 관계가 역전된 새로

18) 위의 풀이말 3) 참고. 그리고 『안티호모에렉투스』(2001년 초판; 고양, 경기: 사월의책, 2017)의 4. "古代 漢語와 原始 反求: 철학사 비판 I."(61-100쪽) 참고.

운 조건 아래에서, 그들이 던지는 질문으로 내가 시험을 치르며 심사받고 있는 것으로 보인다. 이제는 박사가 되고 교수가 된 그 친구들이 일일이 체크할 수 없는 논평과 강의를 통해서 각기 다른 모양으로 나의 철학에 대한 평가와 질문을 던지며, 나의 관점을 심사대 아니면 도마 위에 올려놓고 분해하며 때로는 답변하도록 압박하고 있다. 그렇게 역전된 관계에서 들어오는 질문 아니면 도전 또한 나는 옛날에 그랬던 것처럼 즐기며 감사하게 생각하고 있는 듯하다."[19]

이렇게 말한 것을 나는 돌이켜 보게 되었다. 그들이 가본 적도 없고 그래서 추체험(追體驗, nach-erleben)을 하기 위해 실감해볼 수도 없을, 그처럼 모든 것이 폐허로 무너졌던 한 시간대의 체험과 학습 과정 그리고 그 시대적 맥락을 넘겨짚으며, 객관의 척도를 초과하도록 유도 자극하지 않았는가 하는 반성을 했다.

'아니, 그럼 자네는 왜 객관의 척도를 어기며 나를 평가하고 비판하였는가? 내가 체험하고 학습한 시대를 가본 적도 없으면서?' 이렇게, 어느 날엔 플라톤이, 다음 어느 날엔 장자가 나타나 나에게 다그치며 물을 것이다. 본디에 연장(年長)의 선배를 어려워하는 나는 대답을 삼갈 것이다. 자리를 물러나며 조심스럽게 같은 시대의 동료들에게 말할 것이다. 다만, 그분들이 과거에 말했던 철학은 다시금 인류가 통과하고 있는 새로운 폐허와 야생의 시대에 떠오른 객관의 척도 x에 미달했기 때문이라고.

---

19)『진리의 패권은 사람에게 있는 것이 아니다』 고양, 경기: 사월의책, 2019, 12쪽.

어떤 이는 이를 두려움을 감추는 변명이라고, 어떤 이는 인간의 투지를 잃은 비겁함이라고, 어떤 이는 또 무어라 할 것인가? 천만에. 아니다. 그렇게 넘겨잡을 수 있는 게 아니다.

이는, '수천 년을 빌려 쓰던' 고전(古典)의 관점들이 무너진 폐허와 야생의 한 시대를 통과한 자가 다시금 열고 나가야 할 개벽의 원점 x 위에 서 있음이다.

그러나 질문과 응답이 끝없이 이어지는 열찬 토론에 여전히 나는 깊이 종사한다. 오래된 문명들과 온갖 사상들이 찬란했던 시대의 여파가 모두 폐허로 돌아간 여기, 이 마당에 다가온 한 새로운 시대의 전망 앞에서, 나는 모든 의문과 질문을 공유하며 '진리의 물음'에 동행하는 영원한 토론자로 남아 있다. 아마 이 세상을 떠나서도, 그때까지 풀리지 않은 의문과 질문을 공유할 토론의 파트너를 찾아 나설 수 있기를 희망한다. 평생에 쉼 없이 토론하는 대화자였던 공자도, 소크라테스도, 예수도 여전히 그러할 것이므로. (200919)

붙임 1.

x의 계보—그 합류와 독립의 역사

1.

근대에 들어서며 서유럽 출신의 개척자들 또는 민속학자-인류학자들은 그들의 식민 지역의 기이한 풍물을 탐험하는 가운데 또 한쪽으로는 그들 각 지역의 고유한 문화와 사상 또는 철학에 전문적 관심을 가지고 연구하는 흐름이 이루어져 왔다. 그렇게 해서 서유럽의 큰 대학들에는 아프리카, 남아메리카, 그리고 동양 여러 나라의 문화와 사상을 전공으로 삼는 이른바 '지역학 연구'(area studies) 분야가 생겨난 것이다. (210110)

2.

이러한 지역학 연구의 오랜 흐름에 대해 21세기 인류학자들이 제안하는 '존재론적 전회'(the ontological turn)라는 것은 인류 문화 이해에 관한 하나의 주요한 전환점으로 작용하고 있다.

"다른 사회집단들은 우리의 것과는 다른 그들의 세계에서 [그들의 세계관에 따라] 인식하고 행동한다는 사실을, 다른 문화들을 접촉하면서 받아들이게 되었다. [그렇게] 다른 세계들의 존재는 인류학의 논의 주제가 되어 왔다. 그러나 우리는 하나의 세계 안에 살고 있다는 생각을 떨쳐버릴 수 없으므로 다른 세계들이 존재한다[곧 여러 개의 존재론이 있다]는 의미를 진지하게 받아들이는 데 어려움이 있는 것도 사실이다. 그런 어려움은 20세기까지는 자연스러웠다."[20]

그러나 이제는, 다른 세계들의 존재와 함께 다른 존재론 심지어 다른 우주론이 있을 수 있다는 것을 사실적으로 받아들일 수밖에 없도록 하는 새로운 설명을 21세기의 인류학자들이 그들의 민속학 또는 지역학 연구에 의해 제시하고 있다. 그들의 민속학 또는 지역학 연구는 더 이상 식민시대 탐험가들의 호기심이나 세계 패권을 향한 전략가들의 보조 수단으로서가 아니고, 영토를 달리하는 모든 지역에서 이루어지는 각기의 '삶의 세계'와 각기의 '세계관'에 관한 순수 탐구 과제로 자리 잡고 있는 것이다.

그래서 존재론적 전회를 제안하는 인류학자들에 따르면, 영토를 달리하는 모든 지역의 사람들은 각기 그들 고유의 '세계관'(world-view)과 함께 그들 고유의 '세계'(world), 따라서 그들 고유의 '존재론'(ontology) 또는 그들 고유의 우주론(cosmology)을 갖는다고 이해하게 된 것이다. 한 인류학자는 그러한 변화를 다음과 같이 요약하고 있다.

"[존재론적 전회를 주장하는 이들에 따르면] 문화상대주의자들은 충분

20) Andrew Pickering, "The Ontological Turn: Taking Different Worlds Seriously," ***Social Analysis***, Vol. 61, no. 2, pp. 134-135.

히 상대주의적이지 않다. 그들은 세계를 바라보는 관점들이 상대적으로 복수화된다고 보는데, 세계[에 존재하는 것] 자체는 보편적인 것이라고 본다. 따라서, 인식론(인식의 형식)은 가변적이어서 여러 가지가 있을 수 있지만, 오직 하나의 존재론(존재의 형식)이 있다. 말하자면, 여러 개의 세계관들이 [상대적으로] 있고, 오직 하나의 세계가 있다. [그러나] 존재론적 전회에서 제안하는 것은, 여러 개의 세계들(worlds)이 있고, 따라서 여러 개의 세계관들(world-views)이 있다는 것이다."[21]

(210116)

3.

그러므로 이제는 한국철학이든 독일철학이든 프랑스철학이든 영국철학이든 중국철학이든, 그리고 '붙음 살이'로서 대표하던 제3표의 철학[22] 이든, 그것들은 모두 각기 소속하는 영토의 사람들이 자기들끼리 공유

---

21) Paolo Heywood, "The Ontological Turn," ***The Cambridge Encyclopedia of Anthropology***. (2017) (eds) F. Stein, S. Lazar, M. Candea, H. Diemberger, J. Robbins, A. Sanchez & R. Stasch, p. 2. https://www.anthroencyclopedia.com/entry/ontological-turn

22) "생명이 태고로부터 지금까지 모두 그렇듯이 무한 개방의 생태계에 그 주어진 몸으로 부딪히는 관계 곧 자연에서 類들 또는 개체들이 엮어가는 삶은 무엇을 준거의 표로 하여 이루어지는가?" 『안티호모에렉투스』 (2001년 초판) 고양, 경기: 사월의책, 2017, 166-167쪽.

"자연의 개체들은 이미 [ ]에 함몰된 삶에 다름 아닌 '붙음 살이'(parasitism)에서 온갖 특화와 변이를 거치다가 끝내 모두 무차별의 [ ]로 함몰하는 절대 환원을 겪는다." 같은 책, 181쪽.

하는 다른 '세계'(world)를 그리고 자기들끼리 공유하는 다른 '세계관'(world-view)을 대변하는 것으로 이해하게 되는 것이다.

그래서 모든 전통의 다양한 철학 체계들은 서로 다른 영토에 사는 사람들의 다른 '세계'와 다른 '세계관'을 대변하는 것이다. 오늘에 이르기까지 이런저런 전통의 철학사에 소속하는 모든 철학 체계는 그들이 소속하는 그들의 세계와 그들의 세계관을 전달하고 있다. 그들의 철학은 그들의 고유한 지역학이며, 그렇게 그들이 소속하는 그들의 세계를 묘사하고 있는 것이다. 그러니까 그들의 철학은 모두 x의 존재론에서 말하는 인간 본위의 환원주의 곧 제2 환원주의의 산물로서 '인간 해석학'[23] 곧 제2 해석학이라고 이를 만한 것이다. (210116)

4.

그렇다고 해서 x의 존재론이, 존재론적 전회를 밀고 있는 브뤼노 라투르 같은 이들의 주장에서처럼 자연(Nature)과 문화(Culture) 곧 비-인간

23) "독일 철학자 칸트에서 같은 계열의 헤겔에 이르기까지 이루어진 관념론의 거대한 체계가 하나의 '인간 해석학'이라는 것을, 유헌식 교수의 인간 척도론을 읽는 가운데 깨달았다. 물론 이것이 유 교수 자신이 뜻하려는 바는 아닐지도 모른다. …… 저 거대한 독일관념론의 체계는 인간이 창출한 상징체계로서의 독립적 실재성을 주장한다. 그러나 당대의 자연과학자들 또는 자연주의자들은 저 관념론 체계를 자연의 설명체계로 환원시키려고 했다. 그런데 x의 존재론 안에서 이해하면, 독일관념론 체계는 인간이 또 다른 한쪽에서 발명한 과학 전반에 걸친 자연의 기호체계와 함께, 다 같은 하나의 '인간 해석학'이다." **한국연구원** 심포지엄(2020년 12월 22일) 유헌식 교수의 발표에 대한 박동환의 답변 "유헌식 교수의 물음을 중심으로"에서 따옴.

적인 것(non-humans)과 인간적인 것(humans)이 똑같이 평등한 행위자라는[24] 생각에 동조하는 것은 아니다. 자연과 문화, 비-인간적인 것과 인간적인 것, 특히 이를테면 17세기 갈릴레이 갈릴레오가 구분했던 자연계에 속하는 객관적 제1성질(primary qualities)과 감각계에 속하는 주관적 제2성질(secondary qualities)이 똑같은 위계의 행위자들이라는 생각은 무차별한 평등주의[25]에 걸려 있는 것이다. 그러나 실로 저 두 영역

---

24) 브뤼노 라투르는 자연과 문화, 비-인간적인 것과 인간적인 것, 객관적 제1성질과 주관적 제2성질이 근본적으로 무차별하게 평등한 행위자라는 생각을 다음과 같은 맥락에서 주장하고 있다.(1)

(1) "주관적인 것과 객관적인 것의 구분은 끔찍한 것이다. … … [갈릴레이 갈릴레오, 존 로크와 같은 과학자-철학자들이 제시한] 제1성질과 제2성질의 구분에서 비롯한 자연과 문화의 구분법에서 벗어나는 것이 그래서 중요하다. 이것이 [***Beyond Nature and Culture***의 저자] 필리프 데스콜라의 목표일 뿐만 아니라 『숲은 생각한다: 인간적인 것을 넘어선 인류학』의 저자 에두아르도 콘이 보여주는 또 하나의 본보기이다." Bruno Latour, "Another way to compose the common world," ***HAU: Journal of Ethnographic Theory*** Vol. 4, no. 1. (2014) pp. 301-307 중 p. 305에서 따옴.

25) 객관적 제1성질과 주관적 제2성질의 구별에서 비롯하는 자연과 문화의 구분법을 폐기하려는 흐름을 타고 한 무리의 인류학자-철학자들이 다음과 같은 논의를 하고 있다.(1)

(1) "라투르의 연결[망] 사회학에서 구현된 두드러진 차이점은 인간들(humans)과 인간 아닌 것들(non-humans)의 관계에 국한하지 않고 … 인간들을 전혀 포함하지 않은 관계[연결망]의 사회학을 상상할 수 있다는 것이다. 이는 제인 구달(Jane Goodall)처럼 다만 벌과 개미와 고릴라들의 사회를 분석할 뿐만 아니라 어떤 감각도 가지고 있지 않은 존재들의 집합체[연결망]에 대한 연구를 포함하는 것이다. … … 이렇게 보면 분자생물학자들과 화학자들도 연결[망]의 사회학자들이다. 왜냐면, 그들은 어떻게 특정한 행위자들이 특정한 집합체들을 이루게 되는지를 연구하기 때문이다." "[이렇게] 대상[또는 객체]들의 민주주의

의 성질들 사이의 관계에는 인위적 단절의 이분법도 무차별한 평등주의도 적용되는 것이 아니다.

저 두 영역의 것들은, 그것들의 뿌리 깊은 근본 x 또는 X의 차원으로 환원 회귀하는 데서 각기에게 배당된 임시의 다른 '존재론적 위계'를 따라가는 것이기 때문이다. 그래서 인간적인 것과 비-인간적인 것, 주관적인 것과 객관적인 것, 문화에 소속하는 것과 자연에 소속하는 것이 그들의 뿌리를 향해 합류 회귀하는 하나의 과정에서 그 존재론적 위계 순서에 따라 소멸 환원되어 가는 단계를 다음과 같이 정리할 수 있다.

> "공자의 한 탐구 방법인 '반구'(反求)의 태도에 따르면,[26) '인간의' 어질고 착한 행위는 그 자신의 마음 가운데서 우러나는 '타인을 향한 배려로서' 이루어지는 타고난 '자연의' 성향이다. … … 따라서, 이를테면, '어떻게 할 것인가?' '무엇이 나의 상대가, 손님이, 또는 자연이 요구하는 것인가?'라는 물음은, 자연의 생명이 수십억 년 동안 그리고 인류가 수백만 년 동안 그의 삶과 탐구의 장구한 시간을 거치면서 그의 기억과 상상에 저장하게 된 '배려와 타협 그리고 화해(和諧; 그러나 和解가 아

(democracy of objects)를 구축하는 것이 평등의 존재론(flat ontology)이다." Levi R. Bryant, ***The Democracy of Objects***. Ann Arbor, MI: Open Humanities Press, 2011, pp. 278-279. 그리고 p. 289.

26) 『안티호모에렉투스』의 4. "古代 漢語와 原始 反求: 철학사 비판 I."에서, 고대 중국의 한어(漢語)를 배경으로 해서, 현대 생명과학의 한 실험 절차인 'S⇨O⇨R'의 원시 모형이라고 할 만한 '원시 반구'(原始 反求)가 은대(殷代)에서 공자(孔子)에 이르기까지 이미 이해 사용되고 있었음을 설명하고 있다. 『안티호모에렉투스』 (2001년 초판) 고양, 경기: 사월의책, 2017. 61-100쪽.

닌)' 곧 사랑의 한 접근법이다."

"그러므로 약육강식하는 자연의 질서 가운데서 발견한 '배려와 타협 그리고 화해(和諧)'의 필요는, 수십억 년 적어도 수백만 년을 거치면서 터득한 자연 그리고 생명의 반구(反求) 행위, 그런 사랑의 접근법을 낳았다고 풀이할 수 있다. 여기서, '서로 사랑'의 '필리아'를 지탱하던 자연과 사랑, 존재와 당위, 'is'와 'ought'라는 인위적 단절의 이분법은 자연 그리고 생명의 일관된 반구 행위로 대체된다."

"'반구'의 태도에서 말하자면, 인심(人心)은 천심(天心)에서 우러나는 것이며, 그래서 사랑과 당위라는 인심은 타고난 '자연' 곧 영원의 기억과 그로 비롯하는 무한의 상상—요즘에는 MRI로까지 확인하는 공감능력(mirror neuron)—에 뿌리를 두고 있음이 확인되고 있다. 길 가던 사람이 갑자기 쓰러져 숨을 허덕일 때, 옆을 지나던 사람들이 달려가 도움을 주려는 것은 그들의 깊은 속에 타고난 공감 능력 곧 자연의 반구 행위로서 '천심'이 움직이기 때문이다."[27]

그러므로 자연학, 우주론 같은 비-인간적인 영역의 분야가 이를테면 문화인류학, 민속학, 윤리학 같은 인간적인 영역의 분야와 함께 모두 지역학으로 합류한다고 해서, 자연과 우주 자체가 지역학의 영역 안에 묶여 들어가는 것은 아니다. 지역학으로서의 자연학과 우주론은 역시

27) **한국연구원** 심포지엄(2020년 12월 22일) 이후 2차로 발표된 김동규 박사의 글 "물음의 책임: 박동환 철학의 지렛목"에 대한 답변으로서, 이 책 Σ3. "초월은 운명이다"의 풀이 4. "인심은 천심에서"에서 따옴.

인간 본위의 제2 해석학일 뿐이다. 그러나 자연과 우주 자체는 영원의 시간대를 함축하는 제1 해석학 곧 '해석의 무덤'에 소속하는 것으로서, 인간 본위의 제2 해석학으로서는 접근 불가능한 *x* 또는 *X*의 영역에 들어가 있는 것이다. (210212)

5.

그렇다면, 제1 환원주의로서 가리키는 제1 해석학은 어디에 머무는가? 그것은 이를테면, 서로 다른 철학사에 소속하는 지역학으로서의 모든 철학 체계 그리고 모든 지역의 민속학이 함몰 회귀하는 영토 곧 김상환 교수가 말하는 '탈-근거'하는 '해석의 무덤'이라는[28] 영토에 자리 잡고 있다. 거기서는 모든 다른 지역의 민속학, 모든 다른 지역의 해석학, 모든 다른 지역의 존재론, 모든 다른 지역의 우주론이 유지하던 각기의 고유한 자립성이 해지되고 오직 *x* 아니면 *X*만이 남는다. (210116)

6.

실로 세상 현실의 모든 분야에서 이루어지는 이야기들, 그래서 이를테면 지역학으로서의 독일철학, 프랑스철학, 영국철학, 중국철학, 한국철학 그리고 그 토대로서 자연학과 우주론을 포함하는 모든 가능한 '인

---

28) "그것[*X*]은 오히려 인간적인 것을 포함하여 세상에 출현하는 모든 질서를 삼키는 어떤 심연, 탈-근거다. … … *X*는 *x*에 대하여 의미의 원천이라기보다 무의미의 원천이고, 해석의 지평이라기보다 해석의 무덤이기 때문이다." **한국연구원** 심포지엄(2020년 12월 22일)에서 김상환 교수의 발표글 "*x*의 존재론과 개체성" 참고.

간 해석학' 안에는, 이미 수십만 년 전에 출현한 호모에렉투스의 연장 '돌도끼'에서 비롯하는 세계 조작과 매개의 기술이 침투해서 관여해 왔다.[29] 문명이 지구 위에 출현한 이후, 주로 그 통치자들 또는 개척자들의 필요에 봉사했던 온갖 유파의 철학 체계와 그 밖의 지역학들은, 호모에렉투스가 시작했던 세계 조작과 매개의 기술에서 비롯한 '인간 해석학' 곧 제2 해석학에 다름 아닌 것이었다.[30]

호모에렉투스의 돌도끼가 세계를 향해 행사한 조작과 매개의 기술은, 그로 비롯하는 모든 기호조작과 매개의 기술, 모든 자연학과 우주론, 그리고 모든 철학 체계와 지역학을 포함하는 모든 인간 해석학에서 그 효과를 발휘하고 있다. 그렇다면, 이렇게 세계 조작과 매개의 기술에 의한 모든 인간 해석학 곧 제2 해석학을, 탈-근거하는 '해석의 무덤'으

29) "인류의 철학사는 결코 옛날 그리스 철인들에게서 비로소 시작되었다고 말할 수는 없다. 그들의 철학적 발상, 말하자면 존재에 대한 논리적 사유는 원시의 호모에렉투스가 지구상의 지배자로 등장하면서부터 발전시켜 온 자연을 향한 접근 방식의 오랜 역사 가운데서 아주 최근에 파생된 하나의 혁명이었을 뿐이다. 그러므로 철학사의 시원에 대한 완전한 이해는 태곳적 돌도끼의 발명자 호모에렉투스가 착안한 존재파악과 그 논리에 의해서 이루어진 최초의 혁명으로부터 시작하지 않으면 안 된다." 『동양의 논리는 어디에 있는가』 (1993년 초판) 고양, 경기: 사월의책, 2017, 54쪽.

30) 호모에렉투스의 돌도끼가 이후에 세계를 향해 이루어진 모든 기호조작과 매개의 기술, 모든 지역학, 그에 따르는 모든 해석학 체계에 대해 행사한 상징적 효과는 선풍적 보편적인 것이었다. 그 보편적인 효과에 대해 처음에 "호모에렉투스의 돌도끼에 얽힌 이야기"라는 제목으로 『철학과 현실』 (1990년 여름호 133-146쪽. 철학문화연구소 발행)에 발표되었고, 그리고 여러 수정 보완을 거치다가 그 마지막 판이 "고생태학으로 함몰하는 철학사"라는 제목으로 『안티호모에렉투스』 (2001년 초판; 고양, 경기: 사월의책, 2017)에 실렸다.

로 보내고 난 다음에 거기에 남는 것은 무엇인가? x 그리고 $\mathcal{X}$일 뿐이다. 그리고 남은 그것이 펼치는 출현과 출생 그리고 합류와 회귀에 따르는 앞뒤의 다른 시간대들의 연이은 흐름 이른바 제1 해석학의 뼈대를 다음과 같이 요약할 수 있다.

'$\mathcal{X}(\ ) \Rightarrow x \Rightarrow \neg x$' & '$x \Rightarrow \neg x \Rightarrow \mathcal{X}(\ )$.'[31]

(210117)

---

31) "마지막 한 마디: 개체 생명 x에 대한 미시분석과 거시분석 연습," 『x의 존재론』 고양, 경기: 사월의책, 2017, 445-451쪽 참고.

붙임 2.
철학이란 무엇인가?

1.

지금까지 생각을 정리하면서 수없이 자신에게서 확인하였지만, 한 사람은 그 밖의 사람들과 다를 수밖에 없는 각기의 고유한 특이성을 가지고 태어나고, 그 특이성이 일생을 통과하면서 실현하는 개체성은 누구와도 전적으로 공유하거나 공감하기 어려운 관계에 놓인다. 그러므로 공유나 공감이란 일시적으로 몇 사람 또는 일부의 사람들 사이에서 부분적으로 이루어지는 희귀한 만남의 현상이다. 그런데도 사람들은 각기 보유한 무한의 상상력으로 말미암아 끊임없이 연대하거나 화해(和諧 héxié; 和解 héjiě가 아닌)함으로써, 언제나 고립되어 있지도 않고 언제나 고독하지도 않다. (200827)

2.

80대 중반 나이에 들어선 오늘에 이르기까지 나는 철학에 관련한 분야의 물음들에 접근해 생각을 해봤지만, 감히 한 차례도 그 답을 얻으려고 정면으로 마주쳐본 적이 없는 하나의 물음이 있다. 그것은 '철학이란 무엇인가?'라는 물음이다. 그런데 언제가 마지막이 될지 알 수 없는 오늘의 생각들을 이어가는 가운데, 홀연히 그 물음에 호응하는 대꾸가 떠오르는 순간을 근래에 맞이할 수 있었다.

나에게 철학이란, 어린 시절로부터 통과해온 시대 또는 시간대를 압축한 '체험 기록'이다. 그 '체험 기록'에는 한 사람이 지니고 태어나는 영원의 기억과 그로부터 분출하는 상상의 활동이 포함되어 있다.(200827)

3.

이렇게 한 사람이 어린 시절로부터 통과해온 시대/시간대를 압축한 체험 기록으로서 철학은, 그런 시대/시간대 체험을 공유하지 않은 이에게 이해될 수 있는 것일까? 일반적으로 한 세상에서 각자가 천차만별로 겪게 되는 특수한 체험을 공유하거나 공감하기는 대개 어려울 것이므로, 그 밖의 다른 이의 이해를 기대하지 않는 것이 당연하다.

그런데도 왜 공유나 공감을 기대할 수 없는 체험 기록으로서의 철학을 발표하는가? 그것은 한 사람의 일생이 거쳐 온 험난한 여정을 회고록으로 남기는 관례에 따르는 것이라고 볼 수 있다. 그것은 한 시대를 마감하며 또 한 시대를 마련하는 데에 이정표가 된다. 이에 더하여 언제든 따라올 한 희귀한 공감력 소유자의 추체험 그리고 그에 따르는 그 자신의 재창작에 디딤돌이 될 수 있을 것이라는 기대가 있기 때문이다.

물론 체험 기록으로서의 철학이 단순한 회고록과 같은 것은 아니다. 그렇다면, 그러한 개인적 체험 기록을 다른 이가 이해하는 데에 필요한 조건은 무엇인가? 그것은 사람들 사이에 분포되어 있는 희귀한 상상력의 소유자가 지닌 추체험하는 공감력이다.

'끊임없이 흐름(flux)에도 한결같음(stability)에 머무른다.' '대립하는 것들이 조화로움에 있다.'라고 말한 헤라클레이토스를 이해할 수 없었던 플라톤에게는 절세의 뛰어난 지력이 갖추어져 있었음에도, 역시 추체험하는 공감력이 그의 상상력 가운데에 부재했었다. 그처럼 플라톤이 이해할 수 없었던, 그래서 모순의 언어일 뿐이라고 단정했던 헤라클레이토스의 진리를 변호하는 다음의 해설을 기억할 필요가 있다.

> "헤라클레이토스는 유동(flux)과 안정(stability)이 하나임을 말하고 있다. '같은 강에 들어가 보면, 다른 그리고 또 다른 물결들이 흘러서 간다.' … 이 유동성[흘러가는 물결들]은 단순히 움직이기만 하는 것이 아니다. 그 움직이는 것이 하나의 안정성[한결같은 강]을 이루고 있다. 이렇게 반대되는 것 곧 [흘러가는] 물결들과 [머무는] 같은 강이 하나의 조화를 이루고 있는 것이 숨은 진리이다."[32)]

그러니까 헤라클레이토스가 전하고자 하는 유의 숨은 진리를 볼 수 있으려면, 플라톤처럼 개념과 범주 같은 말로써 따지는 'verbalizer'가 아니라, 시각화함으로써 투시하는 'visualizer'의 상상하는 공감력 곧 추체험의 능력이 앞서야 하는 것이다.[33)]

---

32) Matthew Colvin, "Heraclitean Flux and Unity of Opposites in Plato's ***Theaetetus*** and ***Cratylus***," ***The Classical Quarterly***, New Series, Vol. 57, No. 2. (Dec., 2007) p. 760.

물론, 그런 유의 공감력 또는 추체험의 능력을 과도하게 편중해 유일한 인지력으로 보는 데 대한 경고도 있다. 그러나 어떻든, 사람은 그것이 무엇이든 '이해할 수 있는 것을 이해할 수 있다.'라는 일반론이 있다. (200827)

4.

'추체험'의 핵심 정보는 독선 금지 실천의 척도에 따라 주어진다. 그렇게 독선 금지의 마지막 단계에서 주어지는 정보의 핵심에는 *x*가 있다.[34)]

---

33) 철학자들이 그들의 세계관에서 어떻게 두 가지 유형으로 곧 'verbalizer'와 'visualizer'로 갈라질 수 있는지를, 나는 이 책의 다음 장 Σ2에서 이렇게 설명했다.

"'verbalizer'로서 플라톤이, 그리고 그 'verbalizer'의 전통을 20세기에도 이어가는 러셀이, 낱말과 개념 또는 기호에 의지해 변화와 [그] 시간을 영구히 고착화/형상화하는 철학자들의 습관을 다음과 같이 이해할 수 있다.

'그(클로드 레비스트로스)는 철학 방면에서 하는 연구의 관행이 영 마음에 들지 않았다고 말한다. 그것은 실제의 세상에 관한 연구가 아니라 순전히 말을 가지고, 세련된 논리를 만들어내는 데에 집중하는 작업이었기 때문이라고 그는 회고하고 있다. 이는 플라톤, 아리스토텔레스에서 버트런드 러셀에 이르기까지 'verbalizer'들이 철학사의 전통을 과도하게 지배하고 있었다는 데서 일어난 사태임에 틀림이 없다. 그런 끝없는 논리적 말장난의 수렁으로부터 빠져나올 수 있게 레비스트로스를 구제해 준 것이, 지질학과 프로이드와 맑스의 접근법이었다고 설명한다.'" 이 책 Σ2.의 붙임 1. "클로드 레비스트로스—박제화된 시간/시간대의 파도" 줄기글 1.에서 따옴.

34) "… 독선 금지를 어기며 접근해서 도달한 '대상'과 독선 금지를 따르며 접근해서 도달한 '*x*' 사이의 대칭 관계를 다음과 같이 요약할 수 있다. '대상' v. '*x*'. 세상에 몸을 드러낸 한 개체 실존은—심지어 한 물체이더라도—그것이 비롯하는 때와 데 곧 그 뿌리를 추적해 따라가면 인간적인 경계 너머 미지의 *x*로 그리고 다시 *X*로 회귀해 들어간다." 『진리의 패권은 사람에게 있는 것이 아니다』 고양,

이 x에 이르는 깊은 계곡에서 플라톤 같은 유능한 'verbalizer'는 길을 잃을 수 있다.

'독선 금지'의 경계에 이르렀던 역대의 철학자들이 있었다. 노자는 "道, 可道. 非常道." "無名, 天地之始."에서, 아낙시만드로스는 무한정(無限定) 무경계(無境界)를 가리키는 'apeiron'에서 '독선 금지'의 수칙을 의식하고 있음이 분명하다. 그리고 근대과학을 배경으로 해서 일상의 사물 사건들의 시원에 관한 탐구과정 끝에서 칸트는 '물 자체'에, 사르트르는 (그의 젊은 날의 『구토』에서) '벌거벗은 존재'에 이르렀다. 그렇게 이르렀음에도, 그들은 다시 일상의 낱말과 개념들 그리고 범주체계들에 가려서, 그 자체의 깊은 경계 안에 놓인 x가 각기의 시간대를 통과하며 매 순간마다 드러내는 벌거벗은 모양 곧 모두가 자신을 불태우며 초월해가는 야생의 삶에 대한 철학적 각성에 이르지는 못했다.

그렇다면, 철학이란 무엇인가? 야생의 진리로서 철학은 독선 금지에 의지해 x의 경계에 이르는 데서 시작한다. 그리고 x의 경계는 각기의 소속하는 시간대에서 자신을 불태우며 영원의 시간대로 합류 회귀하는 길을 찾는 데서 실현된다. 이렇게 위계가 다른 앞뒤의 시간대가 교차하며 '연이어' 흐르는 야생의 진로는, 말로써 따지며 가르기를 그치고, 앞뒤의 시간대가 소멸과 초월로서 교차하며 하나로 합류하는[35] 영원의 리듬을 직관하는 'visualizer'에게 떠오르는 것이다. (201221)

경기: 사월의책, 2019, 15-16쪽.

35) 이 책 Σ5. "매 순간이 초월하는 삶"의 줄기글 10. 참고.

Σ2

플라톤에서 헤라클레이토스로
—박제화된 말들에서 세상의 파도 속으로

1.

그동안 나는 철학의 쓰임에 대해 걸 만한 희망이 없음을 절감하고, 그것을 포기하려고 했음에도 불구하고 여전히 거기에 머물러 있다고 여러 차례 공언했었다. 이렇게 빈말을 되풀이해서는 자신에게도 실감이 떠오르지 않아서, 말하자면 나는 마지막 학위과정을 통과했을 때, 이 소용없을 철학을 영구히 떠날 생각으로 통과 논문의 소속 분야를 '행정학'(Administration)에다가 등록했다. 그때의 관심 분야는 국제문화적 갈등 관계의 이해를 모색하는 방면의 '정책과학'(the policy science)이라는 것이었다.

그런데 요즈음 어느 날, 우연히 20대 말에 완료한 석사학위 청구 논문 「칸트의 '순수이성'에 대한 비판과 지성비판의 현대적 과제」의 머리말을 보니, 거기서도 나는 같은 말을 하고 있었다.

> "이 논문에서, 철학은, 폐쇄된 한 개인의 사색활동으로서가 아니라, 의식에 투영된 넓은 역사적 현실에 대한 여러 가능한 반응양식들을 이해

조정하려는 활동으로서 전제되어 있습니다. 그러나, 지금, 이 논문에 대하여 아무것도 자부할 수 없음을 알고, 다만 이것이 여러 차례 철학을 단념할 생각을 가졌던 한 방관자의 조잡한 의견으로 양해되기를 바랄 뿐입니다."

이러해서, 지금 80대 중반에 이르기까지도 자기 자신에게 끊임없이 물을 수밖에 없었던 것 같다. '나는 지금 철학을 공부하고 있는 것인가?' '이것이 옛날로부터 동서양의 철학자들이 말하는 철학이라는 것인가?' '지금 나는 철학이라는 분야 안에 머물러 있는가?' '만약 플라톤이 철학자라면?' 여전히 나는 철학에 대해 영원한 방관자일 수밖에 없다는 생각이 든다. (200610)

2.

그런데, 세상에 태어나 의식이 있을 때로부터 이 세상은 나에게 아주 낯선 곳이었다. 나이도 기억나지 않는 아주 어렸을 때, 이를테면 집안 잔칫날에 만나는 손님들의 얼굴이 낯설었고, 바깥세상은 대면하기 어렵고 겁나는 곳이었다. 그래서 사회적으로 적응하기는 고사하고 낯선 세상을 될 수 있으면 피하는 것이 그때그때의 문제였던 어렴풋한 기억이 지금도 남아 있다.

그래서 인생 초년기의 나에게, 그렇게 낯선 세상을 대면해야 했던 상황에서 자기방어, 아니면 대안의 출구, 대안의 관계 같은 것을 상상하며 소박한 인물 관찰 또는 세상 관찰이 시작됐던 것 같다. 그렇게, 그때 했던 나의 유치한 실험은 낯선 세상을 향한 대안의 접근법 같은 것이었

다. (200602)

3.

철학은 무엇을 하는 것인가? 이 물음에 대해 사람들이 철학자들에게 집요하게 요구하는, 아니면 당연히 기대하는 답변 가운데 나로서는 도저히 따라 하기 어려운 것 하나를 말한다면, 그것은 철학은 우리에게 '이렇게 살아야 한다,' 아니면 '이렇게 해야 한다.'라고 제시해 주어야 한다는 것이다.[1] 그런 권고와 지시 같은 것을 받는 것도, 그런 권고

풀이말

1) 물론 '이렇게 해야 한다.'라는 투(스타일)의 당위와 이념을 체질적으로 타고나는 사람들, 그리고 그런 체질의 철학자들이 있다는 것을 나는 이해한다. 그리고 아마도 x의 존재론에서 펼치는 이야기 전체가, 그런 체질로부터 나오는 평가를 통과할 가능성은 전혀 없다는 것도 이해한다. 왜냐하면 x의 존재론은 모든 주관적 관념론 또는 당위/이념형 철학의 전통을 이미 떠나 있기 때문이다.

클로드 레비스트로스가 '말장난으로서의 철학'을, 교수자격 시험을 통과하고 난 다음 영구히 떠났던 것처럼(1), x의 존재론은 저런 철학의 오랜 스타일과 전통에서 나오는 말장난의 관행을 결코 사절할 수밖에 없는 것이다(2).

그런 관행을 사절하는 근거에서도, 나는 레비스트로스가 추구했던 '보편주의'라는 일반화 원칙에 따르고 있다. 그러나 레비스트로스의 보편주의는 이른바 원시 민족의 야생적 사고와 현대인의 사고 사이에 근본적 차이가 없다는 가설에 따라 '이항대립'의 일반 구조(논리)에 바탕을 두고 있는데, 나의 보편주의는 인간 본위의 주관적 관념, 당위, 이념, 도덕, 책임 같은, 일반화가 불가능한 국지적 편협성을 배격하는 데 제2차적 이유가 있다.

이런 보편주의가 품고 있는 제1차적 이유는, x의 존재론을 비롯한 x의 역사철학, x의 신학, x의 사회학, 나아가 x의 인류학, x의 영혼론, x의 생물학, x의 자

와 지시 같은 것을 하는 것도 나는 어렵다. 그런 것이 어려운 이유는, 누구도 누구를 향해 그렇게 권고하거나 지시할 만한—당위성은 고사하고—일반화의 근거가 없다는 것을 뼛속 깊이 알기 때문이다.

실로 그런 특정한 권고나 지시에 대해서 '왜 꼭 그래야만 하는가?'[2]라

연학에서, 인간이 집요하게 매달리는 국지적 편협성을 탈피하는 방법을 찾는 데에 있다.

(1) "모든 [철학의] 문제는 항상 동일한 방법을 적용해서 처리할 수 있다는 것을 알기 시작했다. 그 방법이란 우선 어떤 문제에 관한 두 가지 전통적인 견해를 대치시켜 놓는 것이다. … 다음에는 마지막으로 제3의 견해를 사용하여 … 양자가 똑같이 부분적이라는 것이 드러나게 한다. … 이러한 수련은 사고 대신으로 말장난을 하는 일이며, 따라서, 결국은 말의 문제로 그쳐 버리고 마는 것이다." 제6장 "나는 어떻게 민속학자[인류학자]가 되었는가," 『슬픈 열대』 박옥줄 옮김. 서울: 삼성출판사, 1990, 79쪽.

(2) "그들에게서는 현실 세계에 관한 과학적 탐구와 철학적 사유가 분리된 것이 아니었다. 그러나 그러한 스타일의 접근법은, 이후에 세계적으로 유행한 수많은 계파의 현상학, 실존주의, 과학적 실용주의, 논리실증주의, 언어분석, 후기 구조주의 같은 대세에 밀려나거나, 아니면 특히 한국에서는 도덕적 당위와 이념위주의 전통 사조에 밀려나 철학계 어디에서도 마음에 드는 영역을 찾지 못하였다. 저러한 세계철학계의 대세와 그 겉모양을 맴돌며 한국철학계에서 반복하는 관념놀이 또는 말놀이에 시달려서, 나는 자신의 길을 찾는 데에 무척 오랜 시간을 소비했다." 이 책 Σ2.의 붙임 1. "클로드 레비스트로스—박제화된 시간/시간대의 파도"의 줄기글 2.에서 따옴.

2) '왜 꼭 그래야만 하는가?'는 어떤 권고와 명령에 대한 정당화 또는 당위성의 근거를 묻는 것이다. 도덕 방면에서 하는 당위적 권고와 명령이 무엇을 근거로 해서 이루어지는가에 대한 명쾌한 토론을 제시한 철학자는 18세기의 데이비드 흄이었다. 그는 도덕 방면의 '해야 한다'는 '당위성 주장'이 어떤 '사실적 판단'에 근거할 수 없다는 점을 강조하고 있다. 곧 'is'가 개입하는 사실적 판단에서 'ought'가 개입하는 당위성 주장을 끌어낼(연역해낼) 수 없다는 것이다.(1)

고 반문했을 때, 그 답변의 근거를 모든 사람이 동의할 수 있을 만큼 일반화해서 제시하는 것이 불가능한 것이다. 그런 일반화가 불가능한 것은, 모든 사람은 실로 한 어린아이조차 각기 고유한 영원의 기억과 그로 비롯하는 상상의 패턴을 몸에 지니고 태어나기 때문이다.[3] 말하자면, 각기 고유한 기억과 상상을 개체성으로 지니고 있어서 어떤 특정의 권고와 지시에 대한 전적인 동의 또는 합의에 이르기 어려운 것이다. 물론 '이렇게 해야 한다.'라는 식의 특정한 권고나 지시에 대해 어떤 일부의 사람들은 다른 일부의 사람들과 '우연히' 공감하는 한 부분을 찾을 수 있을지는 모른다.

---

(1) "내가 지금까지 만난 모든 도덕 체계에서 저자는 신이 존재한다고 하거나 인간사의 관찰들 열거하는 모양으로 논리적 추론을 한동안 해서 '이다'(is) '아니다'(is not)가 개입하는 문장들이 이어지다가 갑자기 변해서 '해야 한다'(ought) '해서는 안 된다'(ought not)가 빠진 문장들은 볼 수가 없다. ⋯ ⋯ 이렇게 갑자기 '해야 한다' '해서는 안 된다'는 문장들로 바뀌는 이유를 밝혀야 한다. [어떻게 '이다' '아니다'로 이어지는 문장들에서 '해야 한다' '해서는 안 된다'로 이어지는 문장들이 연역되어 나올 수 있는지 밝혀야 한다.]" David Hume, ***A Treatise of Human Nature***. Oxford: At the Clarendon Press, (1888) 1905, p. 469.

3) 그러나 질 들뢰즈는 '내재성'(immanence)의 생명 원리를 주장하는 글에서 가상의 실험적 사고에 치우쳐 다음과 같이 말함으로써, 과연 그는 현대 생물학 또는 계통발생과 개체발생 분야 아니면 적어도 후성유전학(epigenetics)의 논의들을 참고하고 있는가 하는 의문을 일으키고 있다.

"아주 작은 어린아이들은 모두 서로 닮아있고 거의 어떤 개체성(individuality)도 갖고 있지 않다. 단, 그들은 특이성들(singularities)을 지니고 있다. 어떤 주관도 포함하지 않은 웃음, 몸짓, 우스운 얼굴 같은." Gilles Deleuze, ***Pure Immanence: Essays on A Life***, trans. Anne Boyman. New York: Zone Books, 2001, p. 30.

과연, 아주 작은 어린아이들은 모두 서로 닮아있는가? 그리고 아주 작은 아이들은 거의 어떤 개체성(individuality)도 갖고 있지 않은가? 전혀!

그런 정도로 일반화가 어려운 것이라면, 각기의 타고난 대로 실행 가능한 선택의 대안들을 넓혀서 제공하는 데에 힘을 써야 하지 않겠는가? 이것이 한 대안의 접근법이 될 수 있지 않을까 생각했다. 그래서 철학은, 우리가 부딪히는 문제의 상황을 헤쳐 나아가는 데 필요한 선택의 자유를 열어주는 대안의 접근법으로서 일하는 것이라고 보게 되었다. (200531)

4.

그렇다면 사람들이 철학자 또는 도덕가에게 제시하라고 집요하게 요구하는 도덕적 판단의 기준은 어떻게 정해야 할까? 그 기준은 우리가 부딪히는 문제의 상황에서 각기 다르게 타고났을 '자연의' 개체성을 포용할 만큼 선택의 대안들이 충분히 포괄적이어야 한다는 조건에 따라야 할 것 같다.[4)]

그래서 각기 타고난 '자연의' 개체성에 대해, 충분한 선택의 대안들을 허용할 만한 도덕의 안내자로서 '개체성의 보호와 독선 금지'를 제안했었다.

며칠 전에 어느 한 가정에서 계모가 9살 난 아이를, 그 애가 거짓말을 했다는 이유로 한 여행용 트렁크 안에 4시간, 그리고 다시 또 하나의 작

4) 어떤 이의 타고난 자연의 개체성도 침해받지 않을 만큼 선택의 자유, 선택의 대안들이 주어져서 해방될 때 어떤 일이 가능해지는가? 그 한 가지 가능성을 이 책 Σ2.의 붙임 3. "경쟁 그 치열한 불일치의 진로를 따라"에서 풀이함.

은 트렁크 안에 3시간 동안 감금해서 결국에 죽음에 이르도록 한 사건이 세상에 알려져 많은 이들에게 큰 충격과 슬픔을 주었다.[5] 왜 그런 일이 일어나는가? 한 아이의 타고난 '자연의 개체성'을 대안의 길로 유도하는 데 이르지 못했기 때문으로 보인다.

한 어린아이라도 그는 영원의 기억과 그로 비롯하는 자유로운 상상을 지니고 태어나기 때문에 그를 향해 어떤 특정 행위를 일방적으로 강제할 만한 '대상'으로 취급하기는 어렵다.[6] 그에게도 선택의 자유가 주어지는 것이 좋은 것이다. 선택의 자유를 가능한 한 허용하는 것이 한 대안의 접근법으로 이해되지 않는다면, 아마도 그는 그럴 수밖에 없는 일방(향)적 성향의 개체성을 타고났거나, 전혀 다른 생후 환경을 배경으로 지니기 때문일 것이라고 이해할 수는 있다.[7] (200606)

---

5) "여행 가방에 갇혀 '의식불명' 9살 아이, 끝내 숨져" **한겨레신문** 2020년 6월 3일. "9살 아이 여행 가방 감금 살해사건…" 2020일 9월 16일.

6) "그러므로 사람은 다른 누구의 (우연한 규칙과 우연한 척도에 따르는 독선에 지나지 않을) 판단과 정의(定義)와 명령과 지시의 '대상'이 될 수 없다고 생각하고 있다. 그런 생각을, 독선 금지를 어기며 접근해서 도달한 '대상'과 독선 금지를 따르며 접근해서 도달한 '*x*' 사이의 대칭 관계로서 요약할 수 있다. '대상' v. '*x*'." 『진리의 패권은 사람에게 있는 것이 아니다』 고양, 경기: 사월의책, 2019, 15-16쪽.

7) 특히 다음과 같은 명제로 나타난 인류학적 설명(1)을 참고할 때 '개체성의 보호와 독선 금지'(2)가 도덕 방면에서 하나의 마지막 대안일 수 있다는 가능성을 보는 것이다.

(1) "특히 '*x*'에 대한 '독선 금지'라는 마지막 기준이야말로 인류의 관습과 문화에 따라 이루어지는 서로 다른 모든 도덕적 명령들이나 도덕적 규범들이 충돌

5.

'나는 아직 철학이라는 분야 안에 머물러 있는가?' 이것은 여전히 나에게 던지고 있는 오래된 물음이다. 사람들 아니면 철학자들이 '진리'라고 말하는 것의 실상은 무엇인가? 이에 대한 개인적 해답을 찾고 있다. 이것 또한 과연 내가 아직 철학자들이 철학이라고 부르는 그런 분야 안에 머물러 있는 것인가? 라는 물음을 반복하는 것일 뿐이다.

왜 나는 아직도 철학자들이 철학이라고 하는 분야에서 안주할 만한 자리를 찾지 못했는가? 그러한 물음을 품고 있는 나는 1930년대에 태어나 1950년대 이전/이후의 험난했던 시간대를 살면서 겪은 온갖 폐허와 야생의 체험 그리고 그에 따르는 반추와 반성에 비추어서 전적으로 개인적인 대안의 철학, 개인적인 대안의 진리를 찾고 있는 것이다.

한국 문학계에서는 6·25 전쟁 이후 1950년대에 이 강토 바닥에서 그들이 당시에 같은 처지로 몰린 모든 사람들과 함께 겪은 폐허와 야생의 체험을, 칠흑 밤의 별들처럼 빛나는 회고록과 작품들로 만들어 역사에

해서 상대화되고, 그렇게 당위성이 소멸하게 되는 때에도 끝까지 살아남을, 그래서 자[아]/타[자]를 가로지르는 보편적인 행위선택의 기준일 것이라고 보고 있다." 『진리의 패권은 사람에게 있는 것이 아니다』 고양, 경기: 사월의책, 2019, 19쪽.

(2) "'독선 금지'라는 기준은 그 근거를, 대상으로서 인식 불가능한 또는 정의 불가능한 '개체성' 또는 '개체성의 자연'에 두고 있다. 개체성 또는 개체성의 자연이 대상으로서 인식 불가능한 또는 정의 불가능한 이유는 그것이 영원에 소속하는 한 조각 기억체계 x이기 때문이다." 『진리의 패권은 사람에게 있는 것이 아니다』 고양, 경기: 사월의책, 2019, 19쪽.

남긴 바 있다.[8] 『광장』의 작가 최인훈은 그의 작품 배경을 이루는 1950년대 이전/이후의 시간대를 다음과 같이 점묘(點描)하고 있다.

> "『광장』은 [1960년의] 4·19 이후의 분위기와 내가 1945년에서 1950년까지 북한에서 생활했기 때문에 쓸 수 있었던 소설이었다. … … 이후의 나의 작품들은 모두 이 작품에서 갈라져 나온 흐름 같은 생각이 든다. … … 나는 지금 1988년에 살고 있다. 『광장』이 씌어진 것은 1960년이다. 이명준이 거제도에 있은 것은 1953년이다. 내가 월남하기는 1950년이다. 나는 이 숫자들을 본다. 이 사이에 있은 일들을 생각하면 이명준이 절망했던 일의 문맥이 얼마나 거대한 것이었던가를 충분히 알만하다."[9]

그러한데, 그때를 함께 이 강토에서 지낸 철학자라 불린 분들은 그들이

---

8) 1950년대 전쟁의 여파 가운데서 청소년기를 처절하게 통과했던 시인 고은은, 그런 폐허의 체험을 1960년대에 술회한 것들을 2005년에 재출간하면서, 그것들이 '지난날이나 돌아다 보는 … 향수'인 것처럼 비칠까 봐 다음과 같이 말한다.(1)

(1) "1960년대 어느 시점, 아직 1950년대 전후의 자취가 여기저기 녹슨 거멀못으로 박혀있는 그런 시점에서 그것은 현재 진행과 다를 바 없었다. 하지만 이제 와서 이런 슬픈 풍경이 무슨 역할을 장담하겠는가. 그래서 재출간은 나의 뜻이 아니다. 무엇보다 나는 지난날이나 돌아다보는 시간의 낭비를 싫어한다. 향수란 때때로 삶의 전위성(前衛性)에 대한 범죄이다." 고은, 『1950년대—그 폐허의 문학과 인간』 서울: 향연, 2005, 5쪽.

그러나 폐허의 체험은 오랜 철학적 반추를 거치며 한 야생의 진리로 철학적 부활을 할 수 있게 되는 것이다. 지나간 문명 초기로부터 전해오는 고전적 시대사상이 그 패기를 잃어가는 폐허의 한 단계를 딛고, 16, 17세기에 이지(李贄)와 르네 데카르트가 새로운 시대사상의 여명을 예고했던 것처럼.

겪은 폐허와 야생의 체험을 무엇으로 남겼는가? 그들이 당시에 그리고 이후에도 실토했던 대로, 수입제품을 '재포장'하며 폐허에서 굶주린 백성들의 교양을 우선 아무거로나 채우는 일에 바빴다. 기껏 이 강토의 오랜 전통을 따라 어떤 철학자분들은 '세공업'(細工業) 스타일의 창작에 종사했다.

그런데 돌이켜보면, 오래전 고대 문명의 개척기에 한쪽에서는 노자와 공자가, 한쪽에서는 헤라클레이토스와 파르메니데스가, 그리고 다시 고대 문명의 흐름이 패기(覇氣)를 잃어가는 새 시대의 여명을 타고 각기의 곳에서 이지(李贄)와 르네 데카르트가, 제각기 전통의 폐허를 딛고 '야생에 가까운' 체험을 배경으로 대안의 진리를 제시했었다.

여기 이 영토에서 말하는 1950년 이전/이후 시대 체험의 반추와 반성이란, 과거로부터 누적되어온 전통과 그 사상의 유산들이 무력화(無力化)되어버린 폐허의 바닥으로부터 다시 시작하는 '절대 야생'의 접근법을 요구하는 것이다.

그리고 여기서 찾는 대안의 철학, 대안의 진리가 순수히 '개인적인' 실험이라고 생각하는 또 하나의 이유는 '독선 금지'라는 자신의 계율 때문이다.

---

9) "『광장』의 주인공 이명준에 대한 생각," 『길에 관한 명상』 서울: 문학과지성사, (2010) 2018, 198-199쪽. 그리고 이 책 Σ6. "불타는 자아의 경계 위에 살다" ii.의 이야기 5. 『광장』을 참고.

그래서 이를테면 '이렇게 살아야 한다.' '이렇게 생각해야 한다.'로 끝나는 철학자 또는 도덕가의 권고나 지시에 대해, 우선의 대안이 될 만한 선택지들을 개방하는 하나의 일반론을 찾는 데서 철학적 실험이 이루어지고 있다. 이는 옛날 분들이 전해준 오래된 진리나 도덕을 버리고 무조건 새로운 것을 내세우려는 괜한 자기 고집이 아니다. 어린 시절에 낯선 세계, 낯선 얼굴을 마주해서 처신했던 '대안의 접근법'을 가지고, 우리가 살면서 부딪히는 몇 가지 주요 문제—각자가 겪게 될 운명, 역사, 시대, 영혼, 미래, 사회 같은—분야에서 제각기 선택의 자유, 선택의 대안들을 찾는 일에 기여할 만한 시대적 소명이 있다고 보는 것이다. (200603)

6.

그런데, 도대체 어른들의 세계와 어른들의 얼굴이 왜 한 어린아이에게 그토록 낯설고 다가가기 어렵게 비추어질 수 있는가? 이것이 지금에 와서 하나의 철학적 질문으로 변할 수 있다는 것을 나는 미처 알지 못했다.

모든 사람이 각기의 고유한 영원의 기억과 그로 비롯하는 상상의 패턴을 몸에 가지고 태어났다면, 각자는 하나의 같은 세계 안에 살면서도 각기 다른 것을 보게 될 가능성이 있게 된다. 그래서 어떤 하나의 사물에서 어떤 아이는 익숙한 모양을, 어떤 아이는 낯선 모양을 보게 되는 것이 아닐까?

그러해서 패션 디자이너들이 만들어내는 색깔과 무늬와 재단의 엄청나게 다양한 특이성은 그들의 눈에 보이는 것이 모두 같지 않음이다.

그러나 거기에 더하여, 패션 디자이너들의 시각 세계를 지배하는 특별한 원리는, 다른 것들 또는 상반되는 것들에 대해 배타적이지 않고 오히려 그렇게 다른 것들 또는 상반되는 것들이 함께 상보 조화의 관계를 만들어낸다는 것이다.[10] 시각 또는 색채의 세계에서는 대안의 선택에 개방적이어서, 동서양 전통의 철학자들이 고집해 왔던 모순배제 또는 폐쇄적 정합성(整合性)의 원칙에서처럼 낱말, 개념, 범주 같은 언어의

---

10) 색깔에 관련한 사상을 정리하고 있는 한 평론가는, 철학을 비롯한 논증 방면에서 흑백(black & white)의 관계가 어떤 의미로 쓰이는지를 언급하고 있다. 흰색과 까만색은 빛과 어둠, 선과 악처럼 서로 함께할 수 없는 배척 관계를 상징하는 것으로 본다.(1) 그러나 색깔의 조합 또는 조화의 관계를 바라보는 색채 시각의 세계에서는 서로 다른 색깔들이 뜻밖의 풍부하고 유의미한 관계를 연출한다고 그는 말한다. 이를테면, 색깔들은 문화적 시대적 맥락에 따라 서로 다른 것들이 만나서 다양한 의미와 효과를 상징하는 조합과 조화를 이룬다. 특히 까만 색깔과 흰 색깔은 서로 대립하며 배척하는 관계를 상징하는 것 같지만 문화적 시대적 맥락에 따라 함께함으로써 특별한 균형과 우아함을 발휘할 수 있다고 본다.(2)

(1) "까맣고 흰 것은 흔히 빛과 어둠 그리고 선과 악처럼 서로 반대되는 것들을 묘사하는 데 사용되어왔다. …… 특히 철학과 논증의 방면에서 논쟁은 자주 흑백의 관계로 묘사된다. 논쟁은 선명하게 이분화되어 중간 지대가 없이 서로 배척하는 관계를 이룬다." "Black," (June 28, 2020) in ***Wikipedia***. https://en.wikipedia.org/w/index.php?title=Black&oldid=964941336

(2) "유럽과 미국에서 이루어진 조사에 따르면, 까만 색깔은 가장 일반적으로 애도(哀悼), 종말, 비밀, 주술, 힘, 폭력, 악, 그리고 우아함에 연결되어 있다. [그리고] 까만 색깔은 책과 신문과 문서를 인쇄하는 데 쓰인다. 까만 색깔은 하얀 종이와 가장 선명한 대조를 이루어서 가장 쉽게 읽히기 때문이다." "Black," (June 28, 2020) in ***Wikipedia***. https://en.wikipedia.org/w/index.php?title=Black&oldid=964941336

칸막이를 가지고 서로 분열 배척하거나 단죄하는 논리가 작용하지 않는다. 시각 또는 색채로써 이루는 패턴이나 관계에는 '독선'이 없다.

특히 한 색채 연구가의 다음과 같은 설명은 철학자들이 절대 유의해야 하는 반성과제이다.

> "까맣고 흰 것은 흔히 빛과 어둠 그리고 선과 악처럼 서로 반대되는 것들을 묘사하는 데 사용되어왔다. … … 특히 철학과 논증의 방면에서 논쟁은 자주 흑백의 관계로 묘사된다. 논쟁은 선명하게 이분화되어 중간 지대가 없이 서로 배척하는 관계를 이룬다."[11)]

철학자에게도 그의 앞에 놓인 세계의 시각적 패턴이라는 것이 다가와 보이게 될 것이다. 수십 년에 걸쳐 세계 대전을 비롯한 험난한 생애를 똑같이 체험하고 살았어도, 이를테면 버트런드 러셀과 루트비히 비트겐슈타인, 마르틴 하이데거와 장-폴 사르트르가 보여주는 세계의 모양이 서로 다를 뿐만 아니라, 그들 모두에게 보이는 세계의 모양이 또한 나에게 다가와 보이는 세계의 모양과 전혀 다른 데에 새삼 놀라지 않을 수 없다.[12)] 더구나 20세기 이후 오늘에 이르기까지 세계 곳곳에서 전쟁

11) "Black," (June 28, 2020) in ***Wikipedia***. https://en.wikipedia.org/w/index.php?title=Black&oldid=964941336

12) 인지심리학을 전공하는 도널드 호프만 교수에 따르면, 사람들이 세계에서 보는 것은 실재의 진리가 아니라 살아남는 데 필요한 정보라고 말한다. 적응과 생존(Fitness)의 필요가 실재의 진리(Truth)를 물리친다(Beats)는 원리 곧 'FBT'(1)에서 호프만 교수는 우리들의 관찰과 판단이 어째서 실재의 진리로부터 멀어질

과 재난의 사태를 안고 사는 '인류세'라는 위기를 다 같이 겪으며 거쳐 가고 있음에도, 그들에겐 어째서 그들이 각기 소속해서 통과하는 위기의 시간대, 그리고 그 위기의 시간대가 함몰해 들어가는 영원의 시간대가 드러나 보이지 않을까?

그렇다면 무엇이 한 철학자에게 남겨진 하나의 과제인가? 자신에게 다가와 보이는 특정한 세계의 모양 그리고 그에 대응하는 특정한 이념, 특정한 도덕률을 누구에게 주입하거나 권고하는 것은 한 철학자의 자격을 가지고 할 만한 일이 더 이상 아니다.

'그대의 몸에 지닌 선택은 어떤 것인가?' 이렇게 물음으로써 각자가 그의 몸에 타고난 선택의 대안을 발휘하도록 해방하는 것이 한 철학자가 우선 할 만한 일이다. (200613)

수 있는지를 설명하는 것처럼 보인다.

그러나 장기적 또는 지구적 시간대를 배경으로 돌이켜보면, 실재의 진리에 어긋나는 행위를 함으로써 생존이 불가능하게 된 경우는 더욱 자주 일어났음을 확인할 수 있다.

(1) "FBT가 뜻하는 것은 자연 선택에 의한 진화는 진실한 지각을 선호하지 않는다는 것이다. 진실한 지각은 멸종을 가져온다." "우리가 있는 대로의 실재를 볼 확률은 제로(zero)이다. 이러한 FBT 이론은 맛과 냄새와 색깔에만 적용되는 것이 아니고 형태와 위치와 질량과 속도에도 심지어 공간과 시간에도 적용된다." Donald Hoffman, ***The Case Against Reality***. (Kindle edition) New York: W. W. Norton & Co. (2019) p. 104. 그리고 p. 518.

7.

대안의 선택에서 지시받음이 없이 해방되고 자유로워진다는 것은 어떤 경지에 놓임을 가리키는가? 누구든지 그렇게 해방되고 자유로워질 때, 그가 소속하는 체제와 질서를 구축하고 있는 낱말과 개념, 범주와 규칙으로 이루어지는 견고한 벽, 그런 균열 또는 불일치와 배척의 칸막이가 무너진 세계가 보이는 경지에 이르는 것이다. 20세기 초에 30대를 갓 넘은 청년 사르트르는 한때 모든 종류의 낱말과 개념과 법칙 같은 칸막이들로 된 일상의 질서가 붕괴한 세계를 보았다.

> "나는 공원에 있었다. 마로니에의 뿌리는 바로 내가 앉은 의자 밑에서 땅에 뿌리를 박고 있다. … … [그런데] 존재가 갑자기 탈을 벗은 것이다. … … 뿌리며, 공원의 울타리며, 의자며, 풀밭의 듬성듬성한 잔디며, 모든 것들이 사라졌다. 사물의 다양성, 그것들의 개성은 하나의 외관, 하나의 껍데기에 불과했다. 그 껍데기가 녹은 것이다."[13)]

여기서 낱말과 개념, 범주와 규칙 같은 것들을 가지고 추리 변론하는 이른바 'verbalizer'(말로 추리하는 사람)의 세계와는 전혀 다른, 낱말과 개념, 범주와 규칙 같은 칸막이들 너머에 보이는 이른바 'visualizer'(시각화해 보는 사람)의 세계가 온통 딴판으로 펼쳐지게 되는 것이다. (200627)

---

13) 장-폴 사르트르, 『구토』 강명희 옮김. 서울: 하서출판사, 2008, 234-235쪽. 그리고 이 책 Σ5. "매 순간이 초월하는 삶—순간의 논리" 줄기글 5.에서 사르트르가 당면했던 개념적 질서의 붕괴 사태에 대한 해석을 참고.

8.

그런데 크고 작은 전쟁과 재난이 이어지는 격변기에 들어선 이 '현세'에 유행처럼 전해진 뛰어난 철학자들에게 비추어진 세계의 모양 역시, 도저히 이해되지 않을 만큼 나에게 보이는 세계의 모양과 다르다는 데서, 철학이란 이름으로 해야 하는 정해진 일이 아무것도 없다는 생각에 이른다. 이를테면, 질 들뢰즈는 펠릭스 가타리와 함께 고대 그리스 철학자들이 성취한 일을 다음과 같이 정리하고 있다.

> "그리스 철학자들은, 혼란이 침범하지 못하도록 그걸 걸러내는 내재성의 평면을 구축했다. 그런 뜻에서 그리스 철학자들은, 종교적인 인격체나 사제 같은 현자들과는 구별된다. 그런 현자들은 보통보다 높은 신 또는 대단한 전제 군주로 등장해서 언제나 초월적인 질서 체제를 부과하기 때문이다. …… 오직 친구들만이 [또는 경쟁자들만이] 우상이 제거된 내재성의 평면을 공동의 바탕으로 삼을 수 있다."[14]

이렇게 들뢰즈와 가타리는 고대 그리스의 친구들 또는 경쟁자들이 성취한 내재성의 원리를, 말하자면 그 여전히 인간 본위의 습관과 전통일 수밖에 없는 행위 주체의 환원주의를 반복하고 있다.[15] 이러한 역사의

---

14) Gilles Deleuze & Felix Guattari, "The Plane of Immanence," ***What is Philosophy?*** trans. Hugh Tomlinson and Graham Burchell. New York: Columbia University Press, 1994, p. 43.

15) 그래서 들뢰즈와 가타리가 내재성의 원리에서 끌어낸 사회사상을 철학적으로는 다음과 같이 평가할 수 있다.

반복이 '철학이란 무엇인가?'라는 나의 오래된, 그러나 해답하기를 포기했던 질문을 다시 생각해 보도록 이끄는 것이다.

저러한 흐름을 바라보면서, 철학이란 무엇을 깊이 생각하느냐 하는 데서가 아니라 무엇을 새로이 보느냐 하는 데서 이루어지는 것이라고 말하게 되는 것이다. 그러니까 다른 이들에게 그리고 이전의 철학자들에게 보이지 않았던 것을 보이게 하는 데서, 새로운 시대의 철학이 등장하게 되는 것이 아닌가 하는 생각에 이른 것이다. 철학자에게 주어진 소명은 머릿속에 깊이 들어앉아 생각하는 데 있다기보다는 이전 시대에 보이지 않았던 것을, 말하자면 각기 소속하는 짧은 시간대 끝자락에서 떠오르는 영원한 시간대의 흐름을 내다볼 수 있게 하는 데 있지 않을까 생각하게 된다. (2006xx)

9.

물론 보이지 않는 것을 보이게 하는 데에도 한계가 있을 수밖에 없는 것은, 누구든지 그의 타고난 영원의 기억과 상상의 패턴에 갇혀있기 때

"이들은 각기 지상의 평면에서 펼치는 하나의 현상론일 뿐이며 어떤 근본적 흐름의 존재론도, 격변기에 들어선 시대의 시간관이나 역사관에 호응하는 것도 아니다. 그들은 아직도 고대의 중국과 그리스 전통의 철학에서 물려받은 여전한 성곽 안의 환원주의 또는 여전한 영토 안의 평면주의 시대의 말기 현상에 갇혀있다." 이 책 Σ4. "그대가 소속한 시간대를 돌아보라" 줄기글 6.에서 따옴.

"이를 일리 있는 해석으로 받아들인다면, 고대 그리스에서 들뢰즈와 가타리에 이르기까지의 철학적 사유는, 친구들 또는 경쟁자들 사이에서 이루어지는 사회적 관계의 한 형태로서 이해하게 되는 것이다. 그렇다면 철학은 그렇게 사회적 관계형태를 반영하거나 대변하는 한 평면적 현상론에 지나지 않는 것이다." 이 책 Σ4. "그대가 소속한 시간대를 돌아보라" 줄기글 7.에서 따옴.

문이다. 20세기 철학계의 한판을 그의 수학적 논리적 발상으로 크게 재편했던 버트런드 러셀은, 개념적 사유를 하면서 그에 대응해 떠오르는 이미지가 없다고 고백한 적이 있다. 이를테면 그는 며칠 동안 만나지 않은 약혼녀의 얼굴 이미지가 떠오르지 않아서 매일 아니면 하루에도 두세 차례 편지를 써 보내야 한다고 했다. 그는 오직 낱말들로써만 말하고 생각하는 사람[16] 곧 'verbalizer'였다.

이렇게 'verbalizer'로서 러셀이 소속하는 계통의 선배 철학자들로는 플라톤과 아리스토텔레스 같은 이들이 있다. 그들은 개념과 그 추론 형식에 갇혀서 그들이 소속한 현실 세계를 뒤흔들고 있는 변화/이동의 패턴 그리고 모든 것이 자신을 불태우며 소멸해 들어가는 미래의 시간대를 시각화(visualize)하는 데에는 이르지 못하는 것이다. 그래서 그들은 'visualizer'로서 헤라클레이토스가 말하는 '반대되는 것들의 조화' 또는 '불일치의 일치'를 이해할 수 없었다고 하는 연구보고가 있게 된 것이다.

> "헤라클레이토스는 유동(flux)과 안정(stability)이 하나임을 말하고 있다. '같은 강에 들어가 보면, 다른 그리고 또 다른 물결들이 흘러서 간다.' … 이 유동성[흘러가는 물결들]은 단순히 움직이기만 하는 것이 아

---

16) "당시 IQ 테스트 형식을 고안하고 있던 그의 친구 루퍼트 크로셰이-윌리엄스(Rupert Crawshay-Williams)가 말했다. '버트런드 러셀은 어휘에 의한 (시각적이 아닌) 초특급의 상상력을 가지고 있다. 그에게 실재란 기호에 의해서 전달되는 것이다. 낱말들을 매개로 하지 않고는, 많은 상황에서 무엇이 일어나고 있는지 그에게는 파악되지 않는다.'" Ray Monk, ***Bertrand Russell: The Spirit of Solitude 1872-1921***. London: Vintage, 1997, p. 87.

니다. 그 움직이는 것이 하나의 안정성[한결같은 강]을 이루고 있다. 이렇게 반대되는 것 곧 [흘러가는] 물결들과 [머무는] 같은 강이 하나의 조화[실체]를 이루고 있는 것이 숨은 진리이다. 반대되는 것 이면에 밖으로 드러나지 않은 숨은 연결이 있다는 것을 보여주려는 것이 헤라클레이토스가 자임하고 있는 사명이다. 끊임없이 흐름(flux)에도 한결같음에 머무름(stability)이 [하나로 됨이] 바로 헤라클레이토스가 보여주려는 반대되는 것의 일치함이다."[17]

겉으로 드러나는 반대/대립의 현상 이면에는 '하나로 일치함' 또는 '하나의 조화'라는 숨은 진리가 있음을 보라고 헤라클레이토스가 가리키고 있음에도, 플라톤과 그를 따르는 아리스토텔레스는, 끊임없이 흘러가서 '이러하다가'(it is thus) '이러하지 않은'(it is not thus) 물결들을 하나로 일치하는 것이라고 말하는 헤라클레이토스가 논리적 모순에 빠져 있다고 비판하고 있다. 말하자면, '이러하다가' '이러하지 않은' 두 가지 다른 것에 하나의 같은 '이름을 매길 수'(predicable) 없으므로[18] 그것들

---

17) Σ1. 줄기글 5.의 따온글 반복. Matthew Colvin, "Heraclitean Flux and Unity of Opposites in Plato's ***Theaetetus*** and ***Cratylus***," ***The Classical Quarterly***, New Series, Vol. 57, No. 2. (Dec., 2007) p. 760.

18) Matthew Colvin, "Heraclitean Flux and Unity of Opposites in Plato's ***Theaetetus*** and ***Cratylus***," ***The Classical Quarterly***, New Series, Vol. 57, No. 2. (Dec., 2007) p. 762.

헤라클레이토스의 '반대되는 것들의 일치'에 관한 한, 아리스토텔레스의 비판도 (플라톤의 것과 다름없이) 모순율을 위반하고 있다는 똑같은 논리 언어적 관점에서 행해지고 있다는 또 하나의 보고가 있다.

"아리스토텔레스의 견해에서 볼 때, 헤라클레이토스는 똑같은 사물이 그러하

이 하나로 일치하는 것이라고 볼 수 없다는 'verbalizer'의 주장이다.

그러해서, 만약 플라톤이 그의 선배 철학자 헤라클레이토스의 강의를 청강했다면, 아마도 플라톤 그는 학점 F를 맞았을 거라고 말하게 되는 것이다.

거기에다 플라톤에서 러셀에 이르기까지 'verbalizer'들은[19] 끊임없이 흘러가는 것들의 변화/이동과 그런 변화/이동의 순간들을 품은 무한의 시간대들을, 인간이 조작한 개념과 범주체계 또는 기호에 의지해 영구히 형상화(形相化)/박제화(剝製化)하려는, 그래서 역시 인간의 안일한 습관일 수밖에 없는 관념적 환원주의에 잡혀 있다.

기도(is) 그렇지 아니하기도(is not) 하고, 반대되는 술어들이 똑같은 주어에 매겨질 수(predicable) 있고, 모순되는 진술들이 같은 대상에 똑같이 참일 수 있다고 말하는 것 같다는 것이다." C. J. Emlyn-Jones, "Heraclitus and the Identity of Opposites," ***Phronesis***, Vol. 21, No. 2. (1976) p. 90.

19) 'verbalizer'로서 플라톤이, 그리고 그 'verbalizer'의 전통을 20세기에도 이어가는 러셀이, 낱말과 개념 또는 기호에 의지해 변화와 그 시간을 영구히 고착화/형상화하는 철학자들의 습관을 다음과 같이 이해할 수 있다.

"그(클로드 레비스트로스)는 철학 방면에서 하는 연구의 관행이 영 마음에 들지 않았다고 말한다. 그것은 실제의 세상에 관한 연구가 아니라 순전히 말을 가지고 세련된 논리를 만들어내는 데에 집중하는 작업이었기 때문이라고 그는 회고하고 있다. 이는 플라톤, 아리스토텔레스에서 버트런드 러셀에 이르기까지 'verbalizer'들이 철학사의 전통을 과도하게 지배하고 있었다는 데서 일어난 사태임에 틀림이 없다. 그런 끝없는 논리적 말장난의 수렁으로부터 빠져나올 수 있게 레비스트로스를 구제해 준 것이 지질학과 프로이드와 맑스의 접근법이었다고 설명한다." 이 책 Σ2.의 붙임 1. "클로드 레비스트로스—박제화된 시간/시간대의 파도" 줄기글 1.에서 따옴.

그렇게, 그들은 형상화된 그래서 박제화된[20] 진리를 수천 년 동안 연마하는 사이에, 영원을 통과하며 연이어 흐르는 짧은 시간대들이 각기의 경계들을 불태우며 만들어내는 야생의 진리를 망각해 버렸다.

당대 그리스인들에게조차 어둠에 가려진 철학자로 소문난 헤라클레이토스는 이후의 철학자들에게서 제대로 이해되지 못했던 바가 크다. 그러므로 여기서 플라톤, 아리스토텔레스, 러셀 같은 'verbalizer'에게 보이지 않는, 이를테면 '끊임없이 흐름에도 한결같음에 머무른다.' '대립하는 것들이 조화로움에 있다.' '죽음을 살고, 삶을 죽는다.' '불사자(immortals)는 가사자(mortals)다.' 같은 것들을 말하는 헤라클레이토스를 이해하는 'visualizer'들의 세계가 따로 있음을 다시 떠올리게 되는 것이다. (200625)

---

20) 이렇게 진리의 모양을 형상화 또는 박제화(剝製化)하는 데에 결정적 기여를 했던 철학자는 플라톤 이전의 파르메니데스이다.(1)

(1) "파르메니데스의 정의 'δίκη'는 서로 다투며 생사를 겨루는 자들에 대하여 똑같이 내리는 심판으로 모두 [있음이라는] 하나로 묶어서 그것으로 벗어날 수 없는 숙명의 한계가 되게 한다. … … 정의의 심판이, 生滅을 가르는 다툼과 긴장 또는 조화가 같이하는 헤라클레이토스의 변화 가운데서 이루어졌는데 이제는 생멸의 다툼을 모두 하나의 숙명으로 묶어 버리는 파르메니데스의 사슬 또는 굴레 가운데서 일어나고 있다. … … 쟁의에 대한 해법으로서 파르메니데스가 내놓은 척도는 이후의 희랍 철학자들이 발전시켜 가는 우주 및 도시구축의 논리에 누구의 것보다도 결정적으로 기여를 하는 동일 및 무모순의 법칙이라고 하는 것이다." 『안티호모에렉투스』 (2001년 초판) 고양, 경기: 사월의책, 2017, 151-153쪽.

10.

불교의 뛰어난 해설가 틱낫한은 현대에 살아있는 'visualizer'로서, 'verbalizer'의 낱말과 개념에 매이는 사고를 경계하는 다음과 같은 설명을 하고 있다.

> "앞뜰에 서 있는 한 그루의 나무는 한 낱개로 떨어져 있는 개체가 아니다. 해가 없이는, 구름이 없이는, 바람이 없으면, 미네랄이 없으면, 한 나무가 거기에 있을 수 없다. 하나의 나무는 나무가 아닌 것들로 이루어진다. [그렇게] 한 그루의 나무는 홀로 있는 것이 아니므로, 나무는 자아라고 할 만한 것을 가지고 있는 것이 아니다. 그러니까 [나무, 해, 구름, 바람 같은] 낱말들에 잡혀서 생각하지 말아야 한다. 실재 세계를 깊이 보며, 말들의 세계를 초월해야 한다."[21]

그런데 더 나아가, 인류가 문명의 출현과 함께 끊임없이 개발해온 추상적 개념과 논리의 조작기술이 어떻게 원시 단계의 인류가 가지고 있었던 특별한 직관과 시각화의 능력을 상실하게 했는지를 돌아보게 하는, 20세기의 인류학자 뤼시앵 레비브륄의 다음과 같은 요점을 포함하는 풍부한 연구 기록이 있다.

> "원시인들의 사고와 언어는 전적으로 구체성에 머물러 있다." "그들은 결코 추상화하거나 일반화해서 말하지 않는다. 그들은 생각한다기보다

21) Thich Nhat Hanh, ***Going Home: Jesus and Buddha as Brothers***. New York: Riverhead Books, 1999, pp. 19-20.

는 느낌을 표현한다. 그들은 직관에 따라 직접 파악한다." "그들의 사고는 논리적 개념적 추상화 단계에 이르지 않고, 우리가 이해할 수 없는 법칙에 따라 변화하는 상황과 관찰의 시각적 영상을 가지고 생각한다."[22]

이러한 경우에 비추어 볼 때, 철학자에게 남겨진 또 하나의 소명은 개념과 논리의 허구에 의지하는 생각의 바닥을 파고 들어가 일상의 사람들에게 보이지 않는 세계를 보이게 하는 데에 있음을 이해하게 된다. 대개 사람들이 물리 생리적으로 같은 눈을 가지고 있지만, 이 세계에서 모두 같은 흐름 그리고 같은 깊이를 보는 것은 아니다. 따라서 철학자의 한 가지 일은, 그의 머릿속에서 생각함으로 끝나는 것이 아니라 그가 놓여있는 현실 세계의 흐름과 그 흐름이 소속하는 긴 시간/시간대 가운데서 떠오르는 변화/이동의 패턴으로서 부재화(不在化)/초월이 동시의 양면인 매 순간의 패턴을[23] 투시하는 데에 있다. (200613)

---

22) Lucien Levy-Bruhl, ***Primitive Mentality***, trans. Lilian A. Clare. New York: The Macmillan Co., 1923, p. 433, p. 210. 그리고 p. 433.

원시적 정신세계와 그 논리적 특징을 연구한 레비브륄은 원시적 논리 구조가 결코 미개한 단계의 정신 현상이 아니라고 생각했다. 그는 사회마다 각기 다른 논리를 발전시킬 수 있다는 반(反)진화론적 견해를 가지고 있었다는 다음과 같은 연구 보고가 있다.

"레비브륄에 따르면, 인간의 정신 기능은, 그리고 그 정신이 함축하는 논리는, 사회에 따라 상당히 달라질 수 있다. …… 더 나아가, 레비브륄은 반(反)진화론적 입장을 택함으로써 전-논리적(pre-logical) 정신 기능을 [진화 이전] 초기 인류의 정신 기능으로 생각해서는 안 된다고 보았다." Eric Vandendriessche, "Lévy-Bruhl's theory on prelogical mentality and its influence in the field of history and philosophy of science: Léon Brunschvicg (1869-1944) / Abel Rey (1873-1940)," p. 31. http://www.sphere.univ-paris-diderot.fr/IMG/pdf/vandendriessche-2020-wsawm.pdf

11.

그렇다면 철학으로 무엇을 하는가? 철학은 말을 가지고 따지는 것이 아니라, 세계의 흐름을 내다보는 것이다. 낱말과 개념은 본디에 임의의 약속에 따라 미지의 실재를 가리키기 위해 조작된 기호에 지나지 않는 것이다. 현상계에 발현된 실재의 변화/이동 패턴에 접근하려면 우선, 적어도 그것에 대응하는 시각화가 필요하다. 실재 세계의 움직이는 모양과 흐름에 접근하는 데는 이른바 'verbalizer'보다는 'visualizer'가 앞에 설 수밖에 없다.

특히 세상 사람들이 철학자에게 던지는 '어떻게 살아야 하는가?'라는 물음에 대해 내놓을 수 있는 가능한 한 가지 대안의 답이 있다면, 그것은 그들이 놓여있는 현실 세계가 변화/이동하며 파도처럼 흘러가는 시간대, 특히 모든 것이 각기의 자신을 불태우며 소멸해 들어가는 미래의 시간대가 보이게 하는 영상 곧 'vision'으로서 전망을 제시하는 데 있다. 그러므로 개척자로서 철학자의 길은 머릿속에서 낱말들의 유희로써 불일치하며 좌충우돌하는 왈가왈부를 하는 데 있는 것이 아니라, 야생의 시각 또는 객관의 척도 x에 의탁해서 각기의 소속하는 짧은 시간대가 흘러 들어가는 긴 시간대의 향방을 내다보는 데에 있다. (200614)

12.

그렇게 문명 이후 인류가 개발해온 개념과 범주의 논리적 허구를 파헤

---

23) 이 책 Σ5. "매 순간이 초월하는 삶" 줄기글 10. 참고.

치고 들여다보려고 하는 현실의 맨 밑바닥에는 무엇이 남아 있을까? *x*. [그리고 그것에 수많은 이름이 매겨질 수 있다. 물, 불, 기(氣), 물질, 원자, 실체, 개체, 자아, 영혼 같은 임시변통의 낱말들로] 세상에 몸을 드러낸 모든 것의 깊은 데에 저장된 영원의 기억을 따라 떠오르는 장구한 시간대 너머에서 움직이는 자는 어떤 모양으로 다가오는가? *X*. [그리고 그것은 철학자들의 체계 가운데서 수많은 걸개(hanger)들로 변신한다. 이데아의 이데아, 초월자, 절대정신, 물 자체, 무아(無我), 무(無), 도(道), 태극(太極)처럼, 그들의 마음이 의탁할 만한 걸개들로.]

> "찾음으로써가 아니라 오히려 버림으로써 보편에 이르지 않겠는가. 개념이나 경험 가운데는 사람의 관점이나 의도가 들어앉아 있으니까. 그러나, 관점과 의도가, '아니다'라는 충격으로 마비될 때 비로소 참 보편 *X*가 그 자신을 드러내지 않을까."[24)]

> "20세기까지의 철학사를 돌이켜 바라보면, '무엇이 진리인가?'라고 더 이상 물을 필요를 느끼지 않는다. '어떤 것도 진리로 남겨두지 않는 영원한 거부자 *X*는 누구인가?'라고 물어야 한다."[25)]

그러므로 우리들의 모든 탐구와 삶의 진로는 *x*의 *X*에 대한 관계로 귀착하게 된다. [*x*와 *X*가 구별이 안 된다고? 그것들이 서로 무슨 관계냐고? 그 관계를 그대가 매 순간 몸으로 겪으며 살아가고 있는데도!][26)]

---

24) 『서양의 논리, 동양의 마음』 (제1판 1987년) 고양, 경기: 사월의책, 2017, 166쪽.

25) 『서양의 논리, 동양의 마음』 (제1판 1987년) 고양, 경기: 사월의책, 2017, 30쪽.

여기에 아직도 철학을 떠나지 않은 자가, 모든 불일치(不一致) 하는 탐구와 삶의 진로가 야생의 광야를 향해 합류해 가는 영원의 시간대를 바라보는 'visualizer'의 경계가 있다. (200620)

26) 위의 물음들에 대한 풀이 과정의 부분들을 다음과 같은 단편들에서 볼 수 있다. 이 책 Σ4. "그대가 소속한 시간대를 돌아보라" 그리고 Σ5. "매 순간이 초월하는 삶" 그리고 특히 Σ6. "불타는 자아의 경계 위에 살다" 이야기 1.에서 12.까지 참고.

붙임 1.

클로드 레비스트로스—박제화된 시간/시간대의 파도

1.

20세기의 인류학자 클로드 레비스트로스의 『슬픈 열대』에서 따온 아래의 짧은 한마디를 기회가 닿을 때마다 거듭해 쓰면서도, 그렇게 하는 나의 이유를 돌이켜 본 적이 없다.

> "세계는 인류가 없이 시작했고 다시 인류가 없이 끝날 것이다."[27]

인류학자 또는 민속학자로 세상에 알려진 클로드 레비스트로스는 철학 전공자로서 출발했다. 교수자격 시험까지 통과하고, 철학 강의도 하고 있던 터였다. 그런데 그는 철학 방면에서 하는 연구의 관행이 영 마음에 들지 않았다고 말한다. 그것은 실제의 세상에 관한 연구가 아니라 순전히 말을 가지고 세련된 논리를 만들어내는 데에 집중하는 작업이었기 때문이라고 그는 회고하고 있다.[28]

---

27) Claude Levi-Strauss, ***Tristes Tropiques***, trans. J. Weightman & D. Weightman. Penguin Books, (1973) 2012, p. 413.

> "모든 문제는 항상 동일한 방법을 적용해서 처리할 수 있다는 것을 알기 시작했다. 그 방법이란 우선 어떤 문제에 관한 두 가지 전통적인 견해를 대치시켜 놓는 것이다. … 다음에는 마지막으로 제3의 견해를 사용하여 … 양자가 똑같이 부분적이라는 것이 드러나게 한다. … 이러한 수련은 사고 대신 말장난을 하는 일이며, 따라서, 결국 말에서 [일어나는] 문제로 그쳐 버리고 마는 것이다. … … 모든 것은 기교 상의 완성이나 내부적인 논리의 일관성이 뛰어날수록 더욱 가치가 있는 것이다."[29]

이는 플라톤, 아리스토텔레스에서 버트런드 러셀에 이르기까지 말을 가지고 추론하며 따지는 'verbalizer'들이[30] 철학사의 전통을 과도하게 지배하고 있었던 데서 일어난 사태임에 틀림이 없다.

---

28) Claude Levi-Strauss, 6. "The Making of an Anthropologist," ***Tristes Tropiques***, trans. J. Weightman & D. Weightman. Penguin Books, (1973) 2012.

29) 클로드 레비스트로스 『슬픈 열대』 박옥줄 옮김. 서울: 삼성출판사, 1990, 79-80쪽.

30) "이렇게 'verbalizer'로서 러셀이 소속하는 계통의 선배 철학자로는 플라톤과 아리스토텔레스 같은 이들이 있다. 그들은 개념과 그 추론 형식에 갇혀서 그들이 소속한 현실 세계를 뒤흔들고 있는 변화/이동의 패턴 그리고 모든 것이 자신을 불태우며 소멸해 들어가는 미래의 시간대를 시각화(visualize)하는 데에는 이르지 못하는 것이다. 그래서 그들은 'visualizer'로서 헤라클레이토스가 말하는 '반대되는 것들의 조화' 또는 '불일치의 일치'를 제대로 이해할 수 없었다고 하는 한 연구보고가 있다." "이러한 경우에 비추어 볼 때, 철학자에게 남겨진 또 하나의 소명은 개념과 범주의 논리적 허구에 의지하는 생각의 바닥을 파고 들어가, 사람들에게 보이지 않는 세계를 보이게 하는 데에 있음을 이해하게 된다." 이 책 Σ2. "플라톤에서 헤라클레이토스로" 줄기글 9.와 10.에서 따옴.

그런 끝없는 논리적 말장난의 수렁으로부터 빠져나올 수 있게 레비스트로스를 구제해 준 것이 지질학과 프로이드와 맑스의 접근법이었다고 설명한다. 거기서 그는 현상계에 일어나는 삶의 복잡한 양상들은, 그 깊은 아래에 잠복해 움직이는 하부구조 곧 '이항대립'(binary opposition)[31]이라는 심층구조에 달려있다는 것을 발견했다. 그렇게 그는 관념적인 말장난의 세계로부터 탈출해서, 현대 인류에서 고대 인류로 관통하는 보편적 심층구조를 탐구하는 민속학자로 변신한다. (200709)

2.

나는 1989년 53세가 되던 해에 "끝없는 탈출"이라는 자기 점검의 기록에서 이렇게 쓴 적이 있다.

> "바다가 나에게 언제나 새롭게 던져주는 느낌이 무엇인지 나는 아직도 모른다. … … 아마도 해방과 자유를 거기서 찾으려고 하는 것 같다. 만약 다시 태어나야 한다면, 나는 산 위에서 바다를 명상하는 한적한 한 그루의 나무가 되고 싶다. 부득이 사람으로 태어나야 한다면, 나는 철학자가 되고 싶지 않다. 이 끝나지 않는 시비 가운데서 일생이 지나가는. 나는 하나의 기능공이 되고 싶다. 오직 자기가 하는 기술 실현에 몰두할 수 있는."[32]

---

31) 참고: Claude Levi-Strauss, 2. "The logic of totemic classifications," ***The Savage Mind***, trans. x. Chicago: The University of Chicago Press, 1966. 그리고 Claude Levi-Strauss, Ⅷ. "Do dual organizations exist?" ***Structural anthropology***, trans. C. Jacobson & B. G. Schoepf. New York: Basic Books, 1963.

그때는 참으로 철학이라는 분야 안에서 할 만한 일이 아무것도 없다고 거의 단념한 시기였다. 나는 한국전쟁이 끝난 다음 4년이 지난 해에 철학이라는 것을 전공으로 잡았는데, 당시의 군사정권을 향한 저항 운동을 이끌었던 정석해 교수 아래에서 학습한 에밀 뒤르켐, 앙리 베르그송이 실행한 것과 같은 프랑스 스타일의 접근법에 깊은 관심을 지니고 있었다. 그들에게서는 현실 세계에 관한 과학적 탐구와 철학적 사유가 분리된 것이 아니었다. 그러나 그러한 스타일의 접근법은 이후에 세계적으로 유행한 수많은 계파의 현상학, 실존주의, 과학적 실용주의, 논리실증주의, 언어분석, 후기 구조주의 같은 대세에 밀려나거나, 아니면 특히 한국에서는 도덕적 당위와 이념 위주의 전통 사조에 밀려나, 철학계 어디에서도 마음에 드는 영역을 찾지 못하였다.

저러한 세계철학계의 대세와 그 겉모양을 맴돌며 한국철학계에서 반복하는 관념놀이 또는 말놀이에 시달려서, 나는 자신의 길을 찾는 데에 무척 오랜 시간을 소비했다. 이 긴 모색의 과정을 통과해온 끝에, 비로소 클로드 레비스트로스를 다시 이해하며[33] 나의 특별한 선구자로 받아들이게 된 것이다. 말하자면 모든 전통의 철학적 사유들을 생명의 현

32) 박동환, "끝없는 탈출,"『철학과 현실』 서울: 철학과 현실사, 1989, 278쪽.

33) "이러한 수련은 사고 대신으로 말장난을 하는 일이며, 따라서, 결국은 말의 문제로 그쳐 버리고 마는 것이다. …… 나의 사고는 철학의 사고 훈련이 몰아넣는 폐쇄된 항아리에서의 발한(發汗)상태를 벗어나 있었다. 밖으로 이끌려 나온 나의 사고는 신선한 바람을 쐬어 생기를 얻은 느낌이었다." 제6장 "나는 어떻게 민속학자가 되었는가"『슬픈 열대』 박옥줄 옮김. 서울: 삼성출판사, 1990. 그리고 이 책 Σ2. "플라톤에서 헤라클레이토스로"의 풀이말 1) 참고.

실계를 떠난 공상가들의 관념 또는 개념조작의 부산물로 이해하며, 그런 문제의 해결은 오직 'x가 X로 회귀하는' 각기의 짧은 시간대에 소속하는 파도 같은 현상들로 수렴하여 가는 데에 있다고 생각했다. 그렇게 나는 동서양 전통의 모든 철학 유파들로부터 세상의 흐름이 파도치는 생생한 현실계로 탈출할 수 있었다. 나는 그들이 입혀주려던 철학자의 타이틀을 벗어던진 것이다. (200709)

3.

나는 고대 그리스와 중국전통의 철학자들이 이루어낸 사상과 체계를 향해, 오래전에 그것들은 인간 본위의 관념 형태에 지나지 않는다고 단정했었다.[34] 이에 더하여, 세상에서 많은 이들이 받들어 일컫는 유물론조차도 관념론적이라고 이해했다. 이를테면, 칼 맑스의 유물론조차 유물론적이라기보다는 역시 관념론적이라고 보는 이유는 무엇인가?

관념론자이든 자칭 유물론자이든, 고대 전통의 철학자들은 문명 초기에 만들어진 인간 본위의 자연이해를 문화권마다 다른 범주체계들과 통치체제들에 대입해서 세계를 해석하고 설명했기 때문이다.

그러나 이렇게까지 거의 모든 전통의 철학자들을 관념론자로 몰아간

34) "인류가 중심이 되어 이루어 놓은 듯한 6천 년 아니면 수만 년의 문명과 그 역사는 수십억 년에 걸쳐 일어난 우주와 생명의 역사 가운데의 한 짧은 에피소드로 기억될 날이 올 것이다. 아직도 세계의 통치자들 그리고 특히 철학자들은 그들이 세계를 이해함에 있어 판단의 주체인 것처럼 생각한다." 『안티호모에렉투스』 (2001년 초판) 고양, 경기: 사월의책, 2017, 6-7쪽.

다고 해서, 내가 유물론자가 되는 것은 전혀 아니다. 굳이 대안의 이름을 붙이자면, 나는 레비스트로스 유의 심층 패턴을 천착하는 구조주의자가 아니라, 오직 보이지 않는 심층을 파헤쳐서 'X로 회귀하는' 긴 시간대 한가운데서 그 경계가 항상 '불타는 자아들의 삶과 운명'에 집중하는 'x론자'이다.[35] (200710)

그리고 인간 본위의 세계이해와 거기에 쓰이는 개념들과 범주들을 바탕으로 하는 자연과 역사의 설명들이 주관적이고 관념적이라고 단정한다고 해서, 그런 것들을 모두 폐기해야 한다고 말하는 것은 아니다. 그것들은, 그들이 독선적으로 고집하며 우리에게 강제하지만 않는다면, 괜찮은 대안의 임시 것들이다. 세상에서 시인들의 상상과 자유를 막을 이유가 없는 것과 같은 이치에서 그렇다.

누구든지 우리에게 선택의 자유, 선택의 대안들을 개방하고 해방하는 데 동의한다면, 그래서 자기의 주관적, 관념적, 아니면 유물론적 세계관을 가지고 독선적으로 우리에게 강제하지 않는 한, 어떤 문제가 일어나지 않기 때문이다. (200712)

4.

레비스트로스에게서 모든 피상의 현실계는 '이항대립'으로 성립하는 심층구조로 함몰해 들어간다. 그렇다면 이항대립은 자연의 실재를 지

35) 이 책 Σ6.의 이야기 1.에서 12.까지, 그리고 Σ6.의 간추림 1. "불타는 자아의 경계 위에 살다" 참고.

배하는 심층구조일 수 있을까? 고대 그리스와 중국의 철학자들의 체계에서도 우리는 뜨거움과 차가움, 빛과 어둠, 가까이와 먼, 드러남과 숨음, 양과 음 같은 일상의 낱말과 개념으로 이루어진 이항대립 구조를 지닌 자연의 질서를 만날 수 있다. 레비스트로스는 그의 이항대립의 심층구조를 가지고 20세기의 물리학 또는 우주론을 이해할 수 있었을까? 그의 이항대립 구조는 고대인들이 역시 인간 본위로 관찰하고 상상했던 자연과 그 밖의 현상계에서 주관적 관념적으로 짜낸 개념들과 범주들 그리고 법칙들이 아닌가?

그래서 레비스트로스의 심층구조를 대체할 만한 대안으로, x론에서는 '모든 것 x가 시원의 출발점 X로 회귀하는 영원의 시간대'를 제안하고 있다. x론에서 자연과 역사를 포함하는 현상계의 사물 사건들은 모두 낱말과 개념, 범주와 규칙을 벗어던지며 끝내 X로 회귀하는 영원의 시간대에 참여한다. (200714)

5.

한때 인문사상계를 떠들썩하게 했던 이른바 '후기 구조주의자들'은 그들이 기숙하며 의탁하고 있는 자연 그리고 우주의 깊은 흐름에 관한, 그들의 선배 레비스트로스의 다음과 같은 경고를 외면하고 있었다.

> "세계는 인류가 없이 시작했고 다시 인류가 없이 끝날 것이다."[36]

36) Claude Levi-Strauss, ***Tristes Tropiques***, trans. J. Weightman & D. Weightman. Penguin Books, (1973) 2012, p. 413.

그렇게 말하는 레비스트로스는 과연 인류가 존재하지 않았던 그리고 존재하지 않을 시간, 그런 '밖의' 시간대에서 무엇을 보았을까? 그는 인류의 모든 성취가, 그리고 그들의 언어로 만들어낸 엄청난 양의 창작물까지도 모두 보편적인 해체 곧 에너지 고갈(entropie) 상태로 진행하는 우주적 과정에 동참하는 작업에 지나지 않을 것이라고 말한다. 그래서 그는 다음과 같은 결론을 서슴지 않는다.

> "인류학(anthropologie)은 차라리 엔트로폴로지(entropologie)로 바꾸는 것이 낫다."[37)]

이렇게 인류학자 클로드 레비스트로스는, 그가 심혈을 기울여 연구하는 인류의 제도와 관습과 도덕이라는 것 역시 결국에 사라져갈 이슬과 같은 것으로 보는, 긴 시간대의 비전을 보여준다.

*x*론에서는 그런 가상의 긴 시간대를 영원의 한 단위 기억체 *x*로 압축/정화했다. 세상에 몸을 드러낸 그 영원의 한 단위 기억체 *x*가, 자신의 경계를 불태우며 부재화(不在化)해서 영원으로 흐르는 긴 시간대에 합류 회귀하는 진로를 추적하며 상상한다.

"세상에 몸을 드러내 존재하는 것들에게 끊임없이 다가오는 소멸 또는 종말의 신호에 따라, 그들은 각기 자신의 초월을 꿈꾼다. 모두 자신을 부재화함으로써 자신을 초월해 가는 길을 찾는다. 그렇게 *x*는 쉼 없이

---

37) Claude Levi-Strauss, ***Tristes Tropiques***, trans. J. Weightman & D. Weightman. Penguin Books, (1973) 2012, p. 414.

자신을 불사르며 X를 향해 달린다."[38] (200715)

38) 이 책 Σ5. "매 순간이 초월하는 삶—순간의 논리"의 줄기글 10.에서 따옴.

붙임 2.

인류학—박제화된 시간/시간대의 파도를 해방하라[39)]

내가 인류학에 처음으로 입문한 것은 철학과 학부 시절 에밀 뒤르켐과 뤼시앵 레비브륄 유의 지식사회학에 관하여 정석해 교수께서 간간이 풀어놓았던 압축적 설명과 코멘트에서 가능하게 된 일이었다. 그 이후 인류학이 나를 떠나지 않은 이유를 돌이켜 보면, 그것이 내가 공부하는 철학에 대해 좁힐 수 없는 거리감을 설명해 주기 때문이었던 것 같다.

그때 철학사에 등장하는 어떤 철학자를 공부해도 그를 전공해볼 만큼 영 마음에 들어오는 바를 찾을 수 없었다. 그들의 어떤 철학도 내가 20세기 여기 이 영토에서 겪은 폐허와 야생의 체험을 소화해줄 수 없었기 때문일 것이다. 다시 말해서 인류학자가 관찰하고 체험하는 세계 각처의 문화와 풍속이 모두 어떤 특정 지역에 국한된 현상으로 이해되는

39) 이 글은 **한국연구원** 심포지엄(2020년 12월 22일)에서 발표한 차은정 박사의 "*x*의 존재론에 대한 인류학적 고찰: 한민족의 코스몰로지는 어떻게 가능한가"에 대한 답변의 일부로서 Σ2. "플라톤에서 헤라클레이토스로"의 붙임 2. "인류학—박제화된 시간/시간대의 파도를 해방하라"를 이룸.

것처럼, 어떤 철학자의 세계관이나 철학도 다만 그가 소속하는 시대와 지역에 뿌리를 두고 있는 것일 뿐이라는 생각을 떨쳐버릴 수 없었던 것이다.

나는 만 아홉 살 되던 해에 제2차 세계대전이 끝나고 미군이 사용하던 한국 지도와 세계 지도를 입수할 수 있었는데, 그때 여기저기에 박혀 있는 큰 도시들의 이름을 발견하는 것은 한없는 즐거움이었다. 지금 돌이켜 보면 이 지도 보기에서 비롯하는 나의 생각은 세계 여러 나라 사람들이 내놓은 이런저런 철학 사상이라는 것도 그 나라에 소속하는 그들의 특수한 산물이며 세계 해석이라는 것이다.

그래서 오늘날 인류학자들이 말하는 '존재론적 전회' 곧 모든 문화와 철학의 지역화(localization)를 전적으로 받아들이게 된 것 같다. 동서철학사에 등장하는 모든 전통의 철학들은 세계 지도 위의 여기저기에 정착해 사는 사람들에게 제각기 고유한 지역학의 대상이 되어 버린 것이다.[40]

그런데 21세기에 이르러 비로소 그 진가를 증명하고 있는 저 존재론적 전회를 나에게 전해 준 인류학자는 차은정 교수이다. 차 교수는 그런 새로운 인류학적 해석의 시야를 반영하는 연구로 『숲은 생각한다』(2013, 2018) 그리고 『부분적인 연결들』(2004, 2019)을 번역 소개하면서 존재론적 전회의 필연성을 논의하고 있었다. 그는 이번 심포지엄에서 저러한 인류학의 새로운 세계 해석에 대해 x의 존재론은 어떻게 대응

40) 이 책 Σ1.의 붙임 1. "x의 계보—그 합류와 독립의 역사" 참고.

할 수 있는가 하는 과제를 풀이하고 있다. 그 과제의 풀이 가운데서 발췌한 물음 1. 2.에 대한 답변 x-1. x-2.를 아래에 정리한다. (210308)

물음 1.

"막상 『x의 존재론』을 인류학적으로 풀어내는 작업에 돌입하고 보니 이 작업이 쉽지 않음을 깨달았다. 글이 근대적 학문생산의 주요 방식인 논문의 형식과는 거리가 멀다. 얼핏 보면, 자기 고백으로 시작해서 시처럼 읊조리다가 선문답으로 끝을 맺는다. 무엇보다도 이 책의 저자가 '무명의 x'로 남고자 하듯이, 'x의 존재론'은 이론의 이름이기를 거부한다. 통상적으로 이론에는 '명패'가 있다. 예를 들어 레비스트로스의 친족과 신화 이론은 구조주의라는 명패를 달고 있다. 구조주의라는 명패를 따라 그 이론의 장에 들어서서 레비스트로스 이론의 시대적 · 연구사적 맥락을 파악하고 방법론을 분석하고 나아가 지금 우리의 인류학적 현상에 그것을 적용해서 설명한다. 반면 'x의 존재론'은 특정 이론의 명패를 허용하지 않으므로 이론에 대한 이러한 접근방식으로는 이해할 수 없다."[41]

물음 2.

"문제는 인간이 사라질 것이며 사라지고 있다고 단언한 레비스트로스의 주체 비판을 어떻게 이해할 것인가에 있다. 레비스트로스가 "세

41) 차은정, "'x의 존재론'에 대한 인류학적 고찰: 한민족의 코스몰로지는 어떻게 가능한가"에서 따옴.

계는 인간 없이 시작되었고 또 인간 없이 끝날 것"이며 인간의 "헛된 노력은 하나의 보편적인 몰락과정을 저지하는 방향으로 진행될 것"이고 그에 따라 인간의 "해체 과정을 연구하는 학문의 이름은 인류학(anthropologie)이라기보다는 엔트로폴로지(enthropologie)[42]라고 써야 할 것"이라고 말한 것은 역사 속에서 등장한 인간 주체가 역사와 세계를 동일시함으로써 자신의 역사에 절대성과 보편성을 고집하는 바람에 몰락해갈 수밖에 없는 서구 세계를 겨냥한 것이다."

"즉 레비스트로스가 찾아낸 야생의 사고는 원시생활의 야성이 아닌 야만적인 환경을 살아낸 지성이다. 그에 반해 변증법적 이성의 사고는 생태적 파국의 길을 재촉하며 스스로 해체의 길을 걷고 있다. 그래서 레비스트로스는 머지않아 가장 현대적인 과학을 통해 이 야생의 사고의 원리가 정당화되기를 바란 것이다. 그렇다면 야생의 사고의 원리란 무엇인가? [프레드릭] 켁에 따르면, 그것은 간단히 말해 각각의 현상에 단 하나의 결정 수준을 지정하려는 변증법적 이성의 사고와 달리 모든 현상을 복수의 결정 수준에 놓는 것이다. 변증법적 이성에 의해 단 하나의 결정 수준에서 지정된 현상은 세계를 단 하나의 전체(single whole)

---

42) 엔트로폴로지는 문자 그대로 엔트로피의 학문이라는 뜻이다. 여기서 레비스트로스는 질서의 창조는 더 큰 무질서를 낳는다는 엔트로피의 법칙을 상기시키며, 서구 세계가 역사 생성의 에너지를 끌어와서 발전의 원동력으로 삼으면서 그렇게 사용된 많은 에너지 중 쓸모없어진 에너지가 거꾸로 더 큰 무질서를 가져오는 사태를 꼬집은 것이다. 그래서 레비스트로스는 역사 없는 민족과 그 외의 민족으로 구분하기보다 역사적 요인이 사회의 안정과 연속성을 위해 제거되는지 아니면 생성의 에너지로 사용되는지에 따라 '차가운' 사회와 '뜨거운' 사회로 구분하자고 제안한다. [차은정 박사의 풀이말]

로서 구상한다. 그러면서도 이성의 전체화 작용은 경험 내부에서 여럿의 전체를 개별적으로 전개한다. 다시 말해 하나의 사건으로부터 그것의 데이터를 전체화하는 사고 능력은 또 다른 사건으로부터 또 다른 전체화를 가능하게 한다."

"그렇지만 바로 단 하나의 전체화를 지향하는 주체의 폐쇄성으로 인해 주체는 또 다른 전체화를 허용한다는 반전에 노출된다."

"아마도 주체가 용해된다면 가장 곤란한 것은 역사일 것이다. 그래서 가령 '위안부'를 둘러싼 각기 다른 사건들이 식민지 역사를 놓고 각축을 벌이는 작금의 상황에서 역사가가 해야 할 일은 주체를 세우고 그것에 연속성을 부여할 사건에 말을 붙이는 작업일 것이다."[43]

답변 x−1.

'x의 존재론'은 어떤 다른 명패를 지닐 수 있는 이론이 아니다. 명패는 일상의 개념이나 범주의 이름을 사용할 수밖에 없는데, 그런 명패는 세상에 있는 모든 것과 함께 결국에 해석의 무덤 곧 x의 영토로 사라져 들어가는 것이다. 그렇게 세상에 있는 모든 것은 결국에 x의 영토로 귀속하는 것이고 그러므로 x의 존재론에 붙일 수 있는 명패는 x일 뿐이다. 그래서 x의 존재론에 관한 수백 페이지의 문장들은 모두 x의 사용법 곧 그 사례들에 관한 것이다.

---

43) 차은정, "'x의 존재론'에 대한 인류학적 고찰: 한민족의 코스몰로지는 어떻게 가능한가"에서 따옴.

우주 안에서 무한 무궁하게 펼쳐지는 현상계에 몸을 드러낸 모든 것은 각기에 배당된 시간/시간대를 거치며 모두 x의 영토로 회귀하는 것이다. 그런데 그 x로 회귀해 들어가는 것은 각기의 시간대 끝에 일어나는 일이 아니다. x로의 회귀는 모두가 매 순간에 겪고 있는 일이다.[44] 그래서 우주 현상계에 몸을 드러낸 모든 것이 소속한 시간대에 대하여 다음과 같이 말할 수 있다.

> "니콜라우스 코페르니쿠스(N. Copernicus: 1473-1543)의 관점혁명이 있은 다음, 지구는 더 이상 우주의 중심이 아니다. 인류가 중심이 되어 [지상에] 이루어 놓은 듯한 지난 6천 년 동안의 문명과 역사는 백 수십억 년에 걸쳐 이어져 온 우주 자연사(自然史)의 한 짧은 에피소드로 기억될 날이 올 것이다. … 인간[과 그 밖의 것들]은 모두 우주의 알 수 없는 주인이 펼치는 파노라마에 초대된 객(客)일 뿐이다. … … 나비도 인간도 수백 년의 나무도 45억 년의 지구도 각기 그 자신의 출현과 소멸의 시원을 찾아가면 모두 무한 [x]의 시간대 가운데서 배당받은 [미분적(infinitesimal)] 시간'의 것들이다."[45]

(210305)

---

44) 이 책 Σ5. "매 순간이 초월하는 삶—순간의 논리" 참고.

45) "고생태학으로 함몰하는 철학사," 『안티호모에렉투스』 (2001년 초판) 고양, 경기: 사월의책, 2017, 55쪽.

답변 x-2.

여기 심포지엄에 참여한 철학자들 또는 특정 분야 전공자들은 각자 어떤 명패를 지닌 한 계통의 학문에 속해 있다. 말하자면 어떤 한 계통의 학문 곧 오늘날 인류학자들이 일컫는 이런저런 '지역학'의 흐름 가운데에 소속한다. 이러한 생각의 흐름을 브뤼노 라투르는 이렇게 표현했다.

> "어떤 '지역에 속하지 않는다'(non-local)고 말할 수 있는 장소는 어디에도 없다."[46)]

그래서 이제는 어떤 계통의 학문에 소속해서 대변하는 것은 더 이상 보편의 진리일 수 없게 된 것이다.[47)] 그리고 그것은 사실이다. 이렇게 모든 진리를 '지역화'해 버린 존재론적 전회를 가장 먼저 예고한 이들 가운데에 인류학자 클로드 레비스트로스가 있다.

---

46) Bruno Latour, ***Reassembling the Social: An Introduction to Actor-Network-Theory***. New York: Oxford University Press, 2005, p. 179.

현대 물리학의 시간관을 요약하는 카를로 로벨리는 어떻게 '현재'가 그것을 말하는 사람들의 각기 다른 생활권으로 '지역화'되는지 다음과 같이 설명한다.

"우주 전체에 공통으로 적용되는 현재란 존재하지 않는다. …… 우리들에 가까이 있는 현재가 있을 뿐이다. 현재는 지역적인 현상이며 지구적인 현상이 아니다." Carlo Rovelli, ***The Order of Time***, trans. E. Segre & S. Carnell. New York: Riverhead Books, 2018. p. 115.

47) 이 책 Σ1.의 붙임 1. "x의 계보: 그 합류와 독립의 역사" 참고.

레비스트로스는 브뤼노 라투르를 비롯한 그의 다음 세대 인류학자 또는 사회이론가들과는 그 비전의 범위를 달리한다. 그는 긴 시간/시간대에 다가오는 운명 같은 흐름을 내다봤던 철학자다. 그는 그 자신의 여행과 탐구의 회고록인 『슬픈 열대』에서 인류는 그리고 물론 인류학자와 인류학 자체도 모두 그들에게 배당된 시간대 곧 '엔트로피의 심판'을 벗어날 수 없다는 생각을 다음과 같이 말했다.

"세계는 인류가 없이 시작했고 다시 인류가 없이 끝날 것이다."[48]

세상에 몸을 드러낸 모든 것은 배당받은 그의 시간대, 그러한 시간의 것들이다. 한 개체 존재 x는 영원에 소속하는 한 조각의 기억체계이며 그로 비롯하는 무한의 상상과 기투 행위로써 각기의 일생을 산다. 그렇게 한 개체 존재 x는 그가 타고난 유일 고유한 개체성을 발현함으로써 한 가지 특정한 삶과 그로 비롯하는 역사를 만들어낸다.

그런데 레비스트로스 다음 세대의 인류학자 사회학자 브뤼노 라투르, 레비 브라이언트 같은 이들은 그들의 담론에서 시간 의식 또는 시간/시간대를 제거해 버렸다. 그렇게 시간/시간대가 제거된 평면 위에다가 '비(非)환원주의'(ir-reductionism)라는 깃발을 걸고 모두가 평등한 이른바 '행위자 연결망' 또는 '객체들의 민주주의' 체제를 세웠다.[49] 마치 그런

---

48) Claude Levi-Strauss, ***Tristes Tropiques***, trans. J. Weightman & D. Weightman. Penguin Books, (1973) 2012. p. 413.

49) 이 책 Σ3.의 풀이 2. " '인류세'라는 위기" 참고.

체제와 행위 패턴이 영원히 계속할 것처럼. (210306)

물론 레비스트로스 자신이 그렇게 라투르의 '행위자 네트워크'를 비롯한 모든 평등한 객체들의 민주주의라는 이론의 씨를 뿌린 것은 사실이다. 그는 구조주의 언어이론을 창시한 소쉬르(Ferdinand De Saussure)와 야콥슨(Roman Jakobson)의 영향을 받아 그 구조주의를 인류학의 방법으로 끌어들였다. 그래서 그는 모든 인류학적 설명 대상에 이른바 '이항대립'(binary opposition)이라는 구조를 대입시킨 것이다. 그러나 과연 그렇게 장구한 시간대를 거치며 험한 풍랑 속을 통과하는 인류학적 이론의 대상들을 그런 정적(static) 구조 속에 가두어 안주시킬 수 있는지 하는 의문을 피할 수 없다.

이렇게 일상의 개념과 범주에서 빌려온 언어의 정적(static) 구조에다가 저 험난한 시간의 흐름 곧 각기의 파란만장한 시간대를 통과하는 역사의 사건들을 집어넣을 수 있는가? 이는 고대 그리스의 철학자 플라톤이 헤라클레이토스의 경고를 무릅쓰고 만들어낸 '이데아' 또는 형상(形相)에서 보인 박제화 기술에서 비롯하는 것이다.[50] 이것은 시간의 것들 그리고 그것들의 변화무상함을 온갖 수단을 써서 제거하려는, 그토록 시간의 흐름과 함께 하는 변화무상함을 두려워하는 철학자들의 오래된 특정 편향성에 말미암은 것이다.

그런 편향성으로 말미암아 구조주의라는 틀에 갇히게 된 '야생의 사고'

---

50) 이 책 Σ2. "플라톤에서 헤라클레이토스로—박제화된 말들에서 세상의 파도 속으로" 참고.

는 아직 시간의 파란만장한 풍랑 가운데를 통과하는 ‘야생의 진리’에 이르렀다고 볼 수 없다.[51] 야생의 사고가 지역화의 시대 흐름을 따라 복수의 지역학, 복수의 전체화(totalization)를 개방한다고 해서 그것이 품고 있는 정적인 이항 대립 구조 아니면 행위자 연결망 아니면 평등한 객체들의 민주주의 같은 전략에 의해서는 우주에 넘치는 험난한 시간/시간대의 변화무상함 그리고 그 심판과정을 견딜 수 없을 것이다. 여기에 박제화된 구조와 그 성분들을 각기의 시간대들에 합류하도록 이끄는 ‘제2의 존재론적 전회’가 긴급하게 다가온다.[52]

‘야생의 사고’는 플라톤에서 비롯하는 언어 구조 분석의 전통을 배경으로 해서 지역화의 논리를 개척했지만, 세상에 몸을 드러낸 모든 것이 통과하는 다음과 같은 시간/시간대의 흐름 곧 부재화(不在化)/초월이라는 동시 양면 파동을 거듭하는 모든 것의 운명 곧 ‘시간의 논리’[53]를 끌어안는 제2의 존재론적 전회에는 이르지 못하였다.

‘$\mathcal{X}(\quad) \Rightarrow x \Rightarrow \neg x \Rightarrow \mathcal{X}(\quad)$’[54]

51) 이 책의 머리말 2. 참고.

52) 이 책의 머리말 2. 참고.

53) 이 책 Σ5. “매 순간이 초월하는 삶—순간의 논리” 참고.

54) “마지막 한 마디: 개체 생명 x에 대한 미시분석과 거시분석 연습,” 『x의 존재론』 참고.

누구든지 어떤 인위적 구조물도 부수며 넘쳐흐르는 험난하고 변화무상한 그의 시간대 안에서 상상하며 기투함으로써 자신의 세계와 일생을 구축하며 펼쳐간다. 그렇게 한 개체 존재 x는 끊임없이 부재화/초월을 반복하는 시간/시간대의 존재로서 각기의 일생을 실현하며 그로 비롯하는 한 시간대의 역사에 합류한다. (210306)

붙임 3.
경쟁 그 치열한 불일치의 진로를 따라

1.

선택의 자유, 선택의 대안들이 충분히 주어져서 어떤 '독선'으로부터도 해방될 때 이르게 되는 경지는 어떤 것일까? 거기서 한 사람은 자신이 타고난 개체성 곧 영원의 기억과 무한의 상상을 회복하게 될 것이다. 이는 개인주의의 길도 고립 독선의 길도 아니다. 대안으로의 출구가 없는, 그래서 비교와 평가 그리고 경쟁이라는 치열한 불일치에 맞닥뜨리는, 살인의 협곡으로부터 탈출하는 자유의 길이다. 그렇게 비교와 평가를 감당하며 상대적 경쟁력을 장착해야 하는 어떤 압력으로부터 탈출한다.

비교와 평가를 당하며 경쟁을 시작하면, 자신이 타고난 고유한 가능성으로 일할 수도 없고, 자신이 타고난 것이 무엇인지 찾을 수도 없다.

대안으로의 출구가 없는 마당에서 비교 평가당하며 경쟁하는 가운데, 많은 어린아이와 젊은이들이 패배자가 되며, 때로는 폐기되기도 한다. 그래서 경쟁은 상대를 서로 망가뜨리는 행위이다. 경쟁에서 얻은 수확은 일시적인 가짜의 기쁨일 뿐, 그 자신에게 참으로 소중한 것이 될 수 없다.

정신과 의사로서 아이언 스티븐슨이 실시한 천 수백 건에 달하는 환생(reincarnation)의 사례 연구에서 보면, 사람들이 발휘하는 특성들이 전적으로 유전과 환경의 조합으로서만 설명하기 어려운 점이 있다. 이는 그들이 태어나고 자란 환경과 그 가족들, 그들의 분위기와 성향에서는 찾을 수 없는 특성과 성향을 보여주기 때문이라고 그는 말한다.[55)]

그래서 각기 유일하게 타고난 특별한 사람들이, 똑같은 척도와 목표를 향해서 치열하게 맞서며 경쟁한다는 것은 너무나 불합리한 행위일 수밖에 없는 것이다. 그렇다면, 각기 다르게 타고난 조건들을 가지고 사람들은 어떤 방식으로 모이며 함께 살 수 있는가? (200404)

2.

대안의 관계를 엮어가며 대안의 존재로 나아가는 길이 있는가? '서로 사이에 차별이 없는' 평등을 바탕으로 하지 않고서도, 그리고 그들 사

---

55) "나는 다만 유전적 요인을 가지고, 아니면 유전과 환경적 영향의 조합을 가지고, 정신과 의사들이 관찰하는 인간 성격의 특이성과 비정상적임을 모두 설명할 수 있다고 믿지 않습니다. … … 따라서 그런 비정상의 행동은 다른 가족들에게서 학습한 것도 아니고 유전으로 받은 것도 아닐 것입니다. 그런 행동에 대한 가능한 남은 설명은 환생일 것입니다." Ian Stevenson, "Dr. Ian Stevenson interviewed by Dr. K. S. Rawat." September/October, 1995 issue of ***Venture Inward*** (the magazine of the Edgar Cayce research organization).

이의 경쟁이 없는 데서도 어떤 민주주의가 이루어질 수 있을까? '어떤 차별도 없이' 평등한 개인들과 그들 사이의 경쟁을 전제하지 않는, 어떤 스타일의 민주주의가 가능한가?

'어떤 차별도 없이' 평등한 개인이란 자연의 상태에서 있을 수 있는 존재가 아니다.

개인주의의 의식도 없고 그것이 무엇인지 이해할 수도 없는 자연의 상태에서, 한 개체 생명은 각기의 유일한 개체성을 가지고 태어난다. 그리고 그의 타고난 개체성을 가지고 그가 소속하는 집단과 환경에서 주어지는 어떤 구실 또는 역할을 행사한다. 한 무리의 들짐승이나 어류 집단 안에서도 구성원 각자에게 각기 다른 구실 또는 역할이 배분되는 모양의 역학 관계를 설명하는 생태생물학자들이 있다. 그렇다면, 한 무리의 들짐승이나 어류 집단 안에서 각기의 유일한 개체성을 가지고 그들의 민주주의를 실현하고 있는 것인가? 그들의 생태 양식에 대한 다음과 같은 보고가 있다.

> "어디에나 존재하는 개체들 사이의 일관된 다름[이를테면 '동물들의 성격들', animal personalities]은 그들의 집단이 이루어내는 집합적 결정, 먹이를 찾는 행위, 포식자를 피하는 일과 같은 행태와 기능을 좌우하는 기본적 역할을 유도한다. 그런 개체들 사이의 다름이 갖는 중요성에 대한 증거가 쌓여가고 있음에도, 여전히 그 개체들 사이의 한결같은 다름을 근거로 집단행동을 설명하거나 예측하는 하나의 통합적인 작동의 틀을 갖고 있지 못하다. 여기서 우리는 그들의 지휘체계와 행동 역학 그리고 집단의 먹이 사냥 작업이, 어떻게 개체들 사이의 한결같이 다름

에서 발현하는지를 탐구한다. … … 이에 더하여 개체의 임무 수행이 [어떻게] 집단의 구조[조합]에 의존하는지도 증명하려고 한다."[56]

그들이 각기의 타고난 개체성에 따라 각기 다른 구실 또는 역할로써 한 무리의 공동체를 이룰 수 있다면, 인간 또한 그렇게 각기의 타고난 개체성에 따라 다른 역할을 감당하는 한 사회를 구성한다고 이해할 수 있지 않은가? 각각의 개체성에 따라 각기의 다른 역할을 행사할 수 있게 하는 최적의 조건을 '불일치와 일치의 동거 관계'로 제시할 수 있다.[57] 불일치와 일치의 동거 관계, 이것이 각기의 타고난 개체성을 유지하면서도, 한 사회 공동체와 그에 적합한 스타일의 민주주의가 가능하도록 받쳐주는 조건일 가능성이 있다. (200405)

---

56) Jolle W. Jolles, et al., "Consistent Individual Differences Drive Collective Behavior and Group Functioning of Schooling Fish," ***Current Biology*** 27, 1-7, September 25, 2017.

57) "불일치와 일치의 동거 관계에서 일어나는 치열한 갈등과 협력의 관계는 생명의 체계 안에서도 일반화되어 있다. 불일치와 일치의 동거 관계는 특히 서로 다른 개체성들이 부딪히는 가운데 협력해서 집단을 이루어 사는 동물들의 집단생태에 대한 관찰에서도 확인된다는 보고가 있다.(Σ2.의 풀이말 56)의 따온글 보기) 이를테면 한 집단 안의 동물들도 각각의 개체성을 가지고 있어서 그들 사이의 다름으로 인한 갈등이 있을 뿐만 아니라, 동시에 그들 사이의 다름에 의한 역할 분담이 있고, 그래서 집단 안에서 협력 관계가 이루어진다는 것이다." IV. "불일치와 일치가 함께 삶—사회학," 『진리의 패권은 사람에게 있는 것이 아니다』 고양, 경기: 사월의책, 2019, 152쪽.

3.

불일치와 일치의 동거 관계로 이루어지는 민주주의가 때로는 '전투적' 민주주의로 비추어질 수 있다. 그런 스타일에 가장 근접하는 경우의 민주주의와 사회 체제가 가능한지를 묻는 시험대를, 20세기 후반에서 지금까지 한국 사회가 통과하고 있다.[58]

'전투적' 민주주의를 x의 사회학에서는 'Xx&¬x'로, 때로는 '¬x&¬x'로 대표할 수 있다.(Σ6. "불타는 자아의 경계 위에 살다"의 ii. 이야기 4. 5. 6. 참고) 그러나 'Xx&¬x'와 '¬x&¬x'로 대표하는 일반적 관계 양식이 반드시 전투적 관계 양식만을 함축하는 것은 아니다. 말하자면 전투적 민주주의라는 특수한 관계 양식은, '불일치와 일치의 동거 관계'라는 일반적 관계 양식 안에서 이루어지는 한 일시적 단계의 한 형태로 이해할 수 있다.[59] (200406)

---

58) 최인훈의 『광장』(1960년 발표)은 20세기 후반에 들어서며 한국 사회가 통과했던 치열한 시험대를 이명준이라는 한 청년의 고뇌와 탈출 과정으로 보여주고 있다. 이 책 Σ6. "불타는 자아의 경계 위에 살다"의 ii. 이야기 5. 『광장』을 참고.

『광장』에 등장하는 청년 이명준이 통과했던 전쟁과 이념 투쟁의 시대 이후, 다시 그만큼 치열하게 투쟁하는 이른바 '386 세대'가 펼쳐온 정치적 역정은 한국 사회를 '전투적 민주주의'의 실험대로 만들어왔다고 볼 수 있다. 그러나 가장 시대에 앞서간다고 자부하는 그들은, 1636년 말에서 1637년 초 사이에 '남한산성'에서 열린 조정(朝廷)에서처럼(이 책 Σ6. "불타는 자아의 경계 위에 살다" ii.의 이야기 4. 『산성일기』 참고), 이념과 당위 논쟁에 갇혀서, 사실 또는 현실의 탐구에는 어둡다.

59) '전투적' 민주주의는 오늘날 지구의 어느 사회 안에서도 일어날 수 있는 '민주

x의 사회학 영역 안에서 말할 수 있는 일반적 관계 양식은, 그러므로 다음과 같이 정리할 수 있다.

"한 사회는 그 안에 갖가지 분열과 내란의 성분들을 품고 있으면서도, 어떻게 그의 연속성을 지킬 수 있는가? 한 사회의 연속성은 임의의 규범 또는 이념에 대한 합의나 강제 어느 한쪽에 의존하는 것이 아니라 그 수면 아래의 자연에서, 불일치와 일치의 동거 관계가 작동하는 데에 말미암은 것이다.

한 집단에 참여하는 개개인들, 아니면 가족관계를 이루는 개체식구들이 구축하는 모든 수준의 사회적 관계 역시 불일치와 일치의 동거 관계 곧 모순 협력의 관계가 수면 아래에서 작동하는 데서 그 유지가 가능하게 되는 것이다. 그래서 불일치를 허용하지 않는 친구 또는 가족관계도,

---

화' 단계의 한 모양이라고 볼 수 있다. 전투적 민주주의는 그러므로 반드시 3표철학의 모임 살이, 이른바 '붙음 살이'에 국한하는 것은 아니다.(1)

x의 존재론에서 모색하는 사회학의 일반론은 20세기 말의 세계화를 거친 이후에 발전한 '지구적' 일반론이며, 더 이상 '국지적' 범위에서 이루어지는 카리스마의 관계 양식을 가리키고 있는 것이 아니다. 따라서 전투적 민주주의를 포함하는 지구적 사회일반론인 '불일치와 일치의 동거 관계'는 카리스마에 의한 국지적 범위의 관계 양식까지도 물론 포함한다.

(1) "자연생태의 사람들은 카리스마(χάρισμα)에 의해 칸(Khan)과 부족, 왕초와 똘마니(오야붕과 꼬붕), 교주와 신도라는 관계로 무리를 지으며 칸, 왕초(오야붕), 교주가 거느리는 또는 대리하는 체제에 함몰하는 붙음 살이 [또는 모임 살이]를 한다. 카리스마는 개체들을 초월하는 [또는 함몰시키는] 힘 [ ] 아니면 『신약성서』에서 바울이 말하는 성령에 의해 주어지는 능력인데 모두 각기 다른 소임의 능력을 은사로서 받는다." 『안티호모에렉투스』 (2001년 초판) 고양, 경기: 사월의책, 2017, 182-183쪽.

일치를 결여한 어떤 관계 못지않게 그 연속성을 기대하기 어렵다."[60]

"그렇다면, 한 사회의 현실 체제를 구축하며 그의 역사를 이끌어가는 마지막 법칙은, 불일치와 일치의 동거[수평적] 관계인가?" "하나의 경계 안에서 이루어지는 체제와 질서를 마지막 준거의 틀로 하는 서구와 중국전통의 철학자들과 통치자들은 모두 일상의 관습과 범주체계라는 수평적[동거의] 경계 안에 갇혀있어서, 언제나 경계 너머로 초월해서 움직이는 마지막 행위자에 의해 격파 또는 초월 당하는 의외의 변수에 속수무책일 수밖에 없다. 진리의 패권이란 [그렇게] 경계 너머로 초월해서 움직이는 변수에 속수무책인 어떤 통치자, 어떤 철학자, 어떤 사람에게도 주어지는 것이 아니다."[61]

그러므로 불일치와 일치의 동거 관계는 아직 모든 불일치의 마지막 진로에 참여하고 있는 것은 아니다. 치열하게 불일치하는 경쟁을 포함한 모든 불일치의 진로는, 세상에 몸을 드러낸 각자가 소속하는 시간대가 그 객관의 척도 x를 따라 결국에 영원의 시간대 X로 합류해 가는 데에 있다.

이렇게, 모든 불일치의 진로를 따라 불가역(不可逆)으로 흐르는 영원한 시간의 방향을 한 물리학자가 설명하고 있다.

---

60) 『진리의 패권은 사람에게 있는 것이 아니다』 고양, 경기: 사월의책, 2019, 152-153쪽.

61) 『진리의 패권은 사람에게 있는 것이 아니다』 고양, 경기: 사월의책, 2019, 154쪽 그리고 156쪽.

"화살처럼 흐르는 시간의 수수께끼는 거대한 망원경이나 강력한 입자 가속기로 해명할 필요가 없다. 그것은 부엌에서 요리하기 위해 달걀을 깨뜨릴 때마다 실연(實演)되는 것이다. 아니면 커피에 크림을 탈 때마다, 맛있는 식사를 하고 그것을 생명의 에너지로 만들어낼 때, … 이 모든 경우에 화살처럼 직진하는 불가역의 [영원한] 시간을 관찰한다."[62]

(201102)

62) Sean Carroll, ***From Eternity to Here: The Quest for the Ultimate Theory of Time***. New York: Dutton, 2010, p. 366.

Σ3

초월은 운명이다

1.

인간은 하나의 개체 생명으로서 지니는 자기중심의 경계 짓기 또는 자기중심의 환원주의를 그칠 수 없다. 이는 의식이 관여하지 않고서도 무의식의 생명 물리적 수준에서 일어나고 있는 일이다. 그렇게, 세상에 몸을 드러낸 한 개체 생명은 예외 없이 모두 자기중심의 '경계 짓기'에 종사한다.

> "자연계는 어떻게 약육강식의 사슬 위에 세워지는가? 갑의 생명을 을이 좌우하고 을의 생명을 병이 좌우한다. 그리고 한 생명으로서 아무도 좌우하지 않는 자는 없거니와 아무에게도 좌우되지 않는 자도 없다. 자연에 존재하는 것들은 강약으로 얽힌 고리에 묶여 있다. 이 자연의 고리에서 벗어난 자 누구인가? 이 자연의 사슬을 거부한 자 누구인가?
>
> 이 자연의 질서처럼 도덕적으로 이해할 수 없는 사태는 다시 찾기 어렵다."[1)]

이처럼 먹고 먹히는 관계의 고리를 끊을 수 있게 하는 어떤 도덕이나 윤리의 명령은 찾을 수가 없다. 이렇게 말할 수는 있다. '사냥이나 낚시를 놀이 삼아 하지 말자.' 그렇다고 누가 살생을 안 할 수 있겠는가? '먹이를 입에 물고 새끼한테 달려가는 어미를 쏘지 말자.' 그렇다고 어떤 생명이 자신보다 약한 생명을 넘보지 않겠는가? 생명의 먹고 먹히는 순환과정에서 각기의 고유한 경계는 때로는 조금씩 때로는 온통 무너졌다가 다시 지어지고, 지어졌다가 다시 무너지기를 되풀이한다.

심지어 무위부쟁(無爲不爭) 또는 살생 금기의 계율을 안고 명상에 잠긴 이의 몸도, 그 안에서는 외부로부터 침입한 바이러스 또는 미생물이라는 타자를 향해 치열한 탐색과 방어 또는 공격 전투를 벌임으로써 그 몸의 고유한 경계를 고치며 지킨다. 그렇다면 생명의 각기 고유한 경계는 이처럼 무너졌다가 다시 지어지기를 되풀이할 뿐인가? (070606)

2.

한 개체 생명이 인간으로 태어나 일생을 통과할 때, 그는 예고 없이 닥치는 보다 높은 위계의 초월자 또는 '국외자' 앞에 놓일 수 있다. 그래서 한 개체 생명은 그 자신의 꺾임 또는 무너짐이 없는 일생을 지속하는 것이 불가능하다. 그는 자기 한계에 부딪혀 꺾이거나 무너져가면서, 자신의 경계를 초월하는 위계의 존재에게 승복하거나 순응하도록 피할

풀이말

1) 『서양의 논리 동양의 마음』 (1987년 초판) 고양, 경기: 사월의책, 2017, 23쪽.

수 없는 압력을 받는다.[2] 그렇게 자기 경계 또는 자기 시간대의 초월은 끝내 그의 운명이 된다. 예수는 그의 마지막 시간이 거의 다가왔을 때 이렇게 말하였다.

> "밀알 하나가 땅에 떨어져 죽지 않으면 한 알 그대로 남아 있고 죽으면 많은 열매를 맺는다. 누구든지 자기 목숨을 아끼는 사람은 잃을 것이며 이 세상에서 목숨을 미워하는 사람은 목숨을 보존하며 영원히 살게 될 것이다."(「요한」 12:24)[3]

모든 수준의 교육과 도덕적 훈련, 법률과 제도, 문화와 종교가 인간인 그에게 한 단계 너머의 경계를 가리키며 안내할 수 있다. 인간은 그가 통과하는 일생의 마디마디에서 언제나 자기의 경계 또는 위계를 초월하여 다가오는 한 높은 위계로부터의 압력과 격파를[4] 고통스럽게 때

---

2) 이 진술의 뜻하는 바를 다음과 같이 요약할 수 있다. '$x \Rightarrow \neg x \Rightarrow X(\ )$' 그러나 이렇게 주어진 위계의 자연 순서를 거슬리며 아니면 저항하며 거부하는 개인적 행위가 있을 수 있다. 이렇게 저항 거부하는 행위, 이른바 사르트르의 초월 (그러나 다만 인간적인) 행위가 그의 젊은 날의 저서 『구토』, 『자아의 초월성』, 『존재와 무』에서 적극적으로 표현되고 있다.

이를테면, $\neg x$로 대표할 수 있는 (인간적인) 초월의 행위가 그가 소속하는 집단의 관계양식과 통치체제 또는 진리체계 곧 '$x \& \neg x$'와 'Xx'를 향해서, 때로는 자기 자신 x에 대해서, 때로는 심지어 절대의 힘이 행사하는 격파 $X(\ )$를 향해서도 가능하다고 역설한다. 사르트르 그에게 자연의 순서는 허구일 뿐이다.

3) 『공동번역 성서』 서울: 대한성서공회, 1977.

4) 자기를 초월하는 위계로부터의 압력과 격파를 겪으며 당하기만 하는가? 영원에 소속하는 한 개체 생명 x는 그에게 저장된 무한의 기억에서 분출하는 온갖 상

로는 충격으로 겪으며 그것을 체화(體化)한다. 그러니까 '초월'[5]은 스스로 하든 당하든, 일생에 할 수도 안 할 수도 있는 선택이 아니다. 초월은 결국에 피할 수 없는 자기 시간대의 붕괴 절차이다. 그래서 다가오는 죽음은 한 일생의 피할 수 없는 마지막 과제로서 주어지는 자기 시간대의 붕괴, 그러한 붕괴 또는 자기 부재화(不在化)로써 이루는 자기 자신의 초월이다. 죽음은 자기 자아의 해체가 아니라 자기 자신을 초월함이다. 그렇게, 초월은 운명이다. (200126)

3.

호모에렉투스에서 아니면 호모에렉투스와 함께 파생했을 현재의 인류는, 그가 소속해 있는 여기 현재 '너머의' 시간대로 이탈해서[6] 자신을

상과 모험 ―x에 의해 저항하거나 타협함으로써 마지막 초월자의 일격 X( )를 향해 자신의 한계를 초월해야 한다. 그렇게 '자기 초월'은 일생의 피할 수 없는 운명이며 과제이다.

5) 존재론적 위계론은, 한 개체 생명으로서 현실에 존재하는 자기 주체를 초월해야 하는 이유를 가리키고 있다. 실존주의 철학자 사르트르는 '자기 초월'의 기능성을 현실의 자기 존재 밖으로 떠나 오직 '초월적 의식'에서 찾음으로 인해 관념론의 수렁에 빠지고 말았다.(1)

(1) "자아는 의식의 소유주가 아니다. 자아는 의식의 대상이다." "초월적 의식은 비인격적인[주체 존재가 없는] 자발성이다. 그 의식은 끊임없이 자신의 존재를 결정[초월]한다." 장 폴 사르트르, 『자아의 초월성』, 현대유럽사상연구회 옮김. 서울: 민음사, 2017, 67쪽 그리고 69쪽.

6) "영원은 현재[의] … 저편에 머물러 있는 어떤 불변의 실재가 아니다. … … 영원은 현재에 내재하며 현재를 초월하는, 그래서 현재와 일치하며 다시 불일치하는 긴장 관계로서 움직인다." 『x의 존재론』 고양, 경기: 사월의책, 2017, 202쪽.

바라보는 한 가상의 관찰자 또는 국외자가 될 수 있다. 그렇게 현재 '너머'의 시간대에서 현재의 자신을 돌이켜보며 대안의 사생관, 대안의 운명관을 찾는다.

그렇다면 그 대안의 사생관, 대안의 운명관은 어떤 특정 국가나 어떤 문화권을 대변하는 한 유파의 철학일 수 없다. 그것은 호모에렉투스의 스타일을[7] 닮았을 지금 인류의 문명과 생존 양식에 대한 분석과 반성

---

7) 호모에렉투스는 인류의 직계 선조 곧 호모 사피엔스의 선조일까? 이에 대한 추론은 아직도 이론가들 사이에서 다음과 같이 갈리고 있는 부분이 있다.(1)

(1) "호모에렉투스는 직립 보행을 한 중간 크기의 한 인종이었다. … … 호모에렉투스는 100만 년 전 즈음에 불을 다룰 수 있는 최초의 인류였던 것으로 보인다. 그들은 세계의 여기저기에서 무엇을 깨뜨리는 도구의 제작자로 등장한다. … … [그러나] 호모에렉투스가 호모 사피엔스를 포함하는 후기 인류의 직계 선조라는 견해에 반대하는 소수의 연구자들이 있다. 그러므로 마지막에 생존했을 호모에렉투스와 이후에 등장하는 초기의 호모 사피엔스 같은 종 사이의 경계선 또는 시간대를 추측에 의해 획정할 수밖에 없다." G. Philip Rightmire & Phillip Vallentine Tobias, "Homo erectus: extinct hominin," ***Encyclopedia Britannica***. Jan 6, 2020.

지금의 호모 사피엔스가 구사하고 있는 추상적 개념 또는 범주의 논리적 조작 방법은 언제 시작되었을까? 호모에렉투스는 일반화 또는 추상화의 방법을 이해하지 못했던가? 그들이 사용했던 나무창이나 돌도끼에는 어떤 논리적 조작 행위가 들어가 있는가?(2)

(2) "인류의 철학사는 결코 옛날 그리스와 중국의 [선진(先秦)시대] 철학자들에게서 비로소 시작되었다고 말할 수 없다. 그들의 철학적 발상, 말하자면 존재에 대한 논리적 사유는, 원시의 호모에렉투스가 지구에 등장했을 때부터 발전시켜 온 자연과의 대응 관계의 오랜 역사 가운데서 아주 최근에 파생된 하나의 혁명이었을 뿐이다. … … 달아나는 혹은 덤벼드는 짐승을 잡기 위하여 나무로는 창을, 돌멩이로는 날카로운 도끼를 만들면서 그들은 추상적인 개념조작의 방법을

으로 이루어진다. 그래서 오늘에 이르기까지 개척해온 인류의 문명과 생존 양식 아래에 전제되어 있는 인간 중심의 세계관, 그것에 대한 분석과 반성이 다음과 같은 사례의 이야기들에 담겨 있다.

> "니콜라우스 코페르니쿠스(N. Copernicus: 1473-1543)의 관점혁명이 있은 다음, 지구는 더 이상 우주의 중심이 아니다. 인류가 중심이 되어 [지상에] 이루어 놓은 듯한 지난 6천 년 동안의 문명과 역사는 백 수십억 년에 걸쳐 이어져 온 우주와 자연사(自然史)의 한 짧은 에피소드로 기억될 날이 올 것이다. … 인간은 모두 우주의 알 수 없는 주인이 펼치는 파노라마에 초대된 객(客)일 뿐이다. … … 나비도 인간도 수백 년의 나무도 45억 년의 지구도 각기 그 자신의 출현과 소멸의 시원을 찾아가면 모두 무한 [ ]의 시간대 가운데서 배당받은 [미분적(infinitesimal)] '시간'의 것들이다."[8]

> "백만 년 전에서 수십만 년 전에 걸쳐 개발되었을 호모에렉투스의 돌도끼와 그에 따르는 추상적 사고의 발명처럼 철학적으로 반성해야 할 인류 역사의 중요한 사건은 없다. 그 [돌도끼와 그에 따르는 추상적 사고의] 발명은, 옛날의 동물적 생존에서 겨우 벗어난 호모에렉투스와 인류가 자신의 먹이 정복과 영토확장을 위해 타자라는 대상을 매개 통제하

잉태한 것이다. 시야에서 사라진 짐승이 다시 나타나기를 기다리며 만든 창과 도끼에는 이미 겪은 그리고 앞으로 부딪칠 사태들의 일반화라는 추상적인 조작이 관여해 있기 때문이다." 『동양의 논리는 어디에 있는가?』 (1993년 초판) 고양, 경기: 사월의책, 2017, 54-55쪽.

8) "고생태학으로 함몰하는 철학사," 『안티호모에렉투스』 (2001년 초판) 고양, 경기: 사월의책, 2017, 55쪽.

는 수단으로서 등장한 것이다. 여기서 매개 통제의 대상으로서 엮여 걸려든 일차적 타자는 자연이며, 이차적 타자는 동료 인간이었다."[9]

"… 인간은 마치 해변의 모래밭에 그려 놓은 얼굴처럼 휩쓸려 사라질 것이라고 장담할 수 있다. 그러나 인류세에서 보는 '인간'의 운명은, 사라지는 데 있는 것이 아니고 오히려 그는 암석에 영원히 보존되는 불멸의 존재로서 남는 데 있다. … … 앞으로 있을 대대적인 멸종 사태는, 화석으로 기록되어 남겨질 것이다. 인류세 시대가 남길 지층은 그 자체가 '죽음을 기억하라'(*memento mori*)라는 경구(警句)이다. … … 인류세의 지층은 그렇게 동시에 안치되고 구축된다. 동시에, 틀에 박히며 사라진다. 그렇게, 공작인(*Homo faber*)으로서, 소비자(*Homo consumens*)로서, 그리고 통치자(*Homo gubernans*)로서 '인간'은 종말을 맞이한다."[10]

(200115)

4.

20세기 후반으로부터 고생물학자들과 인류학자들이 지구 위에 사는 인류 자신의 소멸 가능성을 포함하는 '여섯 번째의 멸종'(the sixth extinction)[11]을 예고하고 있다. 직립보행하는 한 생명의 종인 호모에렉투스와 유사한 생존 조건을 지닌 인류는 언젠가는 다가올 그의 시간

9) "호모에렉투스의 돌도끼에 얽힌 철학사," 『동양의 논리는 어디에 있는가』 (1993년 초판) 고양, 경기: 사월의책, 2017, 56쪽.

10) Bronislaw Szerszynski, "The End of the End of Nature: The Anthropocene and the Fate of the Human," ***Oxford Literary Review***, Vol. 34, No. 2 (2012) pp. 180-181.

대의 종말을 앞에 놓고 다시 어떤 사생관, 어떤 존재론을 생각해야 하는가?

'여섯 번째의 멸종' 가능성을 안고 있는 오늘의 지구에 만연한 '인류세'(the Anthropocene)[12]라는 시간대가 언제 무엇으로부터 시작되었다고 보아야 하는가? 인류가 수렵 채집하기를 접고 어디에 정착해서 농경을 위주로 하는 시대로 들어섰을 때부터라고, 아니면 다시 더 올라가 불을 사용하며 관리할 수 있을 때부터라고 말하기도 한다. 그러나 그렇게 역사적 유래를 놓고 구체적 시기 확정에 대한 지질학자들 그리고 생태학

---

11) 그렇게 '여섯 번째의 멸종'을 대변하는 다음의 저술이 있다. Elizabeth Kolbert, ***The Sixth Extinction: An Unnatural History***. New York: Henry Holt & Co., 2014. 이 책의 저자는 우리들이 지금의 인류일 수 있게 하는 자격 조건들을 열거하면서, 바로 이것들이 이제는 오히려 인류가 살아남을 여지를 박탈하고 있다고 경고한다.(1)

(1) "쉬지 않는 근면성, 창조성, 문제를 해결하고 복잡한 과업을 성취하기 위한 협동 능력, 이런 특성들이 바로 우리들로 하여금 인간이게 하는 그런 조건들이다. [그러나] 신호와 기호를 사용해서 자연의 세계를 해석하기 시작했을 때 인류는 그들의 세계가 견딜 수 있는 한계를 초과해 버린 것이다."(p. 266)

12) "우리들은 '인류세'라고 하는 시대에 살고 있다. 인류는 지구상의 가장 영향력이 큰 유일한 종(species)이 되었다. 그래서 온 지구의 온난화 그리고 그 밖의 토지와 환경과 물과 생명과 대기의 변화를 일으켰다. … … 우리들은 한 새로운 지질학적 연대에 살고 있다. … …지구는 45억 년이 되었는데 근대인들이 등장하여 산 지는 겨우 20만 년이다. 그 [짧은] 시간 동안에 우리들은 지구의 물리적, 화학적, 생물학적 질서를 근본적으로 바꾸어 놓았다." Katie Pavid, "What is the Anthropocene and why does it matter?" ***Natural History Museum***. 26 November 2019.

자들 사이의 토론이 진행되고 있음에도,[13] 근본적으로는 호모에렉투스가 지구에 등장했을 때 이미 시작한 것으로 이해해야 하는 측면을 간과할 수 없다.[14] 다만 오랫동안 진행되어온 환경 기후학적 또는 인류 생태적 누적 추세에 더하여, 6,000년 전에서 2,500년 전 사이에, 세계 각처에 출현한 현대 인류의 문명과 그 철학자들이 인간 중심의 행위와 진리의 기준을 세계 통치와 탐구의 방법으로 정착시킨 데에서[15] 추적해 보

---

13) "… '인류세의 이른 시기'를 말하는 가설(Erle C. Ellis, 2011)은 그 시작을 인류가 수렵채집에서 농사와 소를 키우는 정착 생활로 들어서면서 도시 체제가 이루어진 때로 본다." "… 인류는 수천 년 전에 지구의 체계에 대해 점차 증가하는 영향력을 행사하기 시작했다. 산업혁명이 이루어지면서 인류는 더욱 두드러진 지질학적 요인이 되었고, 현재의 관점에서 볼 때, 20세기 중엽으로부터 가속화 하는 산업혁명의 세계적 확산이 지구적 차원으로 파급됐다고 보고 있다." J. Zalasiewicz et al., "When did the Anthropocene begin? A mid-twentieth century boundary level is stratigraphically optimal," ***Quaternary International*** (2014). https://doi.org/10.1016/j.quaint.2014.11.045

14) 다른 한쪽에서는 과연 '인류세'라는 위기의 원인을 하나로 싸잡아 인류 전체에 돌릴 수 있는가? 하는 질문이 일어나기도 한다.(1)

(1) "21세기 초기의 통계에 따르면, 인류의 45%에 해당하는 빈곤층이 배출한 이산화탄소는 전체 배출량의 7%였는데 반해, 인류의 7%에 해당하는 부유층이 배출한 이산화탄소는 전체의 50%였다는 것이다. 그리고 미국 시민의 평균 한 명이, 에티오피아, 차드(Chad), 아프카니스탄, 말리, 캄보디아 또는 부룬디의 500명의 시민이 배출한 이산화탄소량에 이른다고 한다." A. Malm & A. Hornborg, "The geology of mankind? A critique of the Anthropocene narrative," ***The Anthropocene Review***, Vol. I, no. 1. (2014) p. 64.

15) "혜시와 왕양명, 뉴턴과 헤겔은 각기 다른 사상의 전통 가운데서 天上天下를 관통하고 無厚一體의 우주관을 완성하고 있다. 그들은 우주를 도시에서 구축하는 公的 체제에 다름 아닌 類들의 정합체계에 의해 관통한다. … … 類들의 정

아야 하는 자아 반성의 철학적 과제도 있다. (200115)

5.

사람들은 지금도 자신들을 중심으로 하는 '상대적' 환원주의로서 폭력의 역사를 이어가고 있다. *x*의 존재론은 이렇게 인간들이 온 세계를 향해 주체가 되는 폭력의 역사에 대한 근본적 반성 곧 '제2의 존재론적 전회'의 출발점을 모색한다. 이는 인류의 시간대 너머에서 움직이는 절대 위계의 존재, 곧 세상에 몸을 드러내 짧은 시간대를 거쳐 가는 존재 *x*를 가차 없이 부재화(不在化)하며 그것을 영원의 시간대로 합류 회귀시키는 존재, 그 '절대 환원'의 행사자 *X*의[16] 향방을 추적하며 자신을 돌이켜보는 것이다. (200115)

6.

인간중심주의와 그로 비롯하는 폭력의 역사로 말미암아 성큼 다가온 '인류세'는, 인류라는 한 집합의 생명이 개체 존재로 분열해서 각자 자기

체생의의 표이거나 집체부쟁의 표이거나 그것들은 삼천 년 동안 각각의 도시문명권 안에서 통치체제를 유지하는 준거의 표로서 발전해 온 것으로 볼 수 있다." 『안티호모에렉투스』 (2001년 초판) 고양, 경기: 사월의책, 2017, 163-164쪽.

16) 절대적 환원주의는 왜 존재론적 절대 위계인가? 모든 인간 본위의 자기실현 운동을 정당화하는 상대적 환원주의의 행위 양식 '¬*x*&¬*x*' 또는 '*Xx*'는 결국에는 존재론적 위계들의 순서 *x* ⇨ ¬*x* ⇨ '¬*x*&¬*x*' & '*Xx*&¬*x*' ⇨ *X*(~~'¬*x*&¬*x*' & '*Xx*&¬*x*'~~)를 따라 모두 마지막 절대의 위계 *X*( ) 가운데로 환원해 들어가기 때문이다.

스타일의 실현을 위해 에너지를 소모하며 엔트로피를 증폭시키는 극성스러운 운동 과정에서 비롯하는 것이다. 그렇게 에너지를 소모하며 엔트로피를 증폭시키는 개체 생명 하나하나의 일생은, 최대한의 에너지를 집약한 빅뱅에서 최대한의 엔트로피를 극한으로 증대시켜 빅 크런치에 이르게 하는 우주의 한 주기,[17] 그런 백 수십억 년의 시간대에 닮아있다. 하나의 일생도, 우주의 한 주기도 각기의 시간대 안에서 움직인다.

그렇다면 과연 오늘 지구에 만연한 '인류세'의 깊은 뿌리는 호모에렉투스 스타일의 삶에서 비롯하는 것일까? 인간중심주의 관점과 그의 '대상'을 향한 폭력의 역사 전개는 최대한의 에너지를 발산하며 최대한의 엔트로피를 증폭시켜 자신의 종말에 이르는 우주의 역사에 그 영원한 뿌리를 내리고 있는 것은 아닐까?

여기에, 우주라는 긴 시간대에 미미한 성분들로 참여하는, 그래서 한순간에 지나지 않는 짧은 시간대의 개체 존재들 각각에 주어지는 '자기 부재화(不在化)' 곧 '자기 초월'의 영원한 숙제가 있다.[18] (200125)

---

17) 한 닫혀있는 단위로서의 우주가 그 안에서 더 이상 움직일 수 있는 에너지의 고갈 상태 곧 최대한의 엔트로피 상태에 이를 때 그것은 '빅 크런치'에 들어간다고 이론가들은 추론한다. 그리고 그들은 다음과 같은 추론을 더 하기도 한다.(1)

(1) "그러나 우리들이 살고 있는 우주에는 부활의 가능성이 남아 있다. 오늘의 물리학 이론들은 빅 크런치 또는 대대적인 해체에 대해 불일치하고 있다. 그래서 [빅 크런치 같은] 잿더미에서 한 새로운 우주가 [또 하나의 빅뱅으로] 탄생할 가능성도 열어놓고 있다." Stephen Battersby, "Existence: How will it all end?" ***New Scientist***, vol. 211, no. 2822. (2011)

18) 이 책 Σ5. "매 순간이 초월하는 삶" 줄기글 **9. 10.** 참고.

풀이 1.

진리의 패권이란?

박소정 교수는 **한국연구원** 웹진에 실린 서평(2020년 1월 14일)에서, 박동환 철학선집 V.『진리의 패권은 사람에게 있는 것이 아니다』에 대한 간략한 논평의 부분으로 제시한 "진리의 패권은 어디에도 없다."라는 주장의 몇 가지 **근거**를 제시하고 있다.

아래에 그 주장의 **근거** 가운데에 주어진 **물음**을 1. 2. 3.으로 발췌해 놓고(단, 밑줄 치기는 답변자의 것), 그에 대해 **답변에 앞서** 하는 말 1. 2. 3.을, 그리고 **답변** $x1$. $x2$. $x3$.을 정리한다.

I. 근거: 진리의 패권은 어디에도 없다.

물음 1.

"『서양의 논리…』와 『동양의 논리…』를 통해, 철학의 종주권을 주장하는 서구철학을 상대화했을 뿐 아니라 오늘날 동양철학이라고 불리는 사상 체계를 집요하게 분석하여 동양에 서구와 비견할 만한 논리가 있음을 인정하는 동시에 이마저도 상대화함으로써 제3의 철학을 탐색할 수 있는 창조적 여백을 만들어낸 ㅂㄷ의 철학적 여정은 한국철학이라는 사유의 모험을 감행하려는 이에게 더없이 소중한 것이다.

그럼에도 불구하고, 나는 *x*의 존재론이 주변자로서의 한국인들이 "겪은 역사와 현실에 근거"(선집 V.의 24쪽)한 철학인지 의문이다." (**답변**은 *x*1.에서)

물음 2.

"*X*는 "경계 너머에서 진리의 패권을 행사하는 마지막 결정권자"(V.의 225쪽)라고 묘사되지만, 그렇다고 진리의 패권이 *X*에게 "있다"라고 할 수는 없다고 생각한다. 왜냐하면, *X*는 아무것도 주장하지 않을 것이며 아무런 특정한 모습도 가지고 있지 않기에 진리의 패권이 귀속되거나 환원시킬 만한 자리조차 없기 때문이다."

"*X*와 *x*의 관계는 규정될 수 없는 궁극과 온갖 개체성의 관계라는 점에서 노자가 말하는 도와 만물의 관계를 연상시키지만, ㅂㄷ는 장자와 같이 온갖 개체의 경험 및 활동과 그로부터 얻어진 자각과 숙련을 긍정하는 길로 들어서는 대신, 데카르트의 방법론을 지렛대로 삼아(V.의 65쪽) 구체적 혹은 개체적 경험을 탈각하고 미지의 추상에 도달하려는 것(*x*를 떠나 *X*로)처럼 보인다."

"*x*의 존재론은 기지(known)가 미지(unknown)를 압도하는 허구적 보편을 강화하는 쪽으로 비대해진 특정 문화와 언어체계에 대해서는 경계하고 반성할 수 있지만, 반드시 "어떤 특정의 문화와 일상 언어에도 매이지 않은 제1언어"(V.의 53-54쪽)임을 고집할 필요는 없을 것이다. 다시 말해 "역대의 철학자들이 그가 탐구하는 궁극의 진리를 이해 전달하려고 할 때 사용해온 매체인 언어에 대한 반성이며 대안의 모색"(V.의 52쪽)이라고 볼 수 있는 *x*의 존재론은 인도유럽어와 고대 한어의 어법에 기초하여 성립된 기왕의 진리 패권주의를 경계하되 [아래 **3.**으로 이어짐]" (**답변**은 *x*2.에서)

물음 3.

"철학사를 아직 가지지 않은 이들의 어법에 대해서는 더욱 구체적으로 들여다볼 필요가 있을 것이다. 가령 한국어의 어법이 어떤 구체적인 양상을 띠고 전개되는지 그리고 진리의 패권을 쥐어 본 적이 없는 또 다른 이들이 의지하는 어법에는 무엇이 잠재되어 있는지를 구체적으로 살피는 일은 어쩌면 그동안 인간중심주의를 벗어나지 못했던 철학의 패권주의를 격파하여 어디에도 진리의 패권이 머무는 일이 없도록 판도를 재편하는 일이 될 수 있을지도 모르겠다."

"ㅂㄷ의 철학이 동서의 지배적 사유를 넘어서는 제3의 길을 특정 문화와 언어에서 벗어난 '제1의 환원주의자 *X*'에서 찾는 것은 어쩌면 주변자로서의 새로운 철학이 또 다른 보편을 확보해야 한다는 강박에서 온 것은 아닐까 하는 의문이 든다. ㅂㄷ 자신은 "현실의 각기 다른 분야에서 투쟁에 가까운 삶을 사는 '인간'에 관한 이야기"(V.의 26쪽)라고 믿고 있는데도 불구하고 종종 "인간 그 밖의 진리"를 이야기하는 것으로 읽히는 이유가 여기에 있는지도 모르겠다. 세계철학사에 대한 원경(遠境)

이 그려졌다면 이제 더 구체적인 현실로 내려올 필요가 있지 않을까?"
(**답변**은 x3.에서)

II. 답변: 진리의 패권은 사람에게 있는 것이 아니다.

답변에 앞서 1.

물론, 누구에게든지 "진리의 패권은 어디에도 없다."라고 말할 수 있는 임시의 근거가 주어질 수 있다. 그가 '소속해 있는' 범위의 세계가 그렇게 말할 수 있는 영토를 제공할 것이기 때문이다. 그렇게 한 사람은 그가 '소속해 있는' 경계 안에 안명자족(安命自足)할 수 있을 때까지 그런 주장의 판단을 유지할 수 있다.

그러나 이를테면 한 개체 존재 x가 '소속해 있는' 시간대를, 그의 오래된 생명이 뿌리를 내리고 있는 수백만 년, 더 올라가 수십억 년의 역사로 소급해 놓는다면 어떻게 될까? 그렇게 무한의 시간대로 소급해서, 자신의 개체성이 비롯하는 뿌리를 영원의 기억 x로 대표한다면, 어떤 운명관이나 역사관 또는 어떤 존재론에 이르게 될까? 그렇게 수십억 년을 흐르는 시간대로 들어간 한 가상의 관찰자에 비친 자신의 미래를, 그때의 자기 존재의 부재(不在)한 모양을 결정하는 자는 누구인가? (200222)

그러므로, 한 개체성을 지닌 존재 x가 소속하는 계통발생과 개체발생에 관한 고생물학자들과 유전학자들의 연구, 빅뱅과 빅 크런치에 관한 우주 물리학자들의 설명, 히브리 사상과 그 언어 그리고 한국 말본의 연구 보고, 그리고 일상 언어의 허구를 분석한 니체와 버트런드 러

셸, 사르트르와 노장(老莊)의 연구에서 제시된 결과들을 바탕으로 하는 1993년에서 2019년까지의 선집 Ⅱ, Ⅲ, Ⅳ, Ⅴ의 각론들을 정리해 본 다음에야, 진리의 패권이 어디에 있는지, 아니면 어디에도 없는지를 토의하며 확인할 수 있다.

저러한 인식의 단계들을 거쳐서야 비로소 한 인간은, 그가 소속하는 아주 짧은 시간대라는 것이 그 존재론적 위계를 전혀 달리하는 영원의 시간대로 함몰 회귀하는 한 종속 변수 *x*임을 받아들이게 된다.

그리고 *x*와 *x*가 귀속할 수밖에 없는 *X*에 도달하기에 앞서, 한국 말본이 어떤 출발점과 어떤 귀결을 제공했는지는, 구체적으로 1993년에서 2017년까지의 선집 Ⅱ, Ⅲ, Ⅳ에 요약된 최현배, 허웅, 김영황(김일성종합대학), 리귀배(연변대학)의 한국말 또는 조선말 연구결과들을 토대로 하는 착상 과정을 정리하면 드러날 것으로 본다. (200117)

그렇다면 *x*의 존재론은 저 한국 말본, 고대 히브리 경전 사상, 고생물학과 유전학, 우주물리학, 그리고 니체, 버트런드 러셀, 사르트르, 노장(老莊) 공맹(孔孟) 연구와 같은 바탕 자료들에 의존해 있는가? 그런 것은 아니다. 저 여러 가지 사상과 이론들은 한 코페르니쿠스적 전환점에 이르러 빅 크런치를 맞아 그 각각의 모양들을 소실했고, 다시 빅뱅과 함께 *x*와 *X*라는 원소로 부활해서, 그것으로 이루어진 *x*의 존재론이라는 새로운 담론 구성 방식에 따라 *x*의 역사철학, *x*의 사생관, *x*의 영혼론, *x*의 신학, *x*의 사회학의 구체적 단서들이 만들어질 수 있었다. (200217)

답변에 앞서 2.

어떤 이는 윤리/도덕의 규범이 인간 행위의 자율, 자결 원칙인 것처럼 이해할 수 있다. 그러나 '어느 시대에 어떤 윤리/도덕의 규범이 모든 수준의 인간 행위를 지배할 수 있었던가?' 4,000년 전 즈음에 아브라함은, 늘그막에 얻은 외아들을 제물로 바치라는 신의 소리를 듣고, 다음 날 아침 일찍이 제단에 바칠 아들과 땔감을 나귀에 싣고 지정된 모리야 산으로 갔다.

어떤 '교우모임'을 대표하는 한 분은 이런 가상의 상황에 대해 말하기도 한다.

> "3일을 굶긴 아버지는 자식을 먹이기 위해 남의 집 담을 넘을 수 있다."

때로는 한 공동체의 사람들이 다 같이 떠받드는 윤리/도덕의 덕목들 사이에서 우선해야 할 순위 또는 위계를 놓고 서로 다투는 경우도 발생한다. 그래서, 이를테면 '선 대(對) 선'(good vs. good) 또는 '정의 대 정의'(right vs. right)로 대립하며, 상위의 결정권을 놓고 다투게 되는 것이다. 그러한 경우에 윤리/도덕의 규범이라는 것은 인간 행위를 지배하거나 결정하는 마지막 위계의 원칙일 수 없다. 그것은 인간 행위를 결정하는 한 하위의 조건일 뿐이다. 인간의 행위 때로는 운명을 결정하는 상위의 조건은 신의 소리일 수도, 공동체들 또는 국가들 사이에 일어나는 전쟁과 그로 비롯하는 피난의 위기일 수도, 고립무원의 (이를테면 거리의 노숙자로 전락한) 처지일 수도, 생명의 한 종인 인류에게 숨을 죽이고 기습해오는 멸종의 단계일 수도, 아니면 (사르트르가 『구토』에서 떠올렸듯이)

어느 날 있을 수 있는 자연의 질서가 붕괴하는 사태일 수도 있다.

이렇게 개체 생명에 내재하며 동시에 초월하는 기지 또는 미지의 조건들이 그런 생명의 가능한 미래의 행위 나아가 운명을 결정하거나 지배하고 있음을 인류 역사의 흔한 사례들로서 돌아볼 수 있다. 20세기의 인류학자 클로드 레비-스트로스는 『슬픈 열대』에서 인간 존재가 운명적으로 안고 있는 절대적 한계 또는 결정적 조건에 대하여 이렇게 말했다.

> "세계는 인류가 없이 시작되었고, 다시 인류가 없이 끝날 것이다."
>
> (200217)

답변에 앞서 3.

그렇다면 '인간의 행위와 운명을 결정하는 최상위의 조건은 무엇으로 대표할 수 있을까'? 선집 Ⅳ. 『x의 존재론』(2017년)의 "『기본동물학』과 「전도서」와 한국 말본"에서 그 최상위 조건에 대한 추적과 착상의 한 사례, 한 과정을 추체험해볼 수 있다. 거기에 그 절대 위계의 조건에 대한 추적과 착상의 한 사례가 다음과 같이 요약되어 있다.

> "한국말에서는 이른바 주어 또는 임자말이라는 것을 생략하는 문장 구조가 [지금까지도] 허용되고 있다. 따라서 임자말 자리에 아무것도 놓지 않고 그 자리에 있다고 상정하는 그것에, 어떤 이름이나 정체성을 매길지 결정할 수 없는 상태를 미지의 x로 기억하며, 그것이 보여줄 것들을 시간의 흐름 가운데서 기다리는 태도가 한국말의 문장관을 지배

한다고 볼 수 있다. 미결의 상태에서 숨을 죽이고 있는 미지의 x가 보여줄 움직임을 그렇게 기다리고 있기 때문에, x에 관한 판단을 마무리할 술어 곧 풀이말의 마디들을, x가 보여줄 모양에 맞춰 굴절시키려고 맨 뒤에 놓는 전략을 택하는 게 아닐까? 라고 생각할 수 있다.

그리고 마지막 판단이 마무리되어도 여전히 현재의 사태와 상황의 핵심은 어둠 속에 잠긴 영원의 기억 x 또는 초월하는 X로 남아서 다시 무언가 낯선 얼굴을 내밀 가능성을 [지금도] 유보하고 있는 것이다."[19]

모든 일의 마지막 국면에서 상위의 결정권을 대표하는 X는 의인화된 허구의 존재가 아니고, 우리 모두의 운명이 걸려 있는 최상의 위계를, 그리고 누구에게는 하루하루의 생계가 걸려 있는 존망(存亡)의 위기에 맞닥뜨린 국면을 가리키고 있다. 자기의 운명과 존망이 걸려 있는 위기의 국면을 오로지 자신의 자의에 따라 해결할 수 있는 인간, 아니 그런 생명은 없다. 그래서 '진리의 패권은 사람에게 있는 것이 아니다.'라고 말하는 것이다. (200223)

그럼, 그 X란 사람이 아니고 무엇이냐고 아니면 사람이 아닌 누구냐고 물을 수 있다. x의 존재론에서는 하나의 답변을 강제하지 않는다. '독선 금지'라는 객관의 척도 x에 따라 모두에게 대안의 선택, 선택의 자유가 개방되어 있기 때문이다. (201019)

---

19) II. "『기본동물학』과 「전도서」와 한국 말본," 『x의 존재론』 고양, 경기: 사월의책, 2017, 85쪽.

답변 x1.

x의 존재론이 그 뿌리에서 의도하는 바는, 서구철학이나 중국철학의 전통이 세계를 향해 행사해온 진리의 패권을 다만 상대화하거나, 그렇게 해서 제3의 지대 또는 주변 지대에 밀려나 있는 사람들 또는 한국 사람들 고유의 철학적 영토를 개척하는 데에 있지 않았다. 다만, 양대 철학사가 행사하는 진리의 패권을 상대화하고, 동시에 역시 상대적일 수밖에 없는 제3의 지대 또는 한국사상 고유의 영토를 개척하는 일은, x의 존재론이 지향하는 과정에서 이루어지는 부산물로 이해할 수 있다.

실은, 문명이 지구 위에 출현한 이후 주로 그 통치자들의 필요에 봉사하는, 아니면 그 대안의 길을 찾았던 온갖 유파의 철학자들이 개척해온 사상의 성과 또는 영토 자체를 지구 위의 임시 '부착물'로 만들어버리는 데에 그 숨은 목표가 있었다. 그런 목표를 지향했던 구체적 증거물로는 1990년에 발표한 "호모에렉투스의 돌도끼에 얽힌 이야기/철학사"[20] 그리고 다시 1995년에 발표한 "고고학/고생태학으로 함몰하는 철학사"[21]가 있는데, 지금까지 아무도 그것으로 하여, 그들이 애착하고

20) 처음에 "호모에렉투스의 돌도끼에 얽힌 이야기"라는 제목으로 『철학과 현실』(1990년 여름호 133-146쪽. 철학문화연구소 발행)에 발표했고, 그리고 다시 "호모에렉투스의 돌도끼에 얽힌 철학사"로 증보해서 『동양의 논리는 어디에 있는가』(1993년 초판, 고양, 경기: 사월의책, 2017)에 실었다.

21) 처음에 "고고학으로 함몰하는 철학사 그리고 남은 과제"를 1995년에 열린 춘계 철학연구회 세미나(이후에 『해방 50년의 한국철학』 철학과현실사, 1996)에서 발표했고, 다시 조금 수정 보완한 "고생태학으로 함몰하는 철학사"를 『안티호모에렉투스』(2001년 초판, 고양, 경기: 사월의책, 2017)에 실었다.

연구하는 철학 또는 철학사의 전통을 어떻게 소화해야 하는지에 대해 돌이켜 보지 않은 것 같다.[22)]

이렇게, 지상에 실현된 온갖 전통의 사상들이 무력화(無力化)된 폐허의 바닥에서 보면, x로서 가리킬 수밖에 없는 미지의 한 출발점을 만나게 된다. 온갖 전통의 사상들은, 그것이 서양의 것이든 동양의 것이든, 원시의 호모에렉투스가 돌도끼를 매개로 해서 자연을 조작하며 통제했던 것처럼, 역시 모두 인간 본위의 조작과 매개 그리고 통제의 구실을 하는 것이다. 다시 말해 원시의 뿌리로 올라가 돌이켜 보면, 수십만 년 전에 쓰인 호모에렉투스의 돌도끼를 매개로 한 조작과 통제의 도구나, 6,000년 전 즈음 문명 이후에 개념과 범주와 그에 따르는 규칙들에 의지해 개발한 철학자들의 사상 체계나 똑같은 세계의 조작과 매개 그리고 통제에 쓰임이 있었다는 것이다. 그래서 철학사에 등장하는 이런저런 철학의 체계들은 더 이상 진리의 메시지로 보기 어렵게 된 것이다.

그러므로 x의 존재론이 그 궁극의 지점에서 찾으려고 하는 것은, 동서 전통의 철학적 언어에 대안이 될 만한 제1 언어나 제3의 지대에 쓰일 언어에 관한 것도, 한국철학의 새로운 영토에 관한 것도 아닌, 오직 21세기에 꿈틀거리며 떠오르는 새로운 출발점으로서의 세계 전망 곧 다가오는 미래의 '시간대'에 관한 어떤 것이다. 나는 앞에서 이렇게 말하고 있다.

"돌이켜보면, 오래전 고대 문명의 개척기 당대의 폐허와 혼돈을 정리하

22) 이 책의 머리말 **2.** 참고.

며 한쪽에서는 노자와 공자가, 한쪽에서는 헤라클레이토스와 파르메니데스가, 그리고 다시 고대 문명의 흐름이 패기(覇氣)를 잃어가는 새 시대의 여명을 타고 각기의 곳에서 이지(李贄)와 르네 데카르트가 다시금 시들은 전통의 폐허를 딛고, '야생에 가까운' 체험을 배경으로 대안의 진리를 제시했었다."[23]

그리고 위의 "진리의 패권은 어디에도 없다."의 **근거** 가운데 물음 **1.**에서, "x의 존재론이 주변자로서의 한국인들이 겪은 역사와 현실에 근거한 철학인지 의문이다."라고 평가하는 이해에 대해서는, 다시 이전의 글에서 했던 한 진술을 되풀이하는 것으로 답할 수 있다.

"나는 1930년대에 태어나 1950년대 이전/이후의 험난했던 시간대를 살면서 겪은 온갖 폐허와 야생의 체험 그리고 그에 따르는 반추와 반성에 비추어서 전적으로 개인적인 대안의 진리, 개인적인 대안의 철학을 찾고 있는 것이다.

한국 문학계에서는 6·25 전쟁 이후 1950년대에 이 강토 바닥에서 그들이 당시에 같은 처지로 몰린 모든 사람들과 함께 겪은 폐허와 야생의 체험을, 칠흑 밤의 별들처럼 빛나는 회고록과 작품들로 만들어 역사에 남긴 바 있다. …… 그러한데, 그때를 함께 이 강토에서 지낸 철학자라 불린 분들은 그들이 겪은 폐허와 야생의 체험을 무엇으로 남겼는가? 그들이 당시에 그리고 이후에도 실토했던 대로, 수입제품을 '재포장'하며 폐허에서 굶주린 백성들의 교양을 우선 아무거로나 채우는 일에 바빴다."

---

23) 이 책 Σ**2.** "플라톤에서 헤라클레이토스로"의 줄기글 **5.**에서 따옴.

"여기 이 영토에서 말하는 1950년 이전/이후 시대 체험의 반추와 반성이란, 과거로부터 누적되어온 전통과 그 사상의 유산들이 무력화(無力化)되어버린 폐허의 바닥으로부터 다시 시작하는 '절대 야생'의 접근법이다."[24]

(200901)

답변 x2.

'$\mathcal{X}$는 과연 아무것도 주장하지도 않을 것이며 어떤 특정한 모습도 가지고 있지 않을까'? 물론 $\mathcal{X}$는 세상에 그의 몸을 드러내는 존재가 아니므로, 우리는 그가 주장[?]하는 바를 직접 들을 수도 없고 어떤 모습을 지니고 있는지도 알 수 없다. 그러나 그는 자신의 몸을 드러내지 않고 행동하는 가상의 절대 존재다. 그의 정체는 모든 유파의 전통 철학자들이 사용하는 어떤 개념이나 범주에 의해 확인하거나 정의하는 게 불가능하기 때문이다.

노자의 만물과 도는 그런대로 각기의 이름도 있고 그 움직임의 규칙도 있다. $\mathcal{X}$는 "物壯則老"(『老子』 30장) "反者道之動"(『老子』 40장)과 같은 움직임의 규칙도 지키지 않으며, 헤겔의 절대 이념처럼 세계사의 전개 법칙도 보여주지 않는다. '개체적 구체적 경험을 탈각하고 미지의 추상에 도달하는' 그 길이, 데카르트의 방법도 아니지만, x가 $\mathcal{X}$로 나아가는 길도 아니다. x는 개체적 구체적 모습을 현상계에 드러낼 수는 있지만, 그

---

24) 이 책 Σ2. "플라톤에서 헤라클레이토스로"의 줄기글 5.에서 따옴.

것 역시 그의 정체를 드러내지 않는 미지의 변수 곧 '영원에 소속해서 움직이는' 미지의 존재이다. x에 대해 그 정체를 인식할 수 있는 하나의 '대상'으로 접근하는 것은 큰 착각이며 실수일 수 있다. '독선 금지'라는 객관의 척도를 깊이 삭이는 이에게 비로소 'x'가 가리키는 데에 다가갈 기회가 올 것이다.[25)]

세상에 몸을 드러낸 개별적이고 구체적인 자연과 우주의 모든 것 x는 모두 X로 함몰 회귀해 들어가는 긴 시간의 대열에 참여한다.

> '우리들의 모든 탐구 그리고 모든 인생은 x의 X에 대한 관계로 귀착한다.'[26)]

그러나 x의 X에 대한 관계는 결코 추상적인 것이 아니어서, 각자의 x가 시시각각으로 실현해가는 현실의 운명과 역사가, 그리고 개체 생명의 각기 고유한 모양이, 그리고 그것들이 이합집산하며 짓는 연대와 투쟁의 상황이, 모두 X가 통제하는 영원의 시간대 가운데서 연출되는 것이다.

---

25) "그런 생각을, 독선 금지를 어기며 접근해서 도달한 '대상'과 독선 금지를 따르며 접근해서 도달한 'x' 사이의 대칭 관계로서 요약할 수 있다. '대상' v. 'x'. 세상에 몸을 드러낸 한 개체 실존은—심지어 한 물체이더라도—그것이 비롯하는 때와 데 곧 그 뿌리를 추적해 따라가면 인간적인 경계 너머 미지의 x로 회귀해 들어간다. 그래서 한 개체 실존 x는 영원에 소속하는 한 조각의 기억체계라고 이해하게 되었다. 우주론적으로, 고생물학적으로, 그리고 계통 발생적으로." 『진리의 패권은 사람에게 있는 것이 아니다』 고양, 경기: 사월의책, 2017, 15-17쪽.

26) 이 책 Σ6. "불타는 자아의 경계 위에 살다"의 이야기 1.에서 12.까지 참고.

따라서 x의 X에 대한 관계는 노자가 '반자도지동'(反者道之動)에서, 또는 데카르트가 해석기하학에서 창시했던 그런 방법론과도 거리가 멀 뿐 아니라, 그런 한 시대에 제약된 방법론은 비교나 참고의 대상이 아니다. x의 존재론은 21세기까지 이어져 내려온 온갖 유파의 과거 철학사들과의 인연을 끊은 지 오래다. 인도유럽어 계통의 문명과 사상이든 고대 한어 계통의 문명과 사상이든 그것들이 그래도 분석과 해석에 해당하는 것은, 그것들이 백만 년 또는 수십만 년 전 원시의 호모에렉투스가 시작한 자기중심의 세계관과 그런 삶의 양식을 점검하고 반성하는 배경으로 주어지는 긴 고생태학적(paleoecological) 시간대의 흐름에서 한 짧은 에피소드로 들어왔기 때문이다.

> "인간은 모두 우주의 알 수 없는 주인이 펼치는 파노라마에 초대된 객(客)일 뿐이다. … … 나비도, 인간도, 수백 년의 나무도, 45억 년의 지구도 각기 그 자신의 출현과 소멸의 시원을 찾아가면 모두 무한 [ ]의 구도(構圖), 곧 X의 끝없는 시간대 가운데서 배당받은 미분적(微分的) '시간'의 것들이다."[27]

(200902)

답변 x3.

"진리의 패권은 어디에도 없다."라는 주장의 클라이맥스는 다음과 같이 시작하고 있다.

---

27) 3. "고생태학으로 함몰하는 철학사," 『안티호모에렉투스』(2001년 초판) 고양, 경기: 사월의책, 2017, 55쪽.

> "철학사를 아직 가지지 않은 이들의 어법에 대해서는 더욱 구체적으로 들여다볼 필요가 있을 것이다. 가령 한국어의 어법이 어떤 구체적인 양상을 띠고 전개되는지 … 구체적으로 살피는 일은 어쩌면 그동안 인간중심주의를 벗어나지 못했던 철학의 패권주의를 격파하여 어디에도 진리의 패권이 머무는 일이 없도록 판도를 재편하는 일이 될 수 있을지도 모르겠다."

실은, '진리의 패권이 어디로 귀속하는지' 아니면 '진리의 패권이 어디에서 유래하는지' 그것을 추적하기 위해, 말본 이론가들의 오래된 과제 '허사(虛辭) 결정론' 에 대한 '논리적 존재론적' 의미를 발굴하는 일을 이미 다음과 같이 시도하고 있었다.

> "한국말에서 '이다'와 '아니다'를 끝맺음으로 하는 풀이말이 그 앞에 세워지는 주제 또는 임자말 그리고 그 밖의 성분들에 밀려 마지막에 나타나는 데에 무슨 뜻이 있는가?
>
> 임자말 또는 주제로 세워진 것이 무엇이든 간에, 그것은 결국 그것에 대하여 마지막으로 값을 매겨 말하는 풀이말, 특히 그 끝맺음 '이다' '아니다'에 의해 비로소 어떠하고 어떠하지 않음, 그러하고 그러하지 않음을 결정하는 데에 뜻이 있다. 사태의 그러함과 그러하지 않음이, 언제나 뒤에 나타나는 끝맺음에서야 실마리가 드러난다. 그래서 자주 주제어 또는 인도유럽어 계통 문법 이론가들이 말하는 주어라는 것이 없이, 한국 말본에서는 풀이말의 마디 이음과 끝맺음으로 특화(specifying)해서 어떤 사태 또는 그 주체를 드러내 가리키거나 그 모양과 추세를 그리거나 판단한다. 유(類)도 개체도 가릴 것 없이 모든 것의 시원(始原)은

[ ]에 [또는 영원의 시간대에] 빠져 있어서, 그에 관한 판단이나 묘사는 본디 특화할 수 없는 것을 특화하는(specifying the unspecifiable) 행위다.

풀이말, 특히 그 끝맺음의 결정기능이 함축하는 논리는, 실체의 담지자에 다름 아닌 주어의 같음으로 술어를 귀속시키는 전략을 구사하는 아리스토텔레스 논리전통과는 달리, 주어진 사태의 같음도 귀추도 잡을 수 없어서, [ ]로부터의 [또는 𝒳로부터의] 신호를 기다리며 술어를 매기는 자의 특이한 세계 인식을 반영한다."[28]

그리고 다시 『𝑥의 존재론』 첫머리에서, 한국 말본의 '허사 결정론'이 어떻게 진리의 패권의 향방을 반영하고 있는지를 풀이하고 있다.

"한국말에서는 어떤 발상이 지배하기에 [그에 고유한] 실재 탐구 또는 존재 탐구의 철학사가 이루어지기 어려웠던 것일까? 그 깊은 이유를 이런 발상으로 설명하면 어떨까?

한국말에서는 이른바 주어 또는 임자말이라는 것을 생략하는 문장 구조가 [지금까지도] 허용되고 있다. 따라서 주어 자리에 아무것도 놓지 않고 그 자리에 있다고 상정하는 그것에 어떤 이름이나 정체성을 매길지 결정할 수 없는 상태를 미지의 𝑥로 기억하며, 그것이 보여줄 것들을

28) 2. "상대의 다름, 절대의 다름," 『안티호모에렉투스』 (2001년 초판) 고양, 경기: 사월의책, 2017, 45-46쪽. 위의 따온글은 본디 『동양의 논리는 어디에 있는가』 (초판 1993년. 고양, 경기: 사월의책, 2017)에서 거론했던 '허사(虛辭) 결정론' (114-117쪽)을 보완한 것임.

시간의 흐름 가운데서 기다리는 태도가 한국말의 문장관을 지배한다고 볼 수 있다. 미결의 상태에서 숨을 죽이고 있는 미지의 x가 보여줄 움직임을 그렇게 기다리고 있기 때문에, x에 관한 판단을 마무리할 술어 곧 풀이말의 마디들을 x가 보여줄 모양에 맞춰 굴절시키려고 맨 뒤에 놓는 전략을 택하는 게 아닐까? 라고 생각할 수 있다.

그리고 마지막 판단이 이루어져도 여전히 현재의 사태와 상황의 핵심은 어둠 속에 잠긴 영원의 기억체 x 또는 초월하는 X로 남아서 다시 무언가 낯선 얼굴을 내밀 가능성을 언제나 유보하고 있는 것이다. 그러니까 그 영원의 기억체 x 또는 초월하는 행위자 X는, 현재의 시간을 통과하며 쉼 없이 그 미래의 모양을 달리 보여줄 것이기 때문에, 어떤 이름도 정체성도 거부하고 있는 것으로 보인다."[29]

이렇게, 한국 말본에 숨겨져 있는 'x의 X에 대한 관계'를 풀어내고 있다. 이는 세상에 몸을 드러낸 일체의 것 x를 영원의 시간대로 거두어 회귀하는 X를 따라 '자기 소멸' 그리고 '자기 초월'의 길을 찾아감에 다름이 없다.[30]

'그런데, 그대의 백 년 남은 소중한 시간대를 매 순간 동시의 소멸과 초월이라는 한결같은 흐름을 따라 영원의 시간대로 회수해 가는 절대권

---

29) Ⅱ. "『기본동물학』과 「전도서」와 한국 말본," 『x의 존재론』 고양, 경기: 사월의책, 2017, 85-86쪽.

30) 이 책 Σ5. "매 순간이 초월하는 삶"의 줄기글 9. 10. 참고.

의 행사자 X에 관한 이야기가 "인간 그 밖의 이야기"로 들린다고요? 자연과 생명의 저 깊은 바닥에서 진행하고 있는 지질학적 시간대의 체험을 가상으로라도 예감할 수 있다면 그것은 더 이상 "인간 그 밖의 이야기"일 수가 없을 겁니다.'[31] (200903)

31) 이 책 Σ6. "불타는 자아의 경계 위에 살다"의 v.의 이야기 11. 참고.

풀이 2.

'인류세'라는 위기

1.

브뤼노 라투르는 그의 '행위자 연결망'(Actor-Network) 이론을, 지금 지구에 만연한 '인류세'(the Anthropocene)라는 위기에 대응하는 한 가지 해법으로 제안하고 있다. 그가 해법으로 제안하는 '행위자 연결망' 이론은 인간과 자연 사이의 평등한 서로 관계에 대해 다음과 같은 설명을 하고 있다.

> "… ['인류세'에 접어든 세계에서] 인류 사회는 멍청한 대상물의 처지로 추락하고, 자연은 뜻밖에도 활발한 주체의 지위로 올라섰다! 이것이 '지구 온난화'가 전하는 경악스러운 의미이다. 말하자면, 배경의 것[자연]과 전면에서 움직이던 것[인류]의 놀라운 전복이 일어난 것이다.
>
> 그러므로 우리가 지배자라는 꿈에서도 [그렇다고] 우리가 자연의 부속물로 추락하는 위협으로부터도 벗어날 필요가 있다.
>
> '인류세' 시대에 살면서 기억해야 하는 점은 [인간이든 자연이든 모든]

행위자들이 그들 모두의 모습을 [함께] 바꾸어가는 같은 운명을 공유한다는 것이다. [… 누가 주체이고 무엇이 대상이냐 하는 옛날의 관념은 이미 효력을 잃은 것이다.] … … 이제 주어진 과제, 그 결정적인 정치적 과제는, 주체와 대상이라는 두 개념의 어떤 관계도 완전히 폐기될 때까지, 행위자 자격을 가능한 한 '차별화하는' 방식으로 해서 널리 '배분하는' 일이다."[32]

라투르가 제안하는 설계도 안에서, '인류세'라는 위기에 놓인 인류는 자연에 대해 대등한 행위자로 나서는데, 이에 대응하는 자연 또한 인류에 대해 같은 자격의 행위자로 반응하는 것이다. 그렇다면 인류는 자연과 함께, 아니면 자연이 인류와 함께 '평등한' 행위자[33]의 자격을 가지며 같은 운명을 공유하게 되는 것일까? (200227)

---

32) Bruno Latour, "Agency at the Time of the Anthropocene," ***New Literary History***, vol. 45, no. 1. (2014)

33) "라투르의 연결[망] 사회학에서 구현된 두드러진 차이점은 인간들(humans)과 인간 아닌 것들(non-humans)의 관계에 국한하지 않고 … 인간들을 전혀 포함하지 않은 관계[연결망]의 사회학을 상상할 수 있다는 것이다. 이는 제인 구달(Jane Goodall)처럼 다만 벌과 개미와 고릴라들의 사회를 분석할 뿐만 아니라 어떤 감각도 가지고 있지 않은 존재들의 집합체[연결망]에 대한 연구를 포함하는 것이다. … … 이렇게 보면 분자생물학자들과 화학자들도 연결[망]의 사회학자들이다. 왜냐면 그들은 어떻게 특정한 행위자들이 특정한 집합체들을 이루게 되는지를 연구하기 때문이다." "[이렇게] 대상[또는 객체]들의 민주주의(democracy of objects)를 구축하는 것이 평등의 존재론(flat ontology)이다." Levi R. Bryant, ***The Democracy of Objects***. Ann Arbor, MI: Open Humanities Press, 2011, pp. 278-279. 그리고 p. 289.

2.

그런데 브뤼노 라투르를 비롯한 우리 인류는 각기 자신이 소속하는 시간대 밖에서 자신을 돌이켜보는 가상의 체험을 하기 위하여 다음과 같은 한 가상의 관점을 참고할 수 있다.

> '인류는, 우주가 통과하는 영원한 시간의 흐름 가운데 한 특정한 시간대에 끼어든 일시적인 존재이다.'

저 가상의 관점에서 바라보면, 인간과 자연은 주체와 대상의 관계로 만나는 것도 아니지만, 그렇다고 그들의 만남이, 라투르가 제안하듯이, 서로 평등한 행위자들의 연결망 관계를 이루고 있는 것도 아니다. 백수십억 년의 긴 시간을 통과해 오늘에 이른 우주와 자연은 그 자신의 회귀점을 향해 달려가고 있을 뿐이다.

그 긴 시간의 흐름 안에서 일시적 거주자인 인간의 행위가 자연과 우주에 대해 넘을 수 없는 한계 곧 각기의 제한된 시간대를 돌아보며 스스로 가늠하고 적응하는 것이 필수의 과제이다. 그렇게, 각자가 소속하는 짧은 시간대로 제한된 존재들은 각기 당면해 있는 필수적 과제로서 '자기 소멸' 그리고 '자기 초월'을 예비해야 하는 숙명의 과제를 안고 있다. 그러나 인간 행위자들에게 허용된 각기의 짧은 시간대 곧 그들의 존재론적 한계를 이탈해버린 자는, 그의 존재 자체가 때 이르게 추방 소멸당하는 위기에 놓일 수밖에 없다. 어떻든, '행위자-연결망'이라는 평등/평면주의의 전략은 결국에 그의 존재론적 한계 너머에서 매겨지는 우주적 시간대로 조만간 함몰 환원되어 가는 것이다. (200227)

3.

그러므로 인간과 자연의 평등한 행위자 관계를 '인류세'라는 위기에 대처하는 세계관으로 제안하는 것은, 자연과 우주가 통과하고 있는 영원의 시간대에 대한 역시 인간 본위의 전망에 바탕을 두는 답안일 수 있다. '인류세'의 위기는 인류가 그에게 주어진 생존 조건의 한계 또는 위계를 과도하게 이탈하는 데서 발생하는 것으로 이해해야, 그나마 그에게 허용된 행위의 범위와 시간대에 맞는 답안을 찾을 수 있지 않을까 그렇게 예상되는 것이다.

'행위자-연결망'은 인간들 사이에 있을 수 있는 평등한 존재들 사이의 관계 모델을, '평등하지 않은'(non-flat) 인류와 자연 또는 인류와 우주 사이의 관계에 투영함으로써 여전히 인간 본위의 근시적 관점 안에 안주하고 있는 것으로 보인다. (200207)

4.

그렇게 인간 중심, 자기 본위의 시각을 떠나지 못하는 자연관 또는 우주관은 어떤 철학사의 흐름을 타고 있는 것인가? 행위의 주체성을 인간에 국한하지 않고, 인간이 거주하는 환경으로서 자연이라는 객체에까지 부여함으로써, 칸트 이후 하이데거에 이르기까지 팽창하던 인간 본위의 자연관 또는 관념적 존재론을 극복하려고 시도하는 것이다. 행위자-연결망을 그렇게 인간 본위의 관념론 극복의 대안으로 이해하는 한 무리의 이론가들은, 브뤼노 라투르를 '객체 중심의'(objects-centered) 존재론 또는 '객체들의 민주주의'(democracy of objects)의 한 선구자로 풀이하고 있다. 라투르는 그렇게 칸트로부터 시작하는 선험주의 또는 인간 중심의 관념론적 전통을 끊으며, 다시 자연 또는 객체 일반을 향한 물리적 사변적 탐구를 시도할 수 있게 하였다는 것이다. 그들은 다음과 같이 말한다.

> "철학에서보다는 사회과학 방면에서 더 읽히고 있는 라투르는 최근에 떠오른 '사변적 전회'(the speculative turn)에서 한 중요 인물이 되었다. 물리적 대상들, 문화적인 형식들, 권력 체계, 텍스트, 담론, 또는 의식 현상 같은 것에 호소해서 [그 밖의 것들을] 설명하는 모든 형태의 환원주의에 대해, 라투르의 '비-환원주의'(ir-reductionism)는 모든 실체들이 (비록 그 역량은 같지 않더라도) 동등하게 실재하는 것이라고 주장한다. 미생물들, 기후 패턴들, 원자들, 산(山)들이 분명히 그들 주변 세계에 관여하는 것처럼, 해리 포터(Harry Potter), 동정녀 마리아, 민주주의, 환각 같은 [무형의] 것들도 그들의 주변 세계에 똑같이 관여하는 것이다. 유형(corporeal), 무형(incorporeal)의 실재들이 세계에 똑같이 영향력을 행사하고 있다."[34]

이렇게 라투르를 비롯한 이론가들이 말하는, 평등한 영향력을 행사한다는 객체들 또는 유형무형의 실체들은 과연 어떤 객관적 실재성을 보장받을 수 있는 것인가? 그들이 말하는 객체들 또는 실체들은 칸트가 설계했던 인식의 주관적 조건 또는 제약을 완전히 벗어나서 사물 자체의 실재를 가리키는 것인가? 그들의 객체와 실체는 아마도 칸트가 말

---

34) Levi Bryant, Nick Srnicek & Graham Harman, eds., ***The Speculative Turn: Continental Materialism and Realism***. Melbourne: Re. Press, 2011, p. 5.

하는 인식의 완고한 선험적 조건에 따르는 주관주의, 인간중심주의를 벗어났을지는 모른다. 그러나 칸트가 외면할 수 없어서 추적해 마지않던 현상계 너머의 '물 자체'라는 가상의 관점에서 바라보면, 그들의 유형무형의 객체들은, 여전히 인간 본위의 주관적 개념들과 범주들을 벗어난 것이 전혀 아니다. (200510)

5.

칸트가 설계했던 인식의 불변하는 선험적 조건인 직관의 2가지 형식과 판단의 12가지 범주는, 20세기에 발전한 기하학과 물리학의 새로운 틀에 비추어 볼 때 지탱할 수 없는 허구임이 드러났다. 이는 20세기에 등장한 논리-실증주의자들의 칸트 연구와 비판의 결과인데, 그렇다고 논리 실증주의자들은 어떤 형태로든 관여할 수밖에 없는 인식의 주관적 조건을 배제하며 객관적 실재에 접근하는 대안의 기하학이나 물리학을 제시할 수도 없었다. 오히려 과학 방면에서든 일상생활에서든, 인간의 인식 활동에 관여하는 주관적 제약조건을 벗어날 수 없다는 것을, 그들의 후속 세대인 칼 포퍼, 토머스 쿤, 파울 파이어아벤트 같은 과학철학자들이 인정할 수밖에 없게 되었다. 그들 가운데 과학적 세계관에 대해 가장 근본적 반성에 이른 파이어아벤트는 다음과 같이 말한다.

"우리들이 몸을 의탁하고 있는 세계는 우리들의 폭발하는 상상의 한계 밖으로 넘쳐난다. 세상은 나무들과 꿈들과 날마다 솟아오르는 태양으로 가득하고, 거기에 벼락 치는 소리와 그늘과 강들이 있다. 전쟁과 벌레들에 물림과 사랑의 이야기들이 있고 사람들의 생애와 신과 광막한 은하계들이 있다. … … 이 넘치는 풍요로움 가운데 아주 작은 부분만이 우리들의 마음에 다가온다. 이것은 결핍이 아니라 축복이다." "[상상의 한계 밖의] 것들이 우리들을 둘러싸고 있는 세계 전체에서 제외되거나 '분리되어' 버려진다. 흥미롭게도 그렇게 버려진 다음에 남은 것들이 '실재하는' 것이라고 지정되는데, 그 남은 것들이 전체 자체보다 더 중요하게 여겨진다는 데에 [문제가] 있는 것이다."[35)]

그러므로 다시 확실히 말할 수 있는 것은, 인간 인식에 들어와 떠오르는 대상들 또는 객체들이라는 것은 물 자체로서의 실재일 수가 없다는 것이다. 말하자면, 라투르를 비롯한 물리적 사변적 탐구자들이 추적해서 관계하며 연대하는 객체들이라는 것이, 칸트가 제시하는 선험적 또는 주관적 제약조건으로부터 해방된 것도 자유로운 것도 아니라고, 파울 파이어아벤트 같은 그 후세대의 과학이론가들이 증언하고 있는 것이다. 따라서 라투르를 비롯한 물리적 사변적 탐구자들은 그들의 '객체중심의 존재론'과 '객체들의 민주주의'에도 불구하고, 아직도 칸트에서 하이데거에 이르는 인간중심주의 또는 인간 본위의 환원주의 전통으로부터 탈출하는 데 성공한 것이 전혀 아니다. (200511)

6.

인간과 인간 아닌 유형무형의 실체들에 평등한 행위자 자격을 부여하며, 모두가 함께 참여하는 행위자-연결망을 구축한다고 해서, 그것이

---

35) Paul Feyerabend, ***Conquest of Abundance: A Tale of Abstraction versus the Richness of Being***, ed. Bert Terpstra. Chicago: The University of Chicago Press, (1999) 2001, p. 3. 그리고 p. 5.

자연과 우주가 그의 장구한 시간대를 통과하며 배당하는 우리들의 짧은 시간대 안에서 감당해야 할 대응전략에 어떤 변화를 가져올 수 있겠는가?

그러니까 그들이 칸트에서 하이데거에 이르는 인간 본위의 환원주의 또는 관념주의 전통으로부터 탈출해서 실행한다고 주장하는 객체 중심의 사변적 물리적 탐구는 아직 자연 또는 우주가 펼치는 물 자체의 역사에 참여하고 있는 것은 아니다. 라투르를 비롯한 그들의 객체 중심의 탐구 행위라는 것은, 우주가 통과해 가는 영원의 시간대 가운데서 매겨질 그들의 짧은 시간대를 잠시 이탈해서 꿈꾸는 여전한 한낱 관념적 행위일 수밖에 없다. (200511)

7.

그렇다면, 어떤 선험적 주관적 제약조건으로부터도 독립한 자격을 가진 가상의 행위자라면, 자연 또는 우주가 펼치는 물 자체의 역사에 참여할 수 있겠는가? 이것이 칸트가 감행한 코페르니쿠스의 전회에 의해 남겨진 우리 시대의 질문일 수 있다. 칸트가 제시한 인식의 선험적 조건들이 붕괴했다고 해서, 물 자체에 대한 우리들의 물리적 사변적 탐구가 가능하게 되었다고 말할 수는 없다. 물 자체는 우리들의 현실과 역사에 분명히 관여하며 역사(役事)하고 있다고 하더라도, 그것은 여전히 불가지의 행위자 x이거나 그 너머의 행위자 X로서 다가올 뿐이다.

> "참으로 있다고 할 만한 것에 대한 사람들의 이야기가 서로 좌충우돌하는 모순으로 [또는 오리무중(五里霧中)으로] 빠진다면, 고르기아스처

럼 아무것도 없다고—참으로 있다고 할 만한 것은 없다고 단정해도 되는 것일까? 아니면, 칸트가 그랬듯이, 우리들이 알 수 있는 현상들 밖에서, 알 수 없는 물 자체가 미지의 *x*로 [또는 미지의 절대자 *X*로] '다만' 저편에 조용히 있다고 인정해야 할까? 그리고 그렇게 인정한다면, 알 수 없는 물 자체 *x* [또는 *X*]로 가리키는 그것이 오직 '저편에 조용히 머물러 있기만' 하는 것일까? 만약, 다만 저편에 머물러 있지 않고, 그것이 쉼 없이 우리들의 삶과 운명을 향해 절대의 동력으로 작용하고 있는 것이라면, 바로 이것이 외면할 수 없는 [현재의 그리고 역사의] 문제로 우리에게 다가오는 것이다."[36]

그러나 그 불가지의 동력 *x* 또는 *X*가 어떤 모양으로 우리들의 현실과 역사에 관여하며 작동하는지에 대한 인류의 다음과 같이 희귀한 상상적 체험기록이 있다.

"만약 존재라는 것이 무엇이냐고 누가 나에게 물었다면, 나는 서슴지 않고 그것은 아무것도 아니다 … 라고 대답했을 것이다. … [그런데] 존재가 갑자기 탈을 벗은 것이다. 그것은 추상적 범주에 속하는 … 자기의 모습을 잃었다. … 또는 차라리 뿌리며, 공원의 울타리며, 의자며, 풀밭의 듬성듬성한 잔디며, 모든 것들이 사라졌다. 사물의 다양성, 그것들의 개성은 하나의 외관, 하나의 껍데기에 불과했다. 그 껍데기가 녹은 것이다."[37]

---

36) 『*x*의 존재론』 고양, 경기: 사월의책, 2017, 36쪽.

37) 장 폴 사르트르, 『구토』 강명희 옮김. 서울: 하서출판사, 2009, 235쪽.

"나는 자연을 '본다.' … 그 [자연의] 복종은 게으름이고, 자연에는 법칙이 없다는 것을 나는 알고 있다. [사람]들은 그것을 항구적인 것으로 간주하고 있는 것이다. … [그러나] 자연에는 습관만이 있고, 자연은 습관을 내일이라도 바꿀 수가 있다. 만약 무슨 일이 생긴다면? 만약 갑자기 자연이 꿈틀거리기 시작한다면? … 그때 그들의 둑, 그들의 성벽, 그들의 발전소, 그들의 용광로, 그들의 전기 방아가 무슨 소용이 있을 것인가? 그것은 언제든지, 아마 당장에라도 일어날 수 있는 일이다."[38]

"그러나 하느님께서 사람에게 역사의 수수께끼를 풀고 싶은 마음을 주셨지만, 하느님께서 어떻게 일을 시작하여 어떻게 일을 끝내실지 아는 사람은 하나도 없다는 것을 나는 알았다."(「전도서」 3:11)[39]

이는 모두 우리들이 소속하는 시간대 너머에서, 뛰어난 상상력의 천재들이 가상의 관점, 가상의 체험으로 겪은 '자연' 또는 '세계'가 완전히 '벌거벗은 자체'로서 움직이는 적나라한 모습을 묘사하고 있는 것이다. 온갖 인간 본위의 망상이 사라진. (200512)

8.

이제 칸트가 억지로 꾸며서 짜놓았던 선험적 인식의 틀, 그 직관과 판단의 형식들이 붕괴했을 때, '벌거벗은 자체' x가 그의 회귀점 X를 향해

38) 장 폴 사르트르, 『구토』 강명희 옮김. 서울: 하서출판사, 2009, 292쪽.

39) 『공동번역성서』 서울: 대한성서공회, 1977.

가는 길을 추적하며 상상해야 하는 영원한 숙제가 우리 앞에 놓인다.[40]

그렇게, 우리는 칸트가 시작했으나 아직 완료하지 못한 코페르니쿠스의 전회 또는 혁명을 마무리해야 하는 한 새로운 시대 그 폐허와 개벽의 원점 x에 놓여 있다. 만약 칸트가, 천체는 지구를 중심으로 회전하는 것이 아니라 오히려 지구가 태양을 그리고 태양계는 먼 은하계의 중심을 회전하고 있다고 하는 코페르니쿠스의 관점 전회를 충실히 따라 생각했더라면, 칸트 그는 세계의 인식이 인간의 선험적 틀을 중심으로 이루어지는 것이 아니라, 오히려 미지의 물 자체 x 그리고 그 너머의 행위자 X가 펼쳐가는 저 광막한 영원의 시간대를 향해, 한 가상의 관찰자가 되어 그 안으로 들어가 보아야 한다고 선언하지 않았을까? (200513)

40) 이 책 Σ6. "불타는 자아의 경계 위에 살다"의 이야기 1.에서 12.까지 참고.

풀이 3.
시대 체험과 역사 인식

1.

아래에 등장하는 시대의 이야기 한 토막은 1940년 이후 약 10여 년 사이에 일어난 사변들의 체험기록이다.

> "나는 내 또래의 나이를 산 이들이 그랬듯이 10대 이전 어린아이 때 [학교에서] 일본 국기에 절하며 천황의 만수무강을 빌었고, 해방과 함께 태극기가 게양되니 "동해물과 백두산이…"를 불렀는가 하면, [인민해방군이 서울을 점령했을 때 학교에 불려 나가] 그 반대편으로 돌아서 인민공화국기를 흔들며 미 제국주의를 규탄했고, [UN군과 국군이 서울을 탈환했을 때] 다시 나타난 태극기 앞에서 국기에 대한 맹세를 외우는 굴욕적인 변절을 거듭했다. 이 지조 없이 흐르는 시대의 격류를 바라보며 무엇을 느껴야 하는가? 이러한 시대에도 역사를 보는 하나의 관(觀)이 있을 수 있는가? 이러한 변화 끝에 가질 수 있는 역사의 이념이란 무엇인가?"[41)]

---

41) 『동양의 논리는 어디에 있는가?』 (1993년 초판) 고양, 경기: 사월의책, 2017, 22쪽.

위와 같은 10대 전후 소년의 시대 체험을 몸에 새긴 자 그로부터 생산되는 그의 철학에 그러한 체험이 반영 표현되지 않을 수 없을 것이다. 그가 말하는 이른바 *x*의 존재론은 그러한 시대 체험과 그로 말미암은 역사 인식을 담고 있다. 그때의 체험과 인식을 반추함으로 도달한 자기 존재의 자각을 대표하는 것이 바로 '*x*'라는 것이고 그 *x*를 설명하는 명제가 '객관의 척도' '독선 금지' '선택의 자유' 가운데에 요약되어 있다.

그래서 다음과 같은 선언이 그때의 시대 체험과 역사 인식에 대한 한 가닥의 철학적 출발점을 이루었다고 볼 수 있다.

> "우리의 삶은 중국 사람, 몽골 사람, 일본 사람, 러시아 사람, 미국 사람들과의 사귐이나 싸움 가운데서 이루어지는 일이 많았다. 그들이 우리에게 가져다 안겨준 것도 많고, 우리에게서 빼앗아간 것도 많다. [이를테면] 우리말은 이렇게 시대에 따라 밀려오는 바람에 흔들려 뿌리 뽑힐 듯한 위기에 놓일 때도 있었다. 그런 가운데서도 시달리며 견디어 오히려 더 닦인 것이 우리말이기도 하다. 그것은 갖가지 쳐들어온 외래의 것을 담았다가 때가 되어 그들이 물러가면 쏟아버리는 빈 그릇이나 틀과 같다. … [그것은] 온갖 잡것들을 담았다가 쏟아버리는 그릇 아니면 틀 자체이다."[42]

(200221)

---

42) 『서양의 논리 동양의 마음』(1987년 초판) 고양, 경기: 사월의책, 2017, 9-10쪽.

2.

주변의 열강들이 엮어가는 판도가 바뀔 때마다 쳐들어온 자들이 가르쳐주는 이런저런 온갖 사상과 주의에 말려드는 이 나라 역대의 학자들 그리고 당대의 공부꾼들의 학습 태도에 대하여, 일찍이 역사학자 신채호는 1925년 『동아일보』의 새해를 맞이하는 글에서 다음과 같이 말한 적이 있다.

> "우리 조선 사람은 … 석가가 들어오면 조선의 석가가 되지 않고 석가의 조선이 되며, 공자가 들어오면 조선의 공자가 되지 않고 공자의 조선이 되며, 무슨 주의가 들어와도 조선의 주의가 되지 않고 주의의 조선이 되려 한다. 그리하여 도덕과 주의를 위하는 조선은 있고, 조선을 위하는 도덕과 주의는 없다. 아! 이것이 조선의 특색이냐, 특색이라면 특색이나 노예의 특색이다. 나는 조선의 도덕과 조선의 주의를 위하여 곡(哭)하려 한다."[43]

조선 사람들은 국가가 위기에 부딪힐 때마다 그렇게 치열하게 나라 수호와 독립을 위한 투쟁을 했으면서, 어찌하여 사상과 철학의 독립을 위한 투쟁은 생각하지 않았는가? 나라를 잃고 이방을 헤매던 신채호가 그렇게 묻고 있는 것 같다.

그렇다고 해서 x의 존재론이 오늘의 조선 사람 또는 한국 사람들이 즐

---

43) 신채호, "낭객의 신년 만필," **동아일보**, 1925년 1월 2일.

겨 입에 담는 '우리 말' 아니면 '우리 철학'을 순수히 지키거나 배타적으로 세우려는 뜻을 가지고 그것을 주장하는 것은 전혀 아니다.[44] 오히려 나는 '우리'라는 낱말이 한국말에서 쓰이는 빈도와 그로 말미암을 폐쇄성에 대해 심한 경계심을 갖는다. (200222)

3.

x의 존재론에서 말하는 x는, 브뤼노 라투르의 이른바 '행위자 연결망'(Actor-Network) 이론에서 말하는 행위자와 공감하는 면을 가지면서도, 전혀 다른 속생각과 반응을 할 수밖에 없게 하는 저 깊은 '폐허의 바닥'으로 떨어져 통과했던 '야생의 시대' 체험과 역사 인식을 지니고 있다.

그래서 x로 대표하는 그 존재는 행위자와 함께 연대하는 연결망을 때에 따라 이룰 수는 있지만, 그의 행위에 더 큰 결정권을 행사하는 것은 그의 생명이 계통발생과 개체발생 과정을 통과하며 겹겹이 쌓아온 험난한 시간대의 기억이다. 그렇게 한 생명의 존재는 그가 몸에 지닌 영원의 기억 x를 토대로 하여, 다른 행위자 x와 함께, 각기의 고유한 상상력 $\neg x$에 따라, '$\neg x \& \neg x$'의 관계로 만나 연대하거나 투쟁할 수 있으며, 때로는 그가 소속하는 집단 또는 사회 체제 Xx에 저항 또는 개혁

44) "호모에렉투스에서 아니면 호모에렉투스와 함께 파생했을 현재의 인류는, 그가 소속해 있는 여기 현재 '너머의' 시간대로 이탈해서 자신을 바라보는 한 가상의 관찰자 또는 국외자가 될 수 있다. 그렇게 현재 '너머'의 시간대에서 현재의 자신을 돌이켜보며 대안의 사생관, 대안의 운명관을 찾는다. … 대안의 사생관, 대안의 운명관은 어떤 특정 국가나 어떤 문화권을 대변하는 한 유파의 철학일 수 없다." 이 책 Σ3. "초월은 운명이다"의 줄기글 3.에서 따옴.

$\neg x$를 시도하는 '$Xx\&\neg x$' 같은 관계에 들어갈 수도 있다.

그렇게, '$\neg x\&\neg x$' 또는 '$Xx\&\neg x$'라는 관계에 따라 투쟁하기도 연대하기도 하는 일을 하는 존재 x의 행위에 영향을 끼치는 깊은 동기는, 행위자들이 엮어가는 평면 위의 연결망 또는 네트워크에서 오는 것이 아니고, 각기의 고유한 영원의 기억에서, 보다 가깝게는 일생의 시대 체험과 그로 비롯하는 역사 인식에서 오는 것이다.

그러므로 브뤼노 라투르의 행위자 연결망이라는 관계의 '평면도'는, 영원의 기억이든 보다 가까운 일생의 시대 체험이든 그런 행위자 각기의 고유한 시간대를 망각한 현상계의 판도를 가리킨다. 그렇게 이루어진 '객체들의 민주주의' 또는 '평등의 존재론'은,[45] 라투르가 의도하

---

45) 브뤼노 라투르의 행위자 연결망 이론(Actor-Network Theory)은 그를 긍정적으로 평가하는 이론가들에 의해서 'flat ontology' 또는 'democracy of objects'로 풀이되고 있다.(1) 그렇게 행위자 연결망에서는 각기의 다른 시대 체험과 역사의 기억을 함축하는 '시간대'라는 존재의 다른 위계에서 행사되는 사태의 절대적 결정력에 대한 고려가 배제되어 있다.

(1) "라투르의 연결[망] 사회학에서 구현된 두드러진 차이점은 인간들(humans)과 인간 아닌 것들(non-humans)의 관계에 국한하지 않고 … 인간들을 전혀 포함하지 않은 관계[연결망]의 사회학을 상상할 수 있다는 것이다. 이는 제인 구달(Jane Goodall)처럼 다만 벌과 개미와 고릴라들의 사회를 분석할 뿐만 아니라 어떤 감각도 가지고 있지 않은 존재들의 집합체[연결망]에 대한 연구를 포함하는 것이다. … … 이렇게 보면 분자생물학자들과 화학자들도 연결[망]의 사회학자들이다. 왜냐면 그들은 어떻게 특정한 행위자들이 특정한 집합체들을 이루게 되는지를 연구하기 때문이다." "[이렇게] 대상[또는 객체]들의 민주주의를 구축하는 것이 평등의 존재론(flat ontology)이다." Levi R. Bryant, ***The Democracy of Objects***. Ann Arbor, MI: Open Humanities Press, 2011, pp. 278-279. 그리고 p. 289.

는 대로 현시대가 당면한 '인류세'(the Anthropocene) 같은 위기에 대처하는 한 임기응변의 슬로건으로는 유효할 수 있을지 모른다. 그러나 지구 위에서 각기 소속하는 시간대에 따라 다른 모양으로 누적되어 가는 종(species)과 개체들의 각기 다른 시대 체험과 그에 따르는 통시적(diachronic) 전망과 전략은 생산해낼 수 없을 것이다. (200209)

4.

그렇게 각기의 소속하는 시간대를 이탈한 평면도인 행위자 연결망을 가지고는, 한 집단 또는 사회 안의 어느 시점에 이르러서 변혁이나 개혁이 일어나는 이유를 완전히 이해할 수 없다. 행위자 연결망이라는 관계의 평면도에 의지해서는, 한 공동체 또는 사회 안에 흐르는 오랜 관습이나 전통이라는 구시대의 맥락을 깨뜨리며 새로운 패턴의 관행 또는 합의가 이루어지게 하는 시대적 배경이나 당위를 이해하고 주장할 근거를 찾기 어렵기 때문이다.

그러나 x로서 대표하는 개체 존재들은, 그들이 각기 고유한 모양으로 기억하고 있는 시대 체험과 그에 따르는 통시적 전략을 가지고, 그가 소속한 집단 또는 사회가 강제하는 전통과 체제를 깨뜨리며 변혁 또는 개혁을 일으키고자 하는 발상을 어느 시점에 이르러서 할 수 있는 것이다.

아마도 '행위자 연결망' 또는 그에 따르는 '평등의 존재론' 또는 '객체들의 민주주의'의 세례를 받은 이들에게는, x의 존재론에서 상상과 그에 따르는 기투(project) 행위의 모든 가능성을 대표하는 $\neg x$가 다만 어떤 임의의 '맥락을 깨뜨리는' 차단의 역할자로서만 이해될 수 있을지도 모른다. 그래서 그들은 다음과 같은 주장들을 지지하게 되는 것 같다.

(1) "인류는 철학을 통해서 이 맥락 없는 삶의 영역까지 들어가 볼 수 있다. 철학은 콘텍스트를 의도적으로 배제한 텍스트이기 때문이다. 따라서 철학은 독특한 텍스트를 얻기 위한, 잠시의 콘텍스트 포기를 감행할 수 있는 기술적 여유를 갖게 된다. 파르메니데스의 '존재'라는 언명이, 그렇게 맥락 없이 평화롭게 살 수도 있는 자를 허락하지 않고 가차 없이 사유대상으로 환원해 버릴 때, 바로 그 폭력 속에서, 철학의 한 노선이 활짝 열린 것이다." "노자의 자연에 대한 고문[拷問]은, 파르메니데스의 둔탁한 폭력보다 상세하고 예리한 질서를 동반한다. … 그러나 우리는 최근까지 맥락 자체에 대해 묻지는 않았다. 그것은 지금까지의 철학이 하던 방식으로 물을 수 없었기 때문이다. 철학은 의도적으로 콘텍스트를 제거하여, 텍스트의 의미를 찾는 순간적 활동에 불과하다."[46]

(2) "그런데 이 [박동환의] 개체 x는 어쩐지 [라투르의] 행위자에 비해 역동성과 활력이 없는 것처럼 느껴진다. X의 격파 아래에 x는 당연히 속수무책이지만, 그리고 $\neg x$로 창조하는 x의 모든 행위가 당연히 X와 같아질 리 없겠지만, x는 왠지 X와의 충돌(이런 표현이 가능하다면)에 '격렬한' 국면을 보여주지 않는 것 같다. 반면, [라투르의] 행위자는 X( ) 안에서뿐만 아니라, 처음부터 (X의 격파와 $\neg x$의 반항에서도) 저돌적이고 역동적인 것 같다. 이렇게 개체 x가, 행위자가 지닌 역동성을

46) 최보현 님의 질문서, 2020년 2월 6일.

소유하지 못하고 있는 것 같다는 것은, 우리만의 느낌인가? … 개체가 어떻게 역동성을 지닐 수 있는지 궁금하다. 혹시 역동성이 필요없다고 여긴다면, 그 역동성에 대해 말씀드릴 기회를 주셨으면 한다."[47]

"박동환의 개체 x는 세계 이해의 평면도를 제공한다. Xx라는 도시 철학 아래에 있는 x, 그리고 격파 $X(\quad)$에 처한 x, 창조적 기획으로 기존의 모든 자기를 기각하는 $\neg x$, 이 세 가지 '영역'이, 박동환의 x의 존재론 아래에서 평면적으로 표시된다. 그런데 이 개체 x의 [평면] 지도는 역동성이 완전히 상실되어 있다."[48]

5.

위에 제출된 의문과 물음들에 대해서 다음과 같은 반문과 답변이 가능하다.

(1) 인류가 펼쳐온 오랜 철학적 사유라는 것이, 세상에서 이루어지는 관계의—그것이 행위자의 연결망이든 객체들의 민주주의든—'맥락' 또는 '콘텍스트'(context)를 제거하거나 깨뜨리는 일을 하는 것이라고요? 이를테면 x의 존재론에서 말하는 영원의 기억 x, 또는 그로 비롯하는 모든 가능한 상상과 기투 행위 $\neg x$가, 다만 현실에 주어진 어떤 '맥락을 깨뜨리는' 데에 역할이 있는 것으로 보이는가?

---

47) 최보현 님의 질문서, 2020년 1월 10일.

48) 최보현 님의 질문서, 2020년 2월 6일.

(2) x의 존재론의 x가 압축하고 있는 '영원의 기억' 가운데에는, 수백만 년 동안 어떤 사례에서는 수십억 년 동안 자연과 우주에 일어난 사건들에 의해서 그리고 가깝게는 생명 각기의 고유한 계통발생과 개체발생 과정에서, 그에게 각인된 격파의 체험들 $X(\ )$가 움직이고 있다. 그 격파의 체험들을 압축하고 있는 영원의 기억 x, 그리고 그로 비롯하는 온갖 상상과 기투 행위의 가능성 $\neg x$로 이루어지는 역동적 실행의 순서를 '$X(\ ) \Rightarrow x \Rightarrow \neg x$'로 요약하고 있다. 이 역동적 실행의 순서가 어떻게 '평면 위에 그려진 2차원의 지도'로 이해되는 것인가? 그런 영원의 기억과 그로 비롯하는 상상과 기투의 무한 가능성이 어째서 역동성을 완전히 상실한 것으로 보일 수 있는 것인가? (200224)

6.

구시대의 맥락에서 강제된 오랜 관습과 체제를 깨뜨리는 역량을 품고 있는 x와 그로 비롯하는 상상과 기투의 무한 가능성을 대표하는 $\neg x$가, 어떻게 '역동성을 완전히 상실하게' 하는 것인지? 그 추론의 전후 관계가 드러나 있지 않다. x는 그가 처해 있는 현실체제 또는 전통의 맥락을 다만 깨뜨리는 데서 나아가, 그것이 각기 고유한 모양으로 품고 있는 시대 체험과 그에 따르는 통시적 전망(역사 인식)에 비추어 변혁을 시도하는 행위 또는 행위자를 대표하고 있다.

x는 그가 품은 상상과 기투의 모든 가능성 $\neg x$를 동력으로 해서, 대안으로서의 새로운 존재 양식, 새로운 역사 인식, 새로운 변화의 이념을 이끌어가는 구실을 할 수 있다. 이를테면, 고대 그리스의 철학자 파르메니데스와 선진(先秦) 전국시대의 노자는 그들이 처해 있는 문제의

사회역사적 맥락을 다만 깨뜨리는 일을 하는 것이 아니다. 파르메니데스는 '투쟁이 정의'로 통하는 당대의 도시국가 '폴리스'의 지배적인 맥락을 깨뜨리며 그의 존재론을 가지고 '모두에게 공평'이라는 대안의 정의론을 제안하는 것이고,[49] 노자는 군웅이 할거하며 약육강식하는 선진 전국시대의 맥락을 종결시킬 '무위이무불위'(無爲而無不爲)라는 안정(安靜)의 '도덕'(道德)을 대안의 처세관으로 설파하고 있는 것이다.[50]

이처럼, 대안의 존재 양식, 대안의 역사 인식을 품은 자는 대개 그가 소

---

49) "파르메니데스의 우주와 도시에서는 모두 함께 하나로 묶여 '있음'이라는 굴레 안에 놓이므로 불평등의 차별 곧 정의롭지 않음이란 있을 수 없다. '있음' 안에서 "모두 같은 것이며" '있음'에 대하여 "모두 같은 거리에 있기" 때문이다. '있음'은 모두의 벗어날 수 없는 숙명의 굴레이며 모두를 하나로 묶는 필연의 한계이다. 파르메니데스는 오래전부터 희랍의 시민들이 집요하게 추구해 온 '모두 같음' 또는 평등으로서의 정의, 곧 'ἰσονομία'를 논리 형이상학적으로 표현한 최초의 철학자다. 그들이 서로 겨루고 다투는 오랜 투쟁 또는 쟁의(爭議)에서 누구도 물러설 수 없었기 때문에 '모두 같음'이라는 정치 논리적 해법에 이르게 된 것이다." 『안티호모에렉투스』 (2001년 초판) 고양, 경기: 사월의책, 2017, 151-152쪽.

50) "이렇게 서로 다른 類들이 反面이 서로 의존하는 변화세계에서 無爲로써 '自然을 따르는' 것이 노자가 찾는 준거의 표라고 할 만하다. 노자가 찾은 이 준거의 표는 도시의 집체 질서를 지향하는 것인가? 脫 도시의 무위자연을 지향하는 것인가? … 不爭과 無爲의 자세는 脫 도시의 삶에 대해서가 아니라 난세에 처한 人民 集體에 대해서 제시되는 준거의 표라고 볼 수 있다. [노자가 제시하는] … 無爲, 不爭主義, 治身治世[의 도덕]은, 類를 달리하는 힘들의 양보 없는 대결과 강제 퇴출이 자행[恣行]되는 순수[물리적] 자연의 상태에서 허용되는 것이 아니라, 비록 난세에 처해 있을지라도, 인문 문화가 일정한 수준에 도달한 상황 조건 아래에서 비로소 실천 가능한 것이라고 볼 수 있다." 『안티호모에렉투스』 (2001년 초판) 고양, 경기: 사월의책, 2017, 117-118쪽.

속하는 한 시대의 주류에서 밀려났거나 때로는 스스로 이탈함으로써, 수명을 다한 구시대의 전통과 체제를 대체하려는 꿈을 지닐 수 있다. 그렇게 그가 품은 영원의 또는 시대의 기억 x에서 비롯하는 모든 가능한 상상과 기투 행위 $\neg x$에 의해서, 때로는 자신의 소속 시간대를 이탈하며 평면적 차원에 안주하고 있는 행위자들의 연결망을 깨뜨리거나 초월할 수 있다.

한 시대의 주류에 긴급한 변혁이나 개혁의 기운을 투입하려는 자는, 그가 기억하는 장구한 시간대를 배경으로 해서 그가 품고 있는 대안의 정의 또는 대안의 도덕을 실험하고자 할 것이다. 그의 시대 체험과 그의 시간대를 배경으로 움직이는 자 x는, 평면 위의 역학 체계에 따라 움직이는 몰시간적(沒時間的) 말하자면 '뿌리 없는' 행위자 연결망에 묶여 있지 않을 것이다. (200211)

풀이 4.

인심은 천심에서[51)]

x의 존재론을 이해함에 있어 이를테면 한 사람 x의 출현 배경 또는 근거로 제시하는 자연과 생명과 삶의 실상에 관한 이야기들 곧 우주물리학과 계통발생 및 개체발생의 생물학, 고고 유전학과 인류학, 역사철학과 사회학 같은 분야의 이야기들은 불가결한 선수 과정이다. 이는 특히 김동규 박사가 x의 존재론과 x의 윤리학을 평가하고 비판함에 있어 필수의 논의 사항임에도 이를 전적으로 외면하는 공론(空論)을 펴서 그에 대한 해명과 답변을 길고 어렵게 하도록 밀고 있다.

김동규 박사는 나에게 보낸 어느 연말 이메일에서 『x의 존재론』에 '사랑'과 '윤리'에 관한 이야기가 없거나 부족하다는 몇 마디 평가 끝에 이렇게 말했다.

51) 이 글은 **한국연구원** 심포지엄(2020년 12월 22일) 발표 이후 추가된 김동규 박사의 발표 글 "물음의 책임: 박동환 철학의 지렛목"에 대한 답변으로서 Σ3. "초월은 운명이다"의 풀이 4. 부분을 이룸.

"'개체성의 자연보호와 독선 금지', 좀 가혹하게 말한다면, 재기발랄하지도 심오하지도 매력적이지도 않은 문구입니다."[52]

새해 준비를 겸한 이메일에 담긴 평가로는 이렇게 센 표현이 좀 뜻밖이었지만, 나는 언제나 그의 질문에 감사하는 마음이 있었으므로 그 평가에 대한 충실한 답변과 근거 해명을 그 뒤에 출간한 「박동환 철학선집」 V.(2019)에 실었다.

"김 박사의 질문은 언제나 그렇듯이 내가 모험하는 사상에 대해 회의적이거나 비판적인 분들이 지니고 있을 법한 의문들을 예상하며 대변하는 것이어서 나는 그에 늘 감사하는 수혜자임이 틀림없다."[53]

실로 '독선 금지'란 x의 존재론을 이끌고 가는 한 방법의 핵을 이루는 것이다. 그러해서 이 핵을 맴도는 대화에 어떤 변화와 발전이 이루어졌는지 아래에 김 박사의 **질문**을 1.과 2.로 발췌하고 그에 대한 **답변**을 x-1.과 x-2.로 정리해 본다. (210325)

질문 1.

"박동환은 '개체성의 자연보호와 독선 금지'를 제1의 도덕률에 근접한 것으로 제안하기는 한다.(선집 IV, 539-40쪽) 윤리적 색조가 가미된 '개

52) 『진리의 패권은 사람에게 있는 것이 아니다』 고양, 경기: 사월의책, 2019, 13쪽.

53) 『진리의 패권은 사람에게 있는 것이 아니다』 고양, 경기: 사월의책, 2019, 12쪽.

체성의 자연보호와 독선 금지'라는 말은 x의 존재론의 웅장한 스케일에 비하면 지나치게 앙상한 문구로 비친다. 게다가 오해의 소지가 많은 적확하다고 말하기 어려운 용어다. 자연보호라는 말은 한때 국가적 캠페인으로 쓰이던 말인데, 이 표현대로 인간이 과연 자연을 보호할 만큼의 역량을 가진 존재인지, 역으로 자연이 과연 보호받을 정도로 허약한 존재인지 의심스럽다. 박동환의 반-인간중심주의 철학에는 전혀 어울리지 않는다. 무엇보다도 문제가 되는 것은 이 문구가, '보호해야만 한다'와 '독선을 피워서는 안 된다'라고 읽힌다는 점이다. 이 당위는 도대체 어디에서 유래한 것일까?"

"생명체는 타자를 먹고 살아간다. 먹히는 것은 먹는 자에게 먹잇감 '대상'일 수밖에 없다 지네를 삼킨 살모사의 경우 과연 살모사가 지네를 x로 인식하고 보호할까? 더 나아가 그래야만 할까? 지네를 먹는 것은 살모사에게만 유독 좋은(獨善) 것이기에 그래서는 안 된다고 말해야 할까? 소위 약육강식이 벌어지는 곳에서 '개체성의 자연보호와 독선 금지'라는 말은 반향을 얻기 힘들 것이다. 이 설정이 우스꽝스럽게 보인다면, 자연보호와 독선 금지는 단지 인간에게만 국한된 말이라고 생각할 수 있을 것이다. 하지만 박동환 철학에서는 그렇게 보기도 어렵다. 몸을 가진 모든 것들은 x라는 점에서 평등하며 사랑마저 자연현상으로 환원된다고 보고 있기 때문이다. 살모사에게도 똑같이 자연보호와 독선 금지를 적용해야 한다. "땅다람쥐를 포함하는 자연의 생명 일반이 그의 몸 x에 지니고(선집 V, 18쪽)" 있는 것이 사랑이라면 자연보호와 독선 금지도 그 근거가 자연에 있을 것이다."[54)]

질문 2.

"모든 물음이 짊어져야만 하는 물음의 운명, 그리하여 이 글의 최종 과제는 x의 존재론에게 물음의 책임을 끝까지 묻는 일이라 하겠다. … … 그러나 중요한 한 가지를 진지하고 철저하게 묻지 않았다. 알고 싶어 묻는 마음, 필리아, 사랑이 그것이다. 이것을 무엇이라 이름하든, 박동환 철학에는 사랑에 대한 깊은 성찰이 감춰져 있다."

"'이다(be)'로 짜인 사실 세계에서는 그것도 미지(未知)를 핵심으로 삼는 x의 존재론에서는 '그래서는 안 되고 이래야만 한다'는 당위(should)의 언사는 불가능하다. 물론 사실들의 집적(集積)이 어느 정도까지 당위의 정당성을 설명해주기는 하지만, 기껏해야 보완 역할만 할 수 있을 뿐이다. x의 존재론에서 당위의 출처를 찾을 수 없다. 당위는 존재로부터 도출된 것이 아니기 때문이다. 존재 물음의 부산물인 지식, 소피아에 당위는 없다. 소피아에는 오직 '이다'만 있을 뿐이다. '이어야 함'은 오직 (존재 물음을 추동하는) 필리아에서만 나올 수 있다. 불가해한(x처럼) 필리아만이 조건 없는 당위를 말할 수 있다."[55]

답변 x-1.

김동규 박사의 '필리아' 곧 사랑은 고대 그리스 전통의 철학 곧 '지혜 사

54) 김동규, "물음의 책임: 박동환 철학의 지렛목"에서 따옴.

55) 김동규, "물음의 책임: 박동환 철학의 지렛목"에서 따옴.

랑' '필리아 소피아'가 키워온 인본 인문주의 세계관 안에서 일어나는 현상일 수 있다. 그런 인본 인문주의 사조에 포위되어서, 김 박사가 이해하는 '자연'은 그 발현 또는 실현 가능성이 지극히 협소하게 제한되어 고사 직전에 있다.

그는 '자연'으로부터 '생명'을 그리고 다시 '사랑'을 이끌어 내보여주는 현대 과학자들의 연구에 전혀 무관심하거나 무지하다.

그래서 김 박사가 말하는 사랑과 당위라는 것이, 그 뿌리를 따져 들어가면, 결코 자연과 대립해서 아니면 독립해서 이루어질 수 없는 것이라는 점을 다시 설명하지 않을 수 없다. 영원에 소속하는 한 기억체계로서 개체 실존 x가 지니는 특성과 개체성이라는 것은, 수십억 년을 거쳐서 이루어진 자연의 소산이다. 그렇게 영원의 기억체계로서의 자연과 그로 비롯하는 생명, 그 무한의 상상과 공감 능력을 품은 생명과 그로 비롯하는 사랑의 실천이 결코 서로 분리되어 일어나는 현상일 수가 없는 것이다.

자연과 사랑, 존재와 당위, 또는 'is'와 'ought'가 이분법적으로 분리되어 서로 독립한 영역인 것처럼 김 박사가 이해하게 된 데는, 아마도 일부의 서양철학 사조 특히 경험주의 또는 실증주의 계열의 주장 가운데서 더욱 조장되고 영향받은 바가 한몫하는 것일 수 있다. (210203)

그러나, 이를테면 공자의 한 탐구 방법인 '반구'(反求)의 태도에 따르면, '인간의' 어질고 착한 행위는 그 자신의 마음 가운데서 우러나는 '타인을 향한 배려로서' 이루어지는 타고난 '자연의' 성향이다.[56] 그리고 그 반구의 접근방법은 공자 이전 은주(殷周)시대로부터 사람과 자연, 사람과 천제(天帝) 사이에서도 소통과 검증의 매체로서 동원되던 것이다.

나아가 그 반구의 접근방법은, 현대과학에서 자연에 접근하기 위한 모든 실험 방법 곧 자극과 반응, 실험과 검증 사이의 함수관계 구축에도 다음과 같이 사용되는 것이다.

> "인간 또는 생명 유기체(Organism)를 이해하는 데는, 그 살아 움직이는 내면으로 들어가 볼 수가 없으므로, 그에게 어떤 자극(Stimulus)을 던져서 그로부터 돌아오는 반응(Response)의 관계 곧 'S⇨O⇨R'이라는 관계식에 의해 접근하는 것이 한 대안의 방법이다."
>
> "그런데 그러한 접근방법은, 심리학 같은 행동과학(behavioral science) 분야에서만이 아니고, 물리 과학(physical science) 분야에서도 행하는 실험 방법으로서 같은 일을 하는 것이다. 그래서 생명 유기체이든 물리적 자연이든 그것을 향해서 자극/질문을 던지고 그로부터 돌아오는 반응/응답을 함수관계로 묶으면, 그것이 곧 우리가 모든 분야에서 실험적으로 검증하려는 자연의 법칙인 것이다."[57]

---

56) 『안티호모에렉투스』의 **4.** "古代 漢語와 原始 反求: 철학사 비판 I."에서, 고대 중국의 한어(漢語)를 배경으로 해서, 현대 생명과학의 한 실험 절차인 'S⇨O⇨R'의 원시 모형이라고 할만한 '원시 반구'(原始 反求)가 은대(殷代)에서 공자(孔子)에 이르기까지 이미 이해 사용되고 있었음을 설명하고 있다. 『안티호모에렉투스』 (2001년 초판) 고양, 경기: 사월의책, 2017, 61-100쪽 참고.

57) 이 책 Σ1. "모든 이야기의 핵심에는 *x*가 있다."의 줄기글 **3.**에서 따옴.

따라서, 이를테면 '어떻게 할 것인가?' '무엇이 나의 상대가, 손님이, 또는 자연이 요구하는 것인가?'라는 물음은, 자연의 생명이 수십억 년 동안 그리고 인류가 수백만 년 동안 그의 삶과 탐구의 장구한 시간을 거치면서 그의 기억과 상상에 저장하게 된 '배려와 타협 그리고 화해(和諧; 그러나 和解가 아닌)' 곧 사랑의 한 접근법이다. 저 '반구'의 접근법 안에서 자연과 사랑, 존재와 당위 사이를 가로막는 인위적 장벽의 이분법은 사라진다. (210204)

그렇게 장구한 자연의 시간을 통과해온 치열한 삶과 탐구의 여정을 회고하며 반성하는 생각의 단편들이 여기에 남아 있다.

> "나의 입안에 들어 있는 생선구이는 즐거움인가 고통인가? 이것을 누구의 느낌으로 말할 것인가? 먹이를 얻어 생명에 힘을 더할 나의 즐거움인가? 먹혀들어 가는 생선의 몸부림치는 고통에다 그 고통스러운 몸부림을 함께 느끼는 나의 고통인가? 나의 입안에 든 생선구이는 즐거움이면서 고통이다. 어느 한쪽의 느낌과 인식을 가지고 말하기 어려워지는 파라다이스의 마음이 떠오른다. 마음이 그 자신이 기숙(寄宿)해 있는 신체의 물리적 그리고 국지적 동일성에 따라야 할 필연성이 없다."[58]

> "자연계는 어떻게 약육강식의 사슬 위에 세워지는가? 갑의 생명을 을이 좌우하고 을의 생명을 병이 좌우한다. 그리고 한 생명으로서 아무도 좌우하지 않는 자는 없거니와 아무에게도 좌우되지 않는 자도 없다. 자연에 존재하는 것들은 강약으로 얽힌 고리에 묶여 있다. 이 자연의 고리에

---

58) 『동양의 논리는 어디에 있는가』 (1993년 초판) 고양, 경기: 사월의책, 2017, 51쪽.

서 벗어난 자 누구인가? 이 자연의 사슬을 거부한 자 누구인가? 이 자연의 질서처럼 도덕적으로 이해할 수 없는 사태는 다시 찾기 어렵다."59)

그래서, 아마도 저렇게 떠올리는 약육강식하는 자연의 상황에서 절실한 사랑 나아가 희생이라는 것은, 실은 '서로 사랑'을 뜻하는 '필리아'라는 인위적 당위의 수준을 넘어서야 비로소 실현 가능한 것일 수 있다. 그러므로 인류는 문명 이전으로부터 자연의 삶과 탐구에서 드러난 공존과 타협 그리고 화해(和諧)의 필요에 귀를 기울이며 수많은 종파의 구도자들이 뿌리 깊은 행위의 근거 x를 추적했고, 그런 추적과 수행 끝에 비로소 '자기 소멸' 그리고 '자기 초월'60)이라는 높은 위계의 명령을 발견했을 것이다. 이는 인위적 '당위'가 끼어들기 이전에, 자연에 몸이 소속하는 누구도 그리고 어떤 생명도 어길 수 없는 자연의 '명령'으로서 다가오는 것이다.

x의 존재론에서 말하는 행위선택은 언제 무력화(無力化)해서 사라질지 모르는 인위적 이분법 곧 '존재'에 대항하는 '당위'에 호소해서 이루어지는 것이 아니다. 그의 행위선택은 자연에 몸을 드러낸 모든 존재에게 다가오는, 그래서 어겼을 때 응분의 대가를 치르는, 그런 자연의 질서로부터 밀려오는 '명령'에 호소해서 이루어진다. 그런 명령의 원천 x

---

59) 『서양의 논리 동양의 마음』(1987년 초판) 고양, 경기: 사월의책, 2017, 23쪽.

60) "어느 순간에도 모든 존재하는 것들의 부재화(不在化)가 일어나고 있다. 그렇게 매 순간의 부재화로써 현재를 초월하는 새로운 삶을 산다. 매 순간은 영원을 향해 '자신'을 부재화[소멸]하며 초월하는 삶이다." 이 책 Σ5. "매 순간이 초월하는 삶"의 줄기글 10.에서 따옴.

로서의 자연의 질서는 이를테면 다음과 같은 한 국면의 명제로 대변할 수 있다.

"삼켜도 삼키는 자의 것이 되는 것은 아니다."[61)]

(210206)

그렇게 높은 위계의 행위 근거 x를 향한 추적과 수행 그 고난의 길을 회고하며 추체험하는 일은 모든 사람에게 열려있다.

"그들의 일생 가운데서 모든 경우에 입게 되는 존재의 모양들은 항상 불타는 경계 위에 놓여 있다."

"그런데 자기 아이를 살해한 범인을 자기의 양자로 받아들인 손양원 목사의 경계는 어디까지 나가 있는 것인가? … … 예수는 어떤 마음으로 '원수를 사랑하고 너희를 박해하는 사람들을 위하여 기도하라.'(「마태」 5:44) 하였는가? 20세기 불교의 뛰어난 해설가 틱낫한은 왜 붓다의 깨

---

61) Ⅳ. "삼켜도 삼키는 자의 것이 되는 것은 아니다."(137-164쪽) 『x의 존재론』 고양, 경기: 사월의책, 2017 참고. 그리고 148쪽에서 따온글(1) 참고.

(1) "하나의 문화권 또는 사회 안에서는 한 구성원 존재가 다른 구성원 존재를 어떤 형태로든 삼키는 행위는 그래도 법에 의해 또는 도덕의 명목에 의해 (제대로 지켜지고 있지는 않더라도) 마구 자행되고 있지는 않다. 그러나, 기회가 허락하는 한, 한 나라는 다른 나라를 삼키기 위한 온갖 모양의 전략 또는 전쟁을 거침없이 실행하고 있다. 20세기에 들어 메이지(明治) 시대의 일본은 당시에 쇠잔해가는 조선을 치밀한 계획에 따라 삼켰는데, 왜 17세기의 청 태종 홍타이지는 그의 무릎 앞에서 머리가 땅에 닿도록 항복의 절을 하고 있는 인조(仁祖)의 나라, 풍전등화에 다름이 없는 조선을 그 자리에서 덥석 삼켜버리지 않았을까?"

달음을 '모든 존재가 연이어져 있음'(inter-being) 곧 모든 있음의 '무아'(無我)라고 요약하였는가? 저 끝없이 이어지는 이야기들이 설파하고 있는 것은 모든 존재에 주어진 '자아의 경계가 항상 불타고 있음'이다."

"그들의 불타는 경계가 어디에 있는 것인지 말할 수 없을 만큼, 끝없이 멀리 나아가 있을 때가 있고, 아주 깊숙이 안으로 쳐들어와 있을 때가 있다."[62)]

따라서 약육강식하는 자연의 질서 가운데서 발견한 '배려와 타협 그리고 화해(和諧)'의 필요는, 수십억 년 적어도 수백만 년을 거치면서 터득한 자연 그리고 생명의 반구 행위, 그런 사랑의 접근법을 낳았다고 풀이할 수 있다. 그렇게 서로 사랑의 '필리아'를 지탱하던 자연과 사랑, 존재와 당위, 'is'와 'ought'라는 인위적 단절의 이분법 아니면 실증주의자들의 이분법은 자연 그리고 생명의 일관된 '반구 행위'로 대체된다.[63)]

여기서 x의 윤리학 이전에 x의 자연학, x의 존재론, x의 사회학, x의 신학을 완성해야 하는 우선의 과제가 주어지는 것이다. 김동규 박사는 x의 윤리학에 접근하는 길에서 자연과 사랑, 존재와 당위 같은 이분법 곧 전혀 도착(到着) 불가능하도록 스스로 가설한 험준한 단절의 협곡에 빠져 버린 것이다. (210203)

---

62) 이 책 Σ6. 의 간추림 1. "불타는 자아의 경계 위에 살다"의 줄기글 1.에서 따옴. 이처럼 항상 불타는 자아의 경계 위에서 일어나는 끝없는 이야기들 가운데 작품화된 12가지를 Σ6.의 이야기 1.에서 12.에 이르기까지 조명하고 있다.

63) 이 책 Σ1.의 붙임 1. "x의 계보: 그 합류와 독립의 역사" 줄기글 4. 참고.

답변 x-2.

'물음의 책임'? 물음이란 그가 누구이든지 그를 향한 독선(獨善)의 책임이 얼마나 큰지를 느끼는 두려운 '반구'의 마음으로 삼가며 다가가는 '자연의' 접근법이다. 김 박사는 자신이 이해할 수 없는 존재 x 그자에 대한 평가의 책임은 어떻게 처리하는지 궁금하다. x에 접근하는 방법의 핵심을 이루는 '독선 금지'에 대해 그는 다음과 같은 포괄적 평가를 하고 있다.

> "윤리적 색조가 가미된 '개체성의 자연보호와 독선 금지'라는 말은 x의 존재론의 웅장한 스케일에 비하면 지나치게 앙상한 문구로 비친다. 게다가 오해의 소지가 많은 적확하다고 말하기 어려운 용어다. 자연보호라는 말은 한때 국가적 캠페인으로 쓰이던 말인데, 이 표현대로 인간이 과연 자연을 보호할 만큼의 역량을 가진 존재인지, 역으로 자연이 과연 보호받을 정도로 허약한 존재인지 의심스럽다. 박동환의 반-인간중심주의 철학에는 전혀 어울리지 않는다."[64)]

독선 금지와 자연의 접근법에 관한 이렇게 몰(沒)이해한 평가의 책임을 김 박사는 어떻게 처리하는지 궁금한 것이다. 사랑의 전도사처럼 자처할 때의 금도는 보이지 않는다. 그러므로 차라리 일방적 '평가'가 아닌 반구의 '물음'이 자연스러운 사랑의 접근법일 수 있지 않겠나 생각하게 된다.

---

64) 김동규 "물음의 책임: 박동환 철학의 지렛목"에서 따옴..

김 박사가 강조하는 사랑은 그 자신이 일상의 어떤 범위에서 실천하고 있는 것인지 그것이 또한 궁금하다.

인간으로서 각기 자신이 행하고 있는 사랑의 범위가 어디까지인지 돌이켜 보면 때로는 아주 가까운 사이에 때로는 아주 먼 사이에 국한되어 있는 것이다. 대개는 같은 무리 안에서 '끼리끼리'의 사이를 벗어나기 어렵다. 그래서 기껏해야 같은 무리 안에서 이루어지는 사이 관계에 대해 사랑의 접근이 당위로서 또는 윤리로서 강조되는 것이다.

그런데 다시 돌이켜 보면, 같은 무리 안에서 이루어지는 배려와 희생 곧 김 박사가 말하는 사랑의 행위는 반드시 인간에게서만 발견되는 것은 아니다. 생태생물학자들은 동물(animals)의 같은 무리 안에서도 인간(humans)의 그것에 덜 하지 않은 배려와 희생 곧 사랑의 실천이 있음을 발견한다. 이를테면 땅다람쥐는 그들 무리 안의 사이 관계에서 사랑의 행위를 표현한다는 것이다. 그래서 한 땅다람쥐는 자신이 포식자에게 노출되어 희생될 것이 뻔한 지점에서 경고의 신호를 우렁차게 울리며 그의 동료들이 피신할 때까지 기다리는 장면을 한 생물학자가 관찰하게 되는 것이다.[65]

'개체성의 보호와 독선 금지'에 대한 김동규 박사의 물음 2.에서 던진 다음과 같은 해석과 비판은 어떤 수준의 분별력을 토대로 한 것인가?

---

65) 『진리의 패권은 사람에게 있는 것이 아니다』, 고양, 경기: 사월의책, 2019, 17-18쪽 참고.

> "지네를 삼킨 살모사의 경우 과연 살모사가 지네를 x로 인식하고 보호할까? 더 나아가 그래야만 할까? 지네를 먹는 것은 살모사에게만 유독 좋은(獨善) 것이기에 그래서는 안 된다고 말해야 할까? … … 몸을 가진 모든 것들은 x라는 점에서 평등하며 사랑마저 자연현상으로 환원된다고 보고 있기 때문이다. 살모사에게도 똑같이 자연보호와 독선 금지를 적용해야 한다."[66]

김동규 박사가 말하는 사랑이라는 것이 한 무리 안에서 이루어지는 가깝거나 먼 '사이 관계'에 해당하듯이 당연히 살모사는 살모사끼리 그리고 지네는 지네끼리 각기의 무리 안에서 이루어지는 사이 관계에 해당하는 것이다. 이렇게 각기의 고유한 사이 관계에다 살모사는 지네를 먹어서는 안 된다는 임의의 규칙을 끌어들여서 종류가 다른 무리들 사이에도 적용할 것이냐고 묻는 억지 해석을 하고 있다.

그러나 어떤 이는 종류를 넘어 모든 생명에 대해 가능한 한 살생금지를 계율로 삼기도 한다. 어떤 이는 생명은 그 종류를 넘어 모두 귀한 값을 갖는다고 설명하기도 한다. 한 식물학자는 한결같이 흐르는 자연의 생명 계통 안에서 인류 자신의 위치를 겸허히 돌이켜 보기를 제안한다.

> "우리가 인식해야 하는 것은, 하나의 넓은 범위 안에서, [인간은] 침팬지나 개들뿐만이 아니라 해당화나 세쿼이아 거목과도 하나의 생물학을 공유하고 있다는 것이다. 그래서 우리가 활짝 핀 장미 덩굴을 바라보면, 이는 오래전에 헤어진 먼 사촌을 만나는 것이다. 그렇게 우리는

---

66) 김동규, "물음의 책임: 박동환 철학의 지렛목"에서 따옴.

공통의 유전자들을 나누어 가지고 있다. 우리가 담벼락을 기어 올라가는 담쟁이덩굴을 바라볼 때, 우리는 우리의 운명일 수도 있었을 모습을 보고 있는 것이다. 우리는 우리 자신의 진화[진로]에서 20억 년 전 즈음에 갈라져 나간 다른 가능한 결과를 바라보고 있다."[67]

한 생명이 자신의 위치를 돌아보는 데서 나아가 이를테면 살모사가 지네를 함부로 삼키기에 앞서 왜 조심해야 하는지 알리는 그리고 아마도 성숙한 살모사는 이미 체득하고 있을 자연의 원리를 다시 떠올리게 된다.

"삼켜도 삼키는 자의 것이 되는 것은 아니다."[68]

그러함에도 여기서 김동규 박사가 자연과 사랑, 존재와 당위의 관계를 이분법적으로 풀이하는 것이 반드시 오류라고 말하는 것은 아니다. 다만, 그렇게 단절의 이분법에 호소해서 이루어지는 당위 곧 사랑이라는 '인위적인 요청'에 호소하는 데서 모든 것의 뿌리인 근본 x에 이르기에는 막히는 부분 또는 미달하는 부분이 있다는 것이다. 그처럼 단절의 이분법은 뿌리 깊은 근본으로의 합류 그리고 회귀를 가로막고 있다고 본다.

---

67) Daniel Chamovitz, ***What a Plant Knows***. New York: Scientific American, 2012, p. 141.

68) 『x의 존재론』 고양, 경기: 사월의책, 2017, 137-164쪽 참고.

'반구'의 태도에서 말하자면, 인심(人心)은 천심(天心)에서 우러나는 것이며, 그래서 사랑의 당위라는 인심은 타고난 '자연' 곧 영원의 기억과 그로 비롯하는 무한의 상상—요즘에는 MRI로까지 확인하는 공감 능력(mirror neuron)—에 뿌리를 두고 있음이 확인되고 있다. 길 가던 사람이 갑자기 쓰러져 숨을 허덕일 때, 옆을 지나던 사람들이 달려가 도움을 주려는 것은 그들의 깊은 속에 타고난 공감 능력 곧 자연의 반구 행위로서 '천심'이 움직이기 때문이다. 그렇게 자연의 생명에서 우러나는 '반구'의 모양 곧 공감 능력을 확인하는 실험에 대해 한 생명과학의 이론가가 정리하고 있다.

> "원숭이들에게서 그런 공감(empathy) 능력이 존재한다는 강력한 증거가 위켄(Wechkin)과 그의 동료(1964년) 그리고 마서맨(Masserman)과 그의 동료(1964년)의 실험에서 드러났다. 그들이 발견한 것은 다음과 같다. 붉은털원숭이들은 줄을 잡아당기면 음식을 먹을 수 있는데도, 그렇게 하면 밖에 있는 한 동료가 전기충격을 받게 되어있다는 것을 알았을 때, 그렇게 하지 않았다. 그들의 한 동료가 전기충격을 받는다는 것을 알았을 때, 한 원숭이는 5일을 굶으면서도 줄을 잡아당기지 않았고, 한 원숭이는 12일 동안이나 줄을 잡아당기지 않았다. 이 같은 희생의 감수는 그들 사이의 감성적 유대와 사회체계가 견고하다는 것을 보여준다."[69]

---

69) Frans de Waal, "Morally Evolved," ***Primates and Philosophers: How Morality Evolved***, eds. S. Macedo & J. Ober. Princeton & Oxford: Princeton University Press, 2006, p. 29.

그러므로 '개체성의 보호와 독선 금지'를 생명의 오래된 반구 행위에 뿌리를 둔 자연의 계율로 본다. 그러함에도 김 박사가 밀고 있는 존재와 당위의 이분법적 논리나, 내가 밀고 있는 자연의 반구로써 하는 접근법이나, 모두 제2 해석학 곧 분열적 지역학에 지나지 않는 것들이다. 이 모든 지역학은 결국에 이 같은 말, 말, 말의 실없는 반복이 사라지게 하는 제1 해석학 곧 김상환 교수가 말하는 '해석의 무덤' x의 저 영토로 합류 회귀해 들어간다.[70]

대화에 어떤 변화도 발전도 없이 긴 반복을 했을 뿐이다. 마지막 깨달음의 한 마디를 남기고 싶다. '사람은 각기 그가 이해할 수 있는 것을 이해할 수 있다.' (210205)

70) **한국연구원** 심포지엄 발표(2020.12.22.) 김상환 교수의 "x의 존재론과 개체성" 참고.

Σ4
그대가 소속한 시간대를 돌아보라[1)]

1.

지금 인류가 지구 위에 살면서 만들어가는 '인류세'라는 시간대의 지질학적 미래에 대하여 다음과 같은 예측이 있다.

> "인간은 바닷가의 모래 위에 그려진 얼굴처럼 지워져 버릴 것이라고 장담할 수 있다. … … 그런데 인류세라는 시간대에 속한 '인간'의 운명은 지워져 버리는 것이 아니라 불멸의 존재로 남을 것이다. 그들의 [소멸]

풀이말

1) 각자가 소속하는 각기의 시간대에 대하여 현대 물리학의 한 이론가 카를로 로벨리는 다음과 같은 해석을 하고 있다.

"하나의 단일한 시간이란 존재하지 않는다. 무수한 시간들이 존재한다. 한 특정한 현상을 측정하는 한 특정한 시계에 의해 가리키는 '그의 고유한(proper) 시간'이 있다. ... 모든 현상은 각기 그 고유의 시간, 그 고유의 리듬을 갖는다." Carlo Rovelli, ***The Order of Time***, trans. E. Segre & S. Carnell. New York: Riverhead Books, 2018. p. 15.

흔적이 암석 지층으로 영원히 보존될 것이기 때문이다. … … 우리의 쓰레기매립지와 함께 대대적인 멸종사태가 화석화되어 남을 것이다. … … 인류세의 지층들이 동시에 깔리고 만들어지며, 건조되고 폐기되어 갈 것이다."[2)]

이렇게 시간/시간대는 역사에 대한 불가역적(不可逆的) 심판의 길잡이로 등장하며 지하의 암석층에 불멸의 기록과 기억을 남긴다. B.C.E. 2, 3세기 즈음에 「전도서」의 필자는 현대 지질학자의 관점이 그대로 반영된 듯한 불멸의 시간대를 떠올리며 다음과 같은 되새김을 토로하고 있다.

"… 아직 젊을 때 너를 지으신 이를 기억하라. 해와 달과 별이 빛을 잃기 전에, 비가 온 다음에 다시 구름이 몰려오기 전에 그를 기억하라." (12:2-3)

"하늘 아래 새것이 있을 리 없다. '보아라, 여기 새것이 있구나!' 하더라도 믿지 말라. 그런 일은 우리가 나기 오래전에 이미 있었던 일이다. 지나간 나날이 기억에서 사라지듯 오는 세월도 기억에서 사라지고 말 것을."(1:9-11)[3)]

(200422)

2) Bronislaw Szerszynski, "The End of the End of Nature: The Anthropocene and the Fate of the Human," ***Oxford Literary Review***, Vol. 34, No. 2. (2012) pp. 165-184 가운데 pp. 180-181.

3) 『공동번역 성서』 서울: 대한성서공회, 1977.

2.

사람들이 현재에 머물러 있는 지상의 거처는 고대 문명으로부터 물려받은 오랜 습관의 성곽, 습관의 영토다. 그런데 그렇게 오래된 습관의 성곽, 습관의 영토 어디에도 마음을 붙이고 소속하거나 정착하지 못하는 삶을 사는 이들이, 단지 이른바 유목민에 국한돼 있는 것은 아니다. 특히 20세기 말로부터 지구 차원으로 세계화 바람이 퍼지면서, 그런 유목민 스타일은 일반화 아니 일상화되었다고 볼 수도 있다.

모든 분야로 퍼져가는 세계화 바람은 사람들로 하여금 그들이 현실적으로 소속한 지역과 전통에서 이탈하며 세계화의 바람을 타고 탈-영토화(de-territorialization)하도록 추동하고 있다. 국제통상과 사업 분야에 종사하는 한 전문가는 이렇게 말한다.

> "세계화의 한 주요한 성향은 탈-영토화에 있다. 곧 사회적, 정치적, 문화적 행사가 그들 태생의 지역에서 이탈[탈-영토화]하도록 이끄는 것이다. 그래서 탈-영토화는 사람들의 자기 정체성을 동요시키고 있다. 이는 개인들로 하여금 그들의 정체성 의식을 재건하며 재-영토화하는 행동을 취하도록 자극하고 있다."[4]

탈-영토화의 또 한 가지 패턴에 대하여 문화평론가 알랭 밀롱은 말한

4) Sudhir Kale & Natalina Zlatevska, "Globalization, Reterritorialization, and Marketing," ***The Journal of Internationalization and Localization***, Vol. 1. (2009) pp. 150-167.

다. 그는 프랑스 도시의 다양한 이방인들 가운데서 어디에도 발을 붙이지 못하는 래퍼(rapper)들의 분열된 삶과 비교되는, 유목민의 정착하며 이탈하는 한 새로운 삶의 패턴을 묘사한다.

> "유목민은 영토와 아주 독특한 관계를 유지하고 있다. 습관적으로 사람들은 유목민을 정착민과 대립시키지만 이러한 대립은 너무나 단순화된 것이다. … … 실제로 유목민은 움직이지 않는 사람, 혹은 움직인다 하더라도 머무는 장소인 영토가 그에게 속하기 때문에 모든 장소를 점유하는 사람으로 인정된다. 그의 이동이 부차적인 이상 그는 어디서나 자신의 집에 있는 것과 같다. … … 유목민은 훌륭하게 탈-영토화된 사람들이다. 비록 그들이 움직이고 있다고 하더라도 공간은 그가 닻을 내리는 지점들에 한정되지 않는다. 공간은 속도에 의해서 해방되고 탈-영토화된 장소로 변모한다."[5]

유목민의 삶을 한 철학적 담론으로 일으킨 질 들뢰즈가 펠릭스 가타리와 함께 역설하는 이 같은 탈-영토화의 패턴은[6] 인류의 미래를 내다보

---

5) 알랭 밀롱, 『도시의 이방인』 김미성 옮김. 서울: 연세대학교 출판문화원, 2017, 76-77쪽.

6) 지상에서 어디에든 머무르며 쉼 없이 탈-영토화하는 유목민 스타일의 삶이 거쳐 가는 거주지인 영토를 지질학적 지층(stratum)에 비유하는 들뢰즈와 가타리는, 한 지층 위에서 유목민이 탈-영토화하는 행위를 다음과 같이 풀이한다.

"탈-영토화하는 유목민의 흐름 또는 물결은 지층의 중심에서 주변으로 진행한다. 그리고 다시 새로운 중심에서 새로운 주변으로 나아간다. … 표면층의 조직은 탈-영토화가 증가하는 방향으로 움직인다. … … 탈-영토화는 언제나 상

는 한 대안의 존재 양식일 수 있는가? 들뢰즈와 가타리가 말하는 유목민의 탈-영토화도, 그다음 세대를 잇는 브뤼노 라투르의 행위자-연결망도, 인간이 기숙하는 지상에 현재하는 상황에 적응하며 살아가는 과정에 충실하다.[7] 그렇게, 그들이 말하는 '탈-영토화'도, 행위자들의 '연

대적이어서 그 이면에서 또는 그 보완 측면으로서 재-영토화를 추구한다. 외부를 향해서 탈-영토화를 이룬 한 유기체는 반드시 그 내면 환경의 재-영토화를 하게 된다." Gilles Deleuze & Felix Gattari, ***A Thousand Plateaus: Capitalism and Schizophrenia***, trans. Brian Massumi. Minneapolis: University of Minnesota Press, 1987, pp. 53-54.

7) 칸트에서 하이데거에 이르는 유럽의 관념적 존재론을(1) 탈피하려는 20세기 후반의 몇 갈래 철학적 움직임을 대표하는 한 무리의 철학자들이 독립 실체들 또는 실재들에 대한 물리적 사변적 탐구를 다시 시작한다는 뜻으로 'The Speculative Turn'이라는 주제를(2) 걸고 모였다. 이들 가운데로 '행위자-연결망'을 제안한 사회 인류학자 브뤼노 라투르와(3) 모든 수준의 영토 지배체제들에 대항해서 '탈-영토화'(de-territorialization)를 주장하는 철학자 질 들뢰즈도(4) 여기에 참여한다.

(1) "칸트의 유명한 코페르니쿠스적 전회에서는 마음이 대상들에 따르는 것이 아니고, 대상들이 마음에 따르는 것이었다. 그래서 경험은 선천적인 범주들과 직관의 형식들에 따라 구성되는 것이었다. 이렇게 지식의 성립근거를 확보하기 위해 지불한 대가는, 우리에게 주어진 현상계 너머에 대한 어떤 가능한 지식도 포기하는 것이다. 실재 [물] 자체를 향하는 통로에 장벽을 쳐버린 것이다." Levi Bryant, Nick Srnicek & Graham Harman, eds., ***The Speculative Turn: Continental Materialism and Realism***. Melbourne: Re. Press, 2011, p. 4.

(2) "이 사변적 전회(The Speculative Turn)를 이루는 저술들 가운데서 새로운 싹들이 감지되고 있다. 유럽대륙 전통에서 반복되어온 텍스트 연구와 담론, 사회적 실천과 인간 유한성에 집착하는 데서 떠나, 신진 사상가들은 실재 자체에 주의를 기울이고 있다. … … 그들은 모두 이 방면 또는 저 방면에서 사유세계 그리고 인문주의와는 독립적인 실재의 본질에 대한 사변[탐구]을 다시 시작하고 있다." 같은 책 p. 3.

결망'도 어떻든 지상에서 진행되고 있는 '현세' 또는 '인류세'라는 시간대에 소속해 움직이는 것이다.

그들이 제안하는 삶의 패턴으로서 영토화/탈-영토화든 행위자들의 연결망이든 그 구성원들 곧 행위자들은 지상에서 그 각각에 주어지는 소속 시간대 안에 갇혀 있다. 그러나 그들은 그렇게 소속해서 갇혀 있는 각기의 짧은 시간대에 다가오는 절대의 신호 곧 그들 각각의 소멸과 부재화(不在化)의 운명을 외면할 수 없다. 이는 무엇을 의미하는가?

이 절대의 한계로서 다가오는 소멸과 부재화라는 운명의 시간대 앞에서, 탈-영토화든 행위자 연결망이든 그것이 무슨 구실을 해서 우리들의 미래를 개척하는 데 기여할 수 있겠는가? (200413)

---

(3) "물리적 대상들, 문화적 구조들, 권력의 체제들, 텍스트들, 담론들과 의식 현상들로 환원해서 설명하는 모든 형식에 대해 라투르는 '비(非)환원주의'(irreductionism)를 주장한다. 그렇게 모든 각기 독립적인 실체들은 그것들이 행사하는 힘은 똑같지 않더라도 다른 독립실체들에 작용하는 관계에서 똑같이 실재하는 것이다. 세균들, 기후 패턴들, 원자들, 산(山)들 같은 인간 아닌(non-human) 행위자들이 그들의 주변 세계에 관여하는 것처럼 해리 포터, 성모 마리아, 민주주의, 환각도 같은 행위자의 일을 한다." 같은 책 p. 5.

(4) "사변적 전회[에 대한 들뢰즈와 라투르의 기여]: … … 철학을 텍스트 또는 의식 구조를 분석하는 일로부터 해방하는 데서 들뢰즈는 개척자였다. 들뢰즈는 가타리와 함께 한 저술에서 주관이 관여하지 않는 생성의 과정에 대한 존재론적 틀을 제공함으로써 주체와 사유라는 것은 그러한 존재론적 [생성]과정의 마지막 부산물일 뿐이라는 데 도달했다." 같은 책 p. 4.

3.

영토화된 지배체제에 예속해 있는 한 유목민은 그 예속 상태로부터의 해방을 위하여 탈-영토화를 감행한다. 그러나 그 탈-영토화 과정의 이면(裏面)에서는 다시금 또 하나의 탈주 해방하는 밀실로의 잠입행위가 벌어질 수 있다. 탈-영토화라는 유목민의 행위가 일어날 때, 그것이 외적으로 어떤 영토에 놓이든 간에, 그의 탈-영토화 행위 배후 곧 인간 내면에 흐르는 영원의 기억과 상상 가운데서는 여전한 탈주와 해방의 투쟁이 진행될 수 있기 때문이다.

그렇게, 탈-영토화 행위 배후로 잠입한 내면의 밀실에서 벌어지는 또 하나의 치열한 분열과 해방의 투쟁이, 20세기 초의 작가 프란츠 카프카가 그의 대리인 그레고르(Gregor)에게 감행하는 '변신'에서 일어나는 것을 볼 수 있다.

그레고르가 어느 날 아침에 침대에서 깨어나 보니 뜻밖에, 보기에도 끔찍한 한 마리의 벌레로 변신해 있었다. 그러나 결과적으로 그는 도저히 그의 적성에 맞지 않는 외판 사원의 신세를 벗어나게 된다. 그렇게 그는 한 마리의 벌레로 변신함으로써, 그를 고용했기 때문에 감시해야 하는 회사 지배인, 그리고 그가 속마음에서 공유하는 것이 하나도 없는 주변 세계로부터 벗어나는 완전한 탈주와 해방을 감행한 것이다.

실은, 『변신』에서 보여준 탈주와 해방의 실험은, 유럽에서 유대민족의 일원으로 적응 성장하면서 사회와 가족 방면에서 겪은 프란츠 카프카의 의식 내면에서 일어난 분열과 투쟁의 결과물이라고 볼 수 있다. (200411)

4.

유목민은 자신이 거주하는 바로 거기서 탈-영토화를 한다. 그러나 한 유목민에 내재하는 영원의 기억 x와 그로 비롯하는 상상 $\neg x$는, 자신이 행하는 탈-영토화에도 불구하고 여전한 지상(地上)의 어떤 거처조차 망각 탈출해 버린다. x는 지상에서 실현되는 존재들 안에 내재하며 동시에 껍데기 같은 그 존재들을 망각 탈출한다. 그레고르의 '변신'은 단순한 탈-영토화가 아니다. 탈-영토화를 한 다음에도 머물러야 하는 지상의 거처로부터의 완전한 이별이며 해방이다. 그런 뜻에서 x는 지상의 모든 존재하는 것들에 내재하며 거주하지만 동시에 그들을 아낌없이 이별하는 영원한 별세계의 은둔자다.

그러니까 x는 지상에 실현된 어떤 거주자에게도 내재하지만, 그러나 거기에 여전히 기거하며 의존해야 하는 유목민은 아니다. 오히려 거꾸로, 지상에 거주하는 모든 존재는 x에 의존하며 x에 기거하는 관계를 떠날 수 없다. 이러한 관계에서 보면 x는 더 이상 유목민이 아니다.[8]

8) 그러나 들뢰즈와 가타리는 그들의 카프카 문학론에서 카프카의 변신을, 유목민이 행하는 것과 같은 탈-영토화의 형식으로 이해하며 다음과 같이 풀이하고 있다.

> "짐승으로 변신하는 행위는 … 절대적인 탈-영토화다. 짐승으로 변신하는 것은 피신할 길을 찾기 위한 모색 행동이다. 그곳에서는 모든 표현과 그 의미들 같은 형식들이 모두 소멸해 버린다. 탈-영토화 흐름 가운데 무형상의 질료만이 남는다. … … 그레고르가 한 곤충으로 변신한 것은 아버지로부터 도망치려는 게 아니고, 아버지가 길을 찾을 수 없게 숨어 들어갈 곳을, 그리고 지배인과 관리들로부터 숨어버릴 수 있는 곳을 마련하기 위한 것이다. 윙윙거리는 소리밖에 들리지 않는 곳으로. 그러면, '지배인은 이렇게 말하겠지. "그가 말하는 소리가 들

그러므로 그레고르가 대변하는 카프카는 지상의 거처에서 탈-영토화하며 거기에 다시 착지하는 단순한 유목민일 수 없다. 카프카의 의식 내면에서 움직이는 출구를 알 수 없는 상상 그리고 쉼 없이 찾아가는 자기 정체성은 그가 머무는 지상의 어떤 거처에서도, 그리고 어떤 탈-영토화에 의해서도, 아니면 어떤 연결 관계망에 의해서도 가라앉히거나 잡아놓을 수 있는 대상이 아니다. 그는 그가 머무는 거처에서 완전히 단절 분열되어 있고, 그렇게 밖에서 주어지는 모든 관계와 영토를 떠나 있다. 그는 일기에 자신의 속마음을 이렇게 털어놓는다.

"나의 내면에 존재하는 끔찍한 불확실성."(1913년 5월 3일)

"내가 유대인과 무슨 공통점이 있느냐고? 나는 나 자신과도 공유하는 것이 거의 아무것도 없다. 아주 조용히 한 구석에 서 있으며, 내가 숨을 쉴 수 있다는 데 만족한다."(1914년 1월 8일)

"나의 어머니는 나를 이해할 수 없다고 말했다. 그것은 무엇보다 분명하다고, 나는 대답했다. 어머니는 다시 말했다. '그럼, 아무도 너를 이해하는 사람이 없구나. 나도 너한테는 이방인일 테고, 그리고 너의 아버지도.' 나는 대답했다. '물론이에요. 두 분은 저에게 이방인이죠. 우리들은 오직 혈연으로만 관련되어 있어요.' "(1913년 8월 15일)[9)]

립니까? 짐승의 소리가 들렸는데요."' ⋯." Deleuze & Guattari, ***Kafka: Toward a Minor Literature***, trans. Dana Polan. Minneapolis: University of Minnesota Press, 1986, p. 13.

9) Franz Kafka, ***Diaries***, ed. Max Brod. New York: Schocken Books, (1948) 1975.

카프카의 『변신』에 등장하는 그레고르는 어느 날 아침 잠에서 깨어난 침대에서 한 마리 벌레로 변신해 있었고, 그때 그는 더 이상 가족의 구성원이 아니었다. 그가 한 마리의 벌레로 변신한 데에 따르는 당혹스러운 상황들이 벌어졌고, 그는 끝내 힘이 빠져 죽을 수밖에 없었는데, 그렇게 시체가 되어버린 벌레를, 가족들이 묵인하는 가운데 일하는 노파가 주저함이 없이 쓰레기로 내다 버린다. 카프카는 자신에 다름이 없는 그레고르를, 왜 한 마리의 벌레로 변신시켜 그렇게 가차 없이 쓰레기로 버려지는 운명을 택했을까?

카프카의 의식 그 밀실 내면에는, 그의 거처와 거기서 엮이는 지상의 모든 관계로부터 완전히 단절 분열해서 떠난, 전적으로 고독한 한 영원의 기억체 x와 그로 비롯하는 무한의 상상 $\neg x$가 움직이고 있다. 카프카가 그의 안에 내장하고 있는 영원의 기억 x는 그가 놓여 있는 어디에도 착지할 수 없었다. 그는 한 유목민이 아니고 오직 x였다.

그는 하나의 x로서밖에는 대표할 수 없는, 그래서 그 정체를 확인하거나 정의할 수 없는 밀실의 존재이므로, 결코 들뢰즈와 가타리가 역설하는 사례의 유목민일 수 없는 존재다.[10] 그들이 설명하는 유목민은, 탈-영토화한 순간에라도 자신이 머무는 거주지와 거기서 엮이는 관계들로부터 그렇게 고립되거나 그렇게 완전히 분열 해방될 수는 없다. (2000413)

---

10) 풀이말 7)에서는 카프카에 의해서 변신한 그레고르의 알 수 없는 정체성 x에 대비해서, 들뢰즈와 가타리가 말하는 사례의 유목민이 어떻게 다른지를 보여주고 있다. Deleuze & Guattari, ***Kafka: Toward a Minor Literature***, trans. Dana Polan. Minneapolis: University of Minnesota Press, 1986, p. 13 참고.

5.

카프카가 벌레로 변신시킨 그레고르는 그의 몸이 놓인 사회와 그의 상황에 대해 탈-영토화한 다음, 다시 어디에 착지할 이유가 없다. 그가 깊은 내재성으로 지닌 x와 $\neg x$는 그의 몸이 놓여 있는 사회와 그 상황으로부터 완전히 분열함으로써, 다시 연결하거나 다시 탈-영토화할 만한 연고지가 도대체 없기 때문이다.

그는 그가 소속하는 지상에서 찾을 수 없는 무엇을 찾고 있는가? 지상에서 주어지는 어떤 현실의 관계망도, 그의 몸 깊이에 지닌 영원의 기억 x와 그로 비롯하는 상상 $\neg x$를 충족시켜 줄 수 있는 것이 아니었다. (200415)

6.

사람들은 문화와 사상의 다양성과 그로 말미암은 대내 대외적 갈등을, 사회와 국가 구성에 불가피한 수반 현상으로 인식하는 추세에 있다. 그리고 그 다양성과 대내 대외적 갈등을 어떻게 한 사회와 국가 안에 포용하느냐 하는 문제에 대한 오랜 논의가 이루어져 왔다.

이를테면 시대 상황에 따라서는 그 다양성과 대내 대외적 갈등을 독재나 공포 통치에 의해서라도 일정한 통제가 필요하다는 이론이 있다. 아니면, 다양성과 그로 인한 갈등을 억압하지 않고서도 민주적 자발성과 합의도출의 제도에 의해 충분히 관리할 수 있다는 견해도 있다. 그러한 이론적 갈림을, 한쪽으로는 법과 제도권의 권력에 호소하는 통제설

(coercion theory)이, 다른 한쪽으로는 이른바 공통 가치에 대한 암묵적 전제(prerequisite) 위에 서는 합의설(consensus theory)이 대표하고 있다.[11]

이러한 사회 일반이론의 흐름에 추가하며 참여하고 있는 현대적 경향의 이론이 있다. 이를테면, 들뢰즈(Gilles Deleuze)와 가타리(Felix Guattari)가 개념화한 것처럼 온갖 형태로 영토화된 지배체제에 대응하는 '탈-영토화' 운동, 그리고 라투르(Bruno Latour)와 브라이언트(Levi Bryant)가 제안하는 '행위자-연결망'과 '평등한 객체들의 민주주의' 같은 흐름이 있다.

그러나 이들은 각기 지상의 평면에서 펼치는 현상론일 뿐이며, 어떤 근본적 실체의 존재론도, 격변기에 들어선 시대의 시간관이나 역사관에 호응하는 것도 아니다. 그들은 아직도 고대의 중국과 그리스 전통의 철학에서 물려받은 여전한 성곽 안의 환원주의 또는 여전한 영토 안의 평

11) '평등한 행위자들의 연결망'을 제안하는 라투르와 '영토화된 체제에 대한 탈-영토화'를 주장하는 들뢰즈와 가타리는 아래와 같은 오래된 사회이론 논쟁에 참여하는 또 하나의 주류를 이룬다고 풀이할 수 있다.

"한 사회 안에서 사람들은 서로 일치하지 않는 다른 목표와 선택을 추구하며 함께 살고 있다. 서로 일치하지 않는 목표와 선택을 추구하는 사람들로 이루어지는 사회가 내란으로 붕괴하지 않고 그런대로 자체의 연속성을 유지할 수 있게 하는 것은 무엇인가?" "[통제설을 주장하는] 다렌도르프나 [합의설의 제안자인] 파슨스가 각기 의문으로 제기하는 한 사회의 '연속성'이 가능하도록 이끄는 것은, 불일치와 일치가 함께 움직이는 자연의 실질적 역학 관계 곧 자연에서 발현하는 초(超)규범(supra-norm)의 질서로서 이해할 필요가 있다." VI. "불일치와 일치가 함께 삶: 사회학,"『진리의 패권은 사람에게 있는 것은 아니다』 고양, 경기: 사월의책, 2019, 146쪽 그리고 151쪽.

면주의 시대의 말기 현상에 갇혀 있다. (200410)

7.

들뢰즈는 '내재성'(immanence) 원리에 관한 한 강의에서, 고대 그리스의 철학은 친구들(friends) 또는 경쟁자들(rivals)로 이루어지는 사회 가운데서나 출현할 수 있는 것이라고 다음과 같이 풀이하고 있다.

> "'철학은 그리스인들에게서 유래한 것으로 볼 수 있는가 또는 그렇게 보아야 하는가?'에 대한 첫 번째의 대답은, 그리스인들의 도시는 실로 '친구들'[또는 '경쟁자들']로 이루어진 새로운 사회로서 등장한다는 점이다. … [고대 그리스 사상연구가로서] 장 피에르 베르낭은 두 번째의 대답을 하고 있다. 그리스인들은 질서라는 것을 엄밀하게 내재성으로서 구상한 처음의 사람들이다. … … 그렇게 처음으로 등장한 그리스 철학자들은, 혼란이 침범하지 못하도록 그걸 걸러내는 내재성의 평면을 구축한 것이다. 그런 뜻에서 그리스 철학자들은 종교적인 인격체나 사제 같은 현자들과는 구별된다. 그런 현자들은 보통보다 높은 신 또는 대단한 전제 군주로 등장해서 언제나 [권위적으로] 초월적인 질서 체제를 부과하기 때문이다. … … 오직 친구들[또는 경쟁자들]만이 우상이 제거된 내재성의 평면을 공동의 바탕으로 삼을 수 있다."[12]

---

12) 위의 따온글은 간략하게 줄인 요약 번역임. Gilles Deleuze & Felix Guattari, "The Plane of Immanence," ***What is Philosophy?*** trans. Hugh Tomlinson and Graham Burchell. New York: Columbia University Press, 1994, p. 43.

그들은 신이나 절대 군주처럼 초월하는 지위에서 지배하거나 통치하는 자를 배격하고, 오직 자신들로부터 시작하는 자발적 내재성을 바탕으로 해서 철학적 사유가 비로소 가능하게 되었다고 말한다. 이를 일리 있는 해석으로 받아들인다면, 고대 그리스에서 들뢰즈와 가타리에 이르기까지의 철학적 사유는, 친구들 또는 경쟁자들 사이에서 이루어지는 사회적 관계의 한 형태로서 이해하게 되는 것이다. 그렇다면 철학은 그렇게 사회적 관계형태를 반영하거나 대변하는 한 평면적 현상론에 지나지 않는 것이다.

물론 이는 어느 정도 사실인 것이, 헤라클레이토스와 파르메니데스에서 소피스트들과 소크라테스 그리고 플라톤에 이르기까지 그들의 치열한 담론 중심에서 공정성(equity)과 정의로움(justice)에 관한 존재론적 논리적 정당화의 주장들을 빼놓을 수 없기 때문이다.[13] 그래서 그들의 철학적 사유라는 것은, 그들(평등한 친구들과 경쟁자들)의 사회 체제에서 잉태된 한 관계 형태론에 지나지 않게 되는 것이다.

마찬가지로 고대 중국의 철학적 사변 또한 그들이 당면했던 천하의 질

13) "[類들의 正體 爭議와 그 논리] 파르메니데스는 아낙시만드로스, 헤라클레이토스가 일으킨 문제, 곧 서로 겨루고 다투는 자들 또는 類들의 爭議가 의거하고 지향해야 하는 척도 또는 表에 대하여 … 해답을 내놓고 있다." "正義의 척도에 대한 초기 희랍 철학자들의 탐구가 正體 爭議의 논리적 절차에 대한 후기 철학자들의 탐구로 이어져 하나의 문제사로 통일되는 것을 보면, 이른바 자연철학사에서 인문주의 철학으로 전환하는 것으로 묘사되는 희랍 철학사의 서술 방법은 편협한 문제 분류의 틀에 걸려 있는 것이다." 『안티호모에렉투스』 (초판 2001) 고양, 경기: 사월의책, 2017, 153쪽 그리고 156쪽.

서가 붕괴하는 전란의 시대를 평정하고자 하는 철인들의 메시지로서 이루어지는 것이다. 그 당시의 철학 사조를 돌이켜 보는 오늘의 역사가들도 그때를, 천제(天祭)를 지내며 하늘의 명(命)에 호소하기를 폐기하고 인문도덕주의의 세계관을 개척하는 시대로 이해하고 있다.[14)]

동서양의 주요한 철학적 사유의 전통이 그렇게 문명 초기에 이미 초월적 존재에 호소하기를 지양하고 인간에게 잠재된 내재성의 표현으로 또는 인문도덕주의로 전환하는 그들 자신의 독자적 (평등한 친구들과 경쟁자들의 또는 인문도덕주의자들의) 환원주의 시대로 접어들고 있었다. (200611)

8.

인간에게 잠재된 내재성의 원리에 따라 또는 인문도덕주의에 따라 인류가 정착해서 거주할 만한 세계 질서를 구축할 수 있는가? 그렇게 초월의 차원이 제거된 평면의 현상론을 들뢰즈와 가타리는 내재성의 원리 곧 생명의 발현 과정을 빌려서 설명하고 있다. 그들은 생명의 발현

---

14) "[類들의 集體 不爭과 그 논리] 鄧析이 말하는 無厚는 … 하늘과 하늘을 대리하는 천자, 군주 같은 상위의 존재가 심판자 또는 示範者로서 의뢰하고 지향할 만한 준거의 表가 될 수 없음을 가리키는 것이다." "춘추 말에 들어서 諸侯 將相이 패권을 향한 다툼을 벌이는 가운데 난세를 가라앉히기 위한 百家의 제언이 나왔다. … 百家들이 천하의 질서를 바로잡고 시비의 새로운 준거를 세우려는 가운데 노자는 無爲而無不爲를, 공자는 求諸己, 克己復禮를, 묵자는 尙同兼愛에 다름 아닌 天志를 대안으로 내놓는다. 그들의 대안은 말하자면 천하의 질서와 시비의 준거로서 不爭의 集體를 지향하는 것이다." 『안티호모에렉투스』 (초판 2001) 고양, 경기: 사월의책, 2017, 130쪽 그리고 124쪽.

이전의 질료 같은 단계를 '기관 없는 몸'(BwO/ Body without Organs)이라고 하며 그 사례로서 하나의 달걀을 제시한다. 달걀은 부화 이전 초기 단계에서 입, 위, 간, 허파, 콩팥, 장, 항문, 팔, 다리 같은 분화된 기관들의 모양을 보여주지 않는다. 그러나 '기관 없는 몸'으로서 달걀은 그 안에 응축하고 있는 에너지를 내재성의 원리에 따라 대외적으로 형태화(발현)하는 것을 발견한다고 들뢰즈와 가타리는 말한다.[15]

그렇다면 한 생명이 통과하는 전개 과정은 어떤 대외적 초월성의 개입이 없이 내재성의 원리로써만 실현하는 것이라고 말할 수 있는 것인가? 그들이 말하는 자체 안에서 일어나는 '에너지의 변환'(energy transformation) 과정으로써만 생명의 험난한 실현 과정을 이해할 수 있는가? 어떤 차원의 초월성 또는 외래의 요인도 개입하지 않는 실현 과정 또는 현실의 역사를 지상에서 찾아볼 수 있는가?

아리스토텔레스는 이미 B.C.E. 4세기에 그의 형이상학에서 내재성의 원리만 가지고는 세상에 일어나는 사건의 전개 과정을 설명할 수 없음을 이해하고 있는 것이 분명하다. 그러한 견해는, 모든 사건의 발생과 그 전개 과정에 개입하는 우연 또는 우발적 사태를 예측할 수 있는 결정론적 과학이 있을 수 없다는 그의 판단에 드러나 있다.

15) "[기관 없는 몸]은 분화하지 않은, 형상화되지 않은, 응집한 질료이다. … 질료는 에너지다. … 기관 없는 몸은 기관들로 표현되기 이전의, 기관들을 조직하기 이전의, 형태 분화 이전의 [내적으로 에너지가] 응집한 달걀이다." Gilles Deleuze & Felix Guattari, ***A Thousand Plateaus***, trans. Brian Massumi. Minneapolis: University of Minnesota Press, 1987, p. 153.

"어떤 이가 나무를 심기 위해 땅을 파다가 보물을 발견한다면, 보물을 발견하는 것은 땅을 파는 행위에 우연히 끼어든 것이다. … … 그러므로 우발적인 사건을 설명하는 어떤 결정론적[내재적] 요인도 있을 수 없다."(Bk. V. 1025a) "우발적인 존재에 관한 과학이 있을 수 없다는 것은 분명하다. 왜냐하면, 모든 과학은 '항상' 또는 '보통의 경우' 어떠할지에 관한 것이기 때문이다."(Bk. VI. 1027a)[16]

(200612)

9.

평등한 객체들로서 행위자들이 만들어가는 '연결망'이나 아니면 지배체제에 대항해 탈-영토화하며 다시 영토화하는 '수평적' 관계 패턴이, 현재를 향해 쉼 없이 '부재화(不在化)하며 초월해가는'[17] 매 순간의 격렬한 시간대 안에서도 지속해갈 수 있는 삶의 양식인가? 평등한 객체들의 민주주의나 탈-영토화하며 다시 영토화하는 수평적 관계 패턴이, 오늘 인류세가 소속하는 시간대 안에서 일어나는 격렬한 현재 부재화의 이동 패턴에 어떻게 대응할 수 있는가?

저렇게 연대하거나 투쟁하는 가운데서 끊임없이 주변으로 밀려나는 모든 일상의 존재들은, 그리고 유목민에 비유되는 카프카는, 그리고 한

16) Aristotle, ***Metaphysics***, trans. Richard Hope. Ann Arbor, MI: The University of Michigan Press, (1952) 1960.

17) "그렇게 모두가 매 순간에 '현재 부재화'하는, 그렇게 '초월하는' 삶을 산다. 삶 자체가 매 순간 '현재 부재화'라는 초월의 행위이다. 누구든지 초월하면서 산다." 이 책 Σ5. "매 순간이 초월하는 삶" 줄기글 9.에서 따옴.

체제 안에서 경쟁하며 투쟁하다가 결국에 소멸 추방당할 수밖에 없는 운명의 일상인들 그 영원한 이방인들은, 어디에서 그들의 출구를 찾을 수 있는가? 그들은 각기 영원에 소속하는 개체 존재로서, 그 안에서 분출하는 무한의 상상을 발휘함으로써 '자기 분열' '자기 부재화' 그리고 '자기 초월'의 출구를 찾아 일생을 걸고 투쟁하도록 지어졌다.

지구상의 인류가 또는 모든 생명의 존재들이 다시는 영토화도 탈-영토화도 할 수 없도록, 그 임시의 영토가 완전히 박탈되어버리는 시간 또는 시대가 누구에게나 다가온다. 아니면 노아가 방주를 띄우던 홍수시대와 같은 생명의 존재들을 집어삼킬 또 한 차례의 멸종 시대 가운데서도 살아남아, 누구와 아니면 무엇과 연결망을 이루거나 그때의 지배체제에 대항해 탈-영토화 또는 재-영토화를 할 것인가? 그때에도 평등한 객체들의 민주주의를 구사할 수 있을까? 그 자신의 마지막 순간에도 그의 몸이 놓여 있는 시간대 밖을 향해 진리의 패권은 어디에도 없다고 할 것인가?

이처럼 피할 수 없도록 각기의 시간대 밖에서 다가오는 위기의 국면을 재앙으로 받기에 앞서, x의 X에 대한 영원의 관계에 비추어 대응하는 운명관과 역사 인식을 예비할 필요가 있다. (200411)

10.

x의 X에 대한 영원한 관계는 왜 세상의 모든 존재가 동행할 수밖에 없는 운명의 길인가?[18] 세상에 몸을 드러낸 한 개체 존재는 무엇을 향해 그 자신을 부재화하며 동시에 초월해가고 있는가?

"끝없는 과거를 회고하는 영원의 기억이 현재의 몸 가운데에, … 태초로부터 시간[대]의 흐름을 결정하며 초월해 움직이는 것이 내재성 가운데에 잠입해서 각기의 고유한 모양을 짓는 자는 누구인가?"[19]

"현상계에 몸을 드러낸 한 개체 실존 x가 달려가는 곳을 추적해 따라가면, 그 길은 형태 부재한 곧 부재화(不在化)하는 경계 X로 빠져들어 간다. … … 모두 현재 부재화하는 진행 방향으로 초월하는 삶을 모색하며 산다. 그렇게, 자신을 부재화함으로써 초월해가는 장구한 시간대에 참여한다."[20]

무엇을 향해 자신을 부재화하며 동시에 초월해가고 있는가? 영원의 기억 x와 그로부터 넘치는 상상 $\neg x$를 지닌 나 자신을 향해서인가? 천만에. 나의 '현재'가 의탁하는 잠깐의 이 겉모양은 어떤 시간대로 편입해 들어가고 있는가? 왜 우리들의 모든 탐구는 x의 X에 대한 관계로 합류할 수밖에 없는가? (200531)

18) "x들이 소속하는 시간대 너머에서 또는 한계 너머에서 다가오는 행위자 X는 어떤 모양으로 세상에 또는 현상계에 나타나는가?" 이 책 Σ5. "매 순간이 초월하는 삶" 줄기글 8. 9. 참고.

19) VI. "현재 안에서 움직이는 영원의 기억," 『x의 존재론』 고양, 경기: 사월의책, 2017, 206쪽.

20) 이 책 Σ5. "매 순간이 초월하는 삶" 줄기글 9.에서 따옴.

11.

옛날로부터 전해오는 "죽음을 기억하라." "나는 날마다 죽노라."라는 메시지를 오늘에 이르러서도 듣는다. 「전도서」의 설교자는 이렇게 말하였다.

> "잔칫집에 가는 것보다 초상집에 가는 것이 좋다. 산 사람은 모름지기 죽는다는 것을 명심할 필요가 있다."(「전도서」 7:1-4)[21)]

이는 우리에게 무엇을 전하고 있는가? 그것은 21세기 이렇게 맹목의 앞을 향해 질주하는 문명의 격류 가운데에 놓인 모두에게 다가오는 미래의 시간대 앞에서, 자신이 소속하는 현재의 시간대를 돌아보도록 일깨우는 것이다. '현재의 시간대를, 그대가 소속한 시간대를 돌아보라.'

이 메시지를 각기 자신이 소속하는 시간대의 인식으로 이해한 이는, 그것이 뜻하는 바를 이렇게 풀어놓을 수 있다.

'존재하는 모든 것들을 인간의 시간대로부터 해방하라.'

이는 영원의 시간대로 들어가서 현재의 시간대를 돌아보는 한 가상의 관찰자가 되는 연습임에 틀림이 없다.

---

21) 『공동번역성서』, 서울: 대한성서공회, 1977.

그렇게 영원한 시간대에 들어간 가상의 관찰자가 되어, 각기 자신이 소속한 한 짧은 시간대를 돌이켜 보아야 하는 때가 된 것이다.

'그대가 소속한 시간대를 돌아보라.'

(200519)

Σ5

매 순간이 초월하는 삶
―순간의 논리

1.

어른들은 망각으로 성숙해 가는가. 일곱 살 난 아이의 물음에 그럴듯한 답을 내놓을 수가 없었다.

"사람이 죽으면 어떻게 되는 거야?"
"…."
"어디로 가는 거야?"
"…."

어른들은 오래전에 아이가 던진 깊은 의문의 미미한 곁가지에 매달려 바쁘다. 어른들의 세계는 줄거리가 잘려나간 남은 부분이다. 그리고 망각에 대한 위장(僞裝)이다.

어느 날 비슷한 나이가 되었을 때 또 한 아이가 그다음의 물음을 던진다.

"아빠, 모르는 거 있어?"

"있지!"

"사람은 다 알고 살 수 없어?"

"…."[1)]

사람들은 대개 어린 시절에 이렇게 스스로 일으키고 지녔을 희귀한 의문의 뿌리를 잊어버린다. 그리고 과학자나 철학자나 종교인이 되어 그 때 일어났던 의문의 바깥을 맴돌고 있다. (200521)

2.

사람들이 발을 딛고 살고 있는 세계를 향해 '영토화'(territorialization)를 말하는 이들 아니 철학자들은 '무엇을' '어떻게' 영토화한다는 것인지 근본적으로 따라 실행하기 어려운 점이 있다. 현상계에 몸을 드러낸 존재들이 각기 그의 내면에 품고 있는 영원의 기억 x는, 결코 또 다른 어떤 x에 의해서 대상화 또는 영토화될 수 있는 것이 아니다. 어떤 x도 그 정체를 현상계에 드러내지 않기 때문이다.

그럼에도 그것은 현상계에서 움직이며 동시에 거기서 이탈 또는 탈-영토화[2)]하는 한 독립의 실체이다. 그래서 현상계에 머무는 누구를 향해

풀이말

1) 위의 대화 두 편은 『서양의 논리, 동양의 마음』 (1987년 초판) 고양, 경기: 사월의 책, 2017, (0035) (0106)에서 각각 따옴.

2) 아래의 풀이말은 이 책 Σ4. "그대가 소속한 시간대를 돌아보라"의 줄기글 2.에

서도 그의 안에 품고 있을 정체성 x를, 대상으로 취급해서 영토화하는 것이 불가능하다. 누구든지 끝까지 따라가 보면 그는 현상계 뒤에서 움직이는 x이다. x는 영원히 닿을 수 없는 한 조각 미지의 기억체 곧 '그 자체'이다. (200414)

3.

그럼에도 x는 초월할 수 없는 자신의 한계를 지닌다. x는 다만 자신을 스스로 부정하거나 때로는 자신이 부정당함으로써 그의 한계를 초월하는 길을 연다. 예수는 그를 따르는 이들에게 이렇게 말한 적이 있다.

"밀알 하나가 땅에 떨어져 죽지 않으면 한 알 그대로 남아 있고 죽으면

서 발췌한 것임. 여기서 영토화/탈-영토화는 일상화된 개념으로 사용되고 있다. 국제통상과 사업 분야에 종사하는 한 전문이론가에 따르면, 지금은 세계 각처에서 일상생활인의 수준으로 파급된 '탈-영토화' 경향은 20세기 말부터 일어난 이른바 세계화(globalization) 또는 지구 차원의 관점에 말미암은 것이다.

그래서 모든 분야에서의 세계화는 사람들로 하여 자기들이 소속한 지역과 전통에서 이탈하는 탈-영토화의 계기가 되었다고 말한다. 나아가 각자로 하여금 자신의 정체성, 자신의 존재 근거에 대한 반문과 회의(懷疑)까지 갖게 하였다는 것이다. 이에 따라 다시금 각자의 소속 지역을 배경으로 재-영토화의 강한 집착이 발생하는 가능성도 있다고 암시한다.(1)

(1) "세계화의 한 주요한 성향은 탈-영토화에 있다. 곧 사회적, 정치적, 문화적 행사가 그들 태생의 지역에서 이탈하도록 이끄는 것이다. 그래서 탈-영토화는 사람들의 자기 정체성을 동요시키고 있다. 이는 개인들로 하여금 그들의 정체성 의식을 재건하며 재-영토화하는 행동을 취하도록 자극하고 있다." Sudhir Kale & Natalina Zlatevska, "Globalization, Reterritorialization, and Marketing," ***The Journal of Internationalization and Localization***, Vol. 1 (2009), pp. 150-167.

많은 열매를 맺는다. 누구든지 자기 목숨을 아끼는 사람은 잃을 것이며 이 세상에서 자기 목숨을 미워하는 사람은 [그것을 영원히] 보존하게 될 것이다."(「요한」 12:24-25)[3)]

그렇게, 사람들은 제각기 생애의 마지막에 이르렀을 때처럼 이미 일생의 매 순간에 자신의 한계를 초월해야 하는 어떤 벽에 부딪힌다. 한 개체 존재 x가 자신을 초월할 수밖에 없는 것은, 한계 안에 갇혀 있음으로써 항상 그 한계가 무너질 수밖에 없는 운명의 피동성에서 비롯하는 것이다. x는 현실계에 몸을 드러내는 한, 그런 운명의 피동성을 쉼 없이 입는다.

4.

플로티노스, 장자와 같은 철학자들이 자신의 한계를 벗어나는 사고의 실험으로써 모든 구별과 위계를 초월해서 '하나'의 우주로 들어가는 경계를 이루었다. 심지어 라이프니츠의 창이 없는 한 개체 존재 모나드(monad)조차 우주 전체를 그의 몸 안에 품은 한 초월의 경계를 바라볼 수 있었다. 그럼에도 이는 모두 개체 존재 x가 그의 몸에 지닌 영원의 기억을 무한의 상상 $\neg x$로 전환함으로써 도달하는 한계 망각으로서의 초월이다.

---

3) 그리고 예수는 그를 따르는 제자들에게 자기를 부정함에 대하여 이렇게도 말했다. "나를 따르려는 사람은 누구든지 자기를 버리고 매일 자기 십자가를 지고 따라야 한다."(「루가」 9:23) 『공동번역 성서』 서울: 대한성서공회, 1977.

그는 여전히 약육강식하며 생명을 유지해야 하는 자/타 공존의 현실계에 놓여 있다. 그렇게 그의 몸 안에서는 생명의 붕괴와 재활의 투쟁이 치열하게 일어나고 있다.

세계를 하나로 관통하는 경계에 이르는 초월 또는 망각의 실험이 어떻게 가능한가? x는 영원에 소속하는 한 조각의 기억체이므로 그의 기억에서 분출하는 상상의 실험으로써 개체의 한계 너머로 나아가는 무한의 한 경계를 개척할 수 있다. 그리고 이 같은 상상의 실험 행위를 그들은 절대로의 초월이라고 생각할 수도 있다. (200325)

5.

그러나 영원의 기억을 무한의 상상으로 전환하는 사고의 실험을 하든, 아니면 각기 운명의 피동성에 따라 자기 소멸의 경계로 들어가든, 이를 아직 본래의 뜻으로 가리키는 초월의 사태 '⇨ $X($ $)$'라고 말할 수는 없다. 본래의 뜻으로 가리키는 초월은 모든 가능한 x와 $\neg x$의 실현 한계 밖에서 다가오는 것이다. 그러므로 본래의 뜻으로 하는 초월은 자신의 기억과 상상의 모든 실험이 무효화되는 것이며, '초월당하는' 것이다. 이렇게 초월당해서 겪는 자체 붕괴의 체험은 철학자나 과학자가 가설하는 법칙 또는 체계에 따라 전개되는 현상이 아니다.

따라서 본래의 뜻으로 가리키는 초월의 체험은 어떤 자체의 순서에 따르는 사태가 아니다. 그 가장 극적인 체험 사례는 사르트르의 『구토』에서 앙투안 로캉탱이 어느 날 갑자기 경험한 것처럼, 자연의 사물들이 지키는 법칙이나 순서 같은 것들이 붕괴당하는 사태이다. 그렇게 일어난 붕괴의 사태는 이렇게 묘사된다.

"[그런데] 존재가 갑자기 탈을 벗은 것이다. … … 뿌리며, 공원의 울타리며, 의자며, 풀밭의 듬성듬성한 잔디며, 모든 것들이 사라졌다. 사물의 다양성, 그것들의 개성은 하나의 외관, 하나의 껍데기에 불과했다. 그 껍데기가 녹은 것이다."

"그 [자연의] 복종은 게으름이고, 자연에는 법칙이 없다는 것을 나는 알고 있다. … … 자연에는 습관만이 있고, 자연은 습관을 내일이라도 바꿀 수가 있다. 만약 무슨 일이 생긴다면? 만약 자연이 꿈틀거리기 시작한다면? …그때 그들의 둑, 그들의 성벽, 그들의 발전소, 그들의 용광로, 그들의 전기방아가 무슨 소용이 있을 것인가? 그것은 언제든지, 아마 당장에라도 일어날 수 있는 일이다."[4)]

앙투안 로캉탱이 맞닥뜨린 이런 붕괴의 사태에서 보이는 것들은 무엇인가? 사람들이 습관적으로 사용하는 개념이나 범주 같은 것들에 의해 가리키는 모든 것의 모양 그 껍데기가 녹아 사라져서, 보이는 것은 다만 *x*라는 것들이다. *x*라는 것들은 무엇이 '있다'로서 묘사해야 할지, '있지 않다'로서 묘사해야 할지 모르게 존재와 부재를 교차한다.

실은, '존재에서 부재로, 부재에서 존재로' 옮겨가는 변화/이동은 매 순간 세상에 몸을 드러낸 모든 것 *x*에 일어나는 운명의 무상한 과정이다.

---

4) 장-폴 사르트르, 『구토』 강명희 옮김. 서울: 하서출판사, 2008, 234-235쪽 그리고 292쪽.

(200614)

6.

x는 지상에 실현된 모든 것들에 내재하면서 동시에 그것들을 영원히 이탈함으로써 탈-영토화를 한다. 그러므로 x를 향해, 들뢰즈와 가타리가 말하는 영토화나 재-영토화하는 것이 불가능하다. x는 지상에 거처를 두면서도 지상에 소속하는 것이 아니기 때문이다. x는 도대체 영토화의 대상이 될 수 없는 존재다.[5]

그러나 X는 x에 내재하면서 x를 대상화하거나 영토화할 수 있다. X는 영원의 기억체 x와 그로부터 분출하는 행위 $\neg x$를 향해 절대적으로

---

5) "그러므로 사람은 다른 누구의 (우연한 규칙과 우연한 척도에 따르는 독선에 지나지 않을) 판단과 정의(定義)와 명령과 지시의 '대상'이 될 수 없다고 생각하고 있다. 그런 생각을, 독선 금지를 어기며 접근해서 도달한 '대상'과 독선 금지를 따르며 접근해서 도달한 'x' 사이의 대칭 관계로서 요약할 수 있다.

'대상' v. 'x'

세상에 몸을 드러낸 한 개체 실존은—심지어 한 물체이더라도—그것이 비롯하는 때와 데 곧 그 뿌리를 추적해 따라가면 인간적인 경계 너머 미지의 x로 회귀해 들어간다.

그래서 한 개체 실존 x는 영원에 소속하는 한 조각의 기억체계라고 이해하게 되었다. 우주론적으로, 고생물학적으로, 그리고 계통 발생적으로. 그렇게 한 폐허의 경계를 통과하며 투쟁하는 그는 더 이상 경계가 뚜렷한 한 '개체 실존'도 '존재'도 '무'도 아니고 그렇다고 회의주의자일 수도 아나키스트일 수도 'ㅂㄷ'일 수도 없어서 이렇게 외치는 것이다. '나는 x다.'" 『진리의 패권은 사람에게 있는 것이 아니다』 고양, 경기: 사월의책, 2019, 15-17쪽.

초월하는 행위 곧 붕괴의 사태를 일으킬 수 있다. X는 x가 소속하는 현재의 시간대를 부재화(不在化)하는데, 그렇게 x 그가 굳게 의지하는 습관의 규칙, 습관의 기대를 붕괴시키는 사태를 일으킨다. (200414)

7.

모든 한계 지어진 존재 x에 침투 내재하면서 동시에 그의 한계를 절대적으로 초월하는 X의 행위에는 운명의 피동성이라는 것이 없다. 그는 어떤 한계 또는 현재라는 시간대 안에 갇혀 있는 행위자가 아니기 때문이다. 그는 언제나 세상에 실현된 모든 행위자가 소속하는 각기의 시간대 너머에서 움직이는, 초월하는 행위자다.

따라서 들뢰즈와 가타리가 말하는 유의 '영토화' 또는 '탈-영토화' 같은 행위는 지상에서 각기의 짧은 시간대에 소속하는, 그래서 같은 위계에 놓여 있는 존재들 사이에서만 가능한 일이다.[6)]

마찬가지로 브뤼노 라투르의 '행위자-연결망'으로 이루어지는 세계에서 행위자들은 모두 같은 존재론적 위계에 놓인다. 거기에서 인간적인

---

6) "신이나 절대 군주처럼 초월하는 지위에서 지배하거나 통치하는 자를 배격하고, 오직 자신들로부터 시작하는 자발적 내재성을 바탕으로 해서 철학적 사유가 비로소 가능하게 되었다는 것이다. 이를 일리 있는 해석으로 받아들인다면, 고대 그리스에서 들뢰즈와 가타리에 이르기까지의 철학적 사유는, 친구들 또는 경쟁자들 사이에서 이루어지는 사회적 관계의 한 형태로서 정착되었다고 이해하게 되는 것이다." 이 책 Σ4. "그대가 소속한 시간대를 돌아보라"의 줄기글 7.에서 따옴.

것이든, 인간적이 아닌 자연의 것이든, 모든 행위자는 같은 위계에 소속해서 평등한 자격을 가지고 움직인다.[7] 그러한 인식을 같이하는 레비 브라이언트는, 자연의 현상이든 그 밖의 정신적 사태이든 그것들은 '객체들의 민주주의'(democracy of objects), '평등의 존재론'(flat ontology)에 따라 그들 사이의 연대를 이룰 수 있다고 믿는다.[8] (200406)

---

7) 브뤼노 라투르가 주장하는 행위자-연결망을 읽고, 나는 진리의 패권이 행사하는 '대상'을 '사람'이 아닌 '*x*'로 그 외연을 넓혀서 그 본래의 뜻에 맞도록 다음과 같이 다시 진술했다.

"진리의 패권은 철두철미 개체 존재 *x*를 매체로 삼는데, 그 매체 *x*를 움직이는 패권의 행사자 *X*는, *x*의 한계를 초월하며 통제한다. 그렇다면 한낱 매체 존재로서의 *x*가 지닌 자격은 무엇인가? *x*는 그러한 매체로서보다 더 깊이 있는 '관점', 그러한 매체로서보다 더 오래 살아남은 '전략'을 가질 수 없다는 한계점에서 그의 자격을 얻는다." 『진리의 패권은 사람에게 있는 것이 아니다』 고양, 경기: 사월의책, 2019, 27쪽.

8) [아래는 이 책 Σ3. "초월은 운명이다"의 풀이 3. "시대 체험과 역사 인식"의 풀이말 45)에서 따옴]

브뤼노 라투르의 행위자 연결망 이론(Actor-Network Theory)은 그를 긍정적으로 평가하는 이론가들에 의해서 '평등의 존재론' 또는 '객체들의 민주주의'로 풀이되고 있다.(1) 그렇게 행위자 연결망에서는 *x*로서 대표하는 각자의 다른 시대 체험과 역사의 기억을 함축하는 '시간대'라는 다른 위계에서 행사되는 절대적 결정력에 대한 고려가 배제되어 있다.

(1) "라투르의 연결[망] 사회학에서 구현된 두드러진 차이점은 인간들(humans)과 인간 아닌 것들(non-humans)의 관계에 국한하지 않고 … 인간들을 전혀 포함하지 않은 관계[연결망]의 사회학을 상상할 수 있다는 것이다. 이는 제인 구달(Jane Goodall)처럼 다만 벌과 개미와 고릴라들의 사회를 분석할 뿐만 아니라 어떤 감각도 가지고 있지 않은 존재들의 집합체[연결망]에 대한 연구를 포함하는 것이다. … … 이렇게 보면 분자생물학자들과 화학자들도 연결[망]의 사회

8.

언제나 '보다 높은 위계'로 또는 '소속하는 시간대 너머'로 초월하는 행위자인 X는 결코 세상에 몸을 드러낸 어떤 행위자 x들의 연결망 또는 영토화/탈-영토화의 대상이 될 수 없다. X는 지상의 행위자 x가 펼치는 그 어떤 네트워크 또는 영토화/탈-영토화의 대상도 아니다.

그러나 x로서 대표하는 그것 자체 역시 영원의 시간을 무의식의 기억으로 품고 있는 존재이기 때문에, 그들 사이에 피상적으로 이루는 네트워크나 영토화/탈-영토화의 대상으로 접근할 수 있는 존재가 아니다.

사실, 오늘 지구 차원으로 확대되어 가는 지상의 모든 형태의 집단에서 모방하는 민주주의란 실은 무차별하게 평등한, 그래서 깊이의 다름이 제거된 '피상적' 객체들 사이에 구축되는 '네트워크' 또는 '영토화/탈-영토화'라는 '피상적' 관계 양식이다. 그렇다면 모두가 각기의 유일한 개체성을 지니고 그래서 각기의 고유한 기억과 상상의 패턴을 타고난 대로를 유지하며 구축하는 대안의 민주주의, 대안의 사회는 어떤 관계 양식에 따라 이루어질 수 있는가?[9] (200412)

학자들이다. 왜냐면, 그들은 어떻게 특정한 행위자들이 특정한 집합체들을 이루게 되는지를 연구하기 때문이다." "[이렇게] 대상[또는 객체]들의 민주주의(democracy of objects)를 구축하는 것이 평등의 존재론(flat ontology)이다." Levi R. Bryant, ***The Democracy of Objects***. Ann Arbor, MI: Open Humanities Press, 2011, pp. 278-279. 그리고 p. 289.

9) 그 대안의 민주주의, 대안의 사회를 이끄는 안내자로서 '불일치와 일치의 동거 관계'라고 이름 붙일 수 있는 다음과 같은 사회 구성의 원리를 제안할 수 있다.(1)

9.

지상의 존재들 x가 소속하는 시간대 너머에서 또는 그런 한계 너머 위계에서 다가오는 절대의 행위자 X는 어떤 모양으로 현상계에 나타나는가?[10)]

플라톤과 아리스토텔레스에서 헤겔에 이르기까지, 그리고 노자와 맹자에서 육구연과 왕양명에 이르기까지 그들의 '분석론'[11)]에 의해 이루

---

(1) "불일치와 일치가 함께 삶—사회학: … … 불일치와 일치의 동거 관계에서 일어나는 치열한 갈등과 협력의 관계는 생명의 체계 안에서도 일반화되어 있다. 불일치와 일치의 동거 관계는 특히 서로 다른 개체성들이 부딪히는 가운데 협력해서 집단을 이루어 사는 동물들의 집단생태에 대한 관찰에서도 확인된다는 보고가 있다. 이를테면, 한 집단 안의 동물들도 각각의 개체성을 가지고 있어서 그들 사이의 다름으로 인한 갈등이 있을 뿐만 아니라, 동시에 그들 사이의 다름에 의한 역할 분담이 있어서 집단 안에서 협력 관계가 이루어진다는 것이다.

이러한 불일치와 일치의 동거 관계에 따라 먹이를 찾는다든가 포식자를 피한다든가 질서 있게 이동하든가 하는 따위의 집단행동이 효율적으로 가능하게 된다. 그리고 역으로 개체의 서로 다른 역할 배분 또는 행태 자체가 그 집단이 행사하는 사회적 요청에 따라 결정된다는 사실도 확인할 수 있는 것으로 본다." 『진리의 패권은 사람에게 있는 것이 아니다』 고양, 경기: 사월의책, 2019, 152쪽의 풀이말 **8)**에서 따옴.

10) 아래의 줄기글 **9.**에서 논의하는 일부는, "오직 철학자들에게 있을 만한 의문들," 『진리의 패권은 사람에게 있는 것이 아니다』(2019)에 실린 한 부분(70-73쪽)을 다시 고쳐 풀이하고 있음.

11) 서구와 중국 전통의 철학 체계들이 똑같이 '분석론'이라고 할 만한 한 공통의 전략을 따라 이루어졌다는 점에 대하여 다음과 같은 설명을 할 수 있다.

"[분석론은] 세계에 주어지는 현상계 전체에 대한 설명을 시도하는 과학자와 철

어지는 세계 패턴에서 드러나듯이, 그들은 모두 지상의 현상계에서 '형태적 안정성'을 발견하는 데에 중점을 두고 있었다. 과학자도 철학자도 일상인도 그들이 경험하며 관찰하는 현상계에서 의지할 만한 형태적 안정성을 포착하려고 한다. 이러한 전통의 자연 또는 세계 패턴을 수학자 르네 톰은 다음과 같이 일반화한다.

> "형태적 안정성의 개념은 과학의 모든 분야 현상들을 해석하는 데에 주요한 해법으로 보여 왔다."[12]

그러나 '형태적 안정성'으로 환원할 수 없는 변화무상한 그래서 불규칙한 이변 현상들에 착안하여, 르네 톰은 이를 카타스트로피 곧 '형태 발생'이라는 대안의 패턴으로 묘사한다. 그렇다면 현상계에서 일어나는 변화무상한 사건 사물들의 출현과 소멸, 시작과 종결의 단계까지도 르네 톰이 제안하는 카타스트로피 곧 형태 발생의 과정으로 수렴해서 설

학자들의 논리적 방법의 변함없는 한 모델이다. 이해하고자 하는 그러나 아직 불투명한 현상 세계를 명석 판명하게 확실한 기본단위들에 근거 지우는, 또는 그러한 근거로 환원하는 논리적 전략이다." "이러한 분석론의 전략은 서양철학 전통에만 고유한 것인가? 노자와 공자 그리고 다시 맹자에서 왕양명에 이르기까지 중국 철학자들의 [정합적] 체계를 구축하는 바탕에서도 하나의 분석론이 움직이고 있음을 확인할 수 있다. ⋯ ⋯ 만약 [그들에게] 정합적 체계를 구축하는 성분개념들에 대한 분석적 이해가 없었다면 중국철학사를 관통하는 대대(待對) 또는 상반상성(相反相成)의 관계론은 뿌리내릴 수 없었을 것이다." Σ3 "오직 철학자들에게 있을 만한 의문들," 『진리의 패권은 사람에게 있는 것은 아니다』 고양, 경기: 사월의책, 2019, p. 66. 그리고 p. 68.

12) Rene Thom, ***Structural Stability and Morphogenesis. An Outline of a General Theory of Models***, trans. D. H. Fowler. Reading, MA: The Benjamin/Cummings Publishing Co., (1975) 1980, p. 12.

명할 수 있을까?[13]

그런데 현상계에서 출현과 소멸을 거듭하는 존재들의 진정한 시작과 종결 지점, 말하자면 출현과 소멸을 거듭하는 것들이 통과하며 끝없이 이어가는 시간의 뿌리를 추적해 들어가서 확인하는 것이 불가능하다. 출현과 소멸, 시작과 종결의 단계를 '끊임없이' 거쳐 가는 현상계의 사건들은, 형태 발생 과정이 아닌 '형태 붕괴' 또는 '형태 부재화(不在化)'라는, 추적해 잡을 수 없는 심층의 바탕으로 함몰해 들어간다.

---

13) 2019년 말로부터 시작된 코로나19의 확산으로 인해 세계 곳곳에서 모든 가능한 방역대책들을 시행하느라고 바쁘다. 그런데 지난 뉴스 기록을 보면, 2020년 2월 중순에 복잡계 이론을 연구하는 한 국내 물리학 교수가 자신의 통계물리학 계산에 따라 이렇게 단언했다. 코로나19의 "확산 종료 시점은 2월 말 99%에 도달하고, 3월 초에는 추가 확산이 사실상 종료된다." ("코로나, 공식으로 푼 물리학자, '2월 말 99% 도달, 3월 말 종료.'" **중앙일보**, 2020년 2월 13일.)

이 또한 '형태적 안정성' 아니면 '형태 발생 과정'에 의해 기대하는 예측을 말한 것에 지나지 않은 것이다. 6월에 접어든 오늘까지 국내에서도 세계에서도 그 바이러스 감염 확산세는 종료는커녕 아직도 예측 불가능하게 그 진폭이 널뛰는 듯하다. 통계물리학 교수는 그가 단언한 코로나 확산 종료의 예측에서 무엇을 간과하고 있었는가? (200602)

그러나 이 터무니없이 빗나간 통계 물리적 예측을 전적으로 무시하며 2020년 연말인 지금도 코로나바이러스는 국내적으로 그리고 세계적으로 걷잡을 수 없을 만큼 확산 일로를 달리고 있다. 그가 '3월 말에는 종료할 것'이라고 선언했던 그 날 2월 13일에 국내 확진자는 28명이었는데, 오늘 12월 3일 현재에 국내 확진자는 35,703명이다. 그는 아직도 같은 통계물리학의 사용법을 강의하고 있을까? 그 자신의 빗나간 예측을 어떻게 다시 수정 설명하는지 무척 궁금하다. (201203)

> "산에 올라가 풀과 나무들의 무성한 자람을 보거나
> 바다에 나가 우뢰 같은 파도의 부서지는 소리를 듣거나.
> … …
> 존재 아닌 자의 힘으로 나타나고 존재 아닌 자의 힘이 거두어간다."[14)]

실로 현상계에서 발생하는 모든 사건 사물들의 출현과 소멸, 시작과 종결이 궁극에 가서 닿는 '형태 부재화'한 뿌리는, 어떤 명석 판명한 관찰에 이르기까지 분석 추적해서 도달할 수 있는 것이 아니다. 그렇게 추적 불가능한 궁극의 가상(假想) 근거 또는 뿌리는 오직 x로서밖에는 가리킬 방법이 없다. 출현과 소멸, 시작과 종결을 거듭하는 모든 것들이 뿌리를 내리는 거기에 x가 있다. 그리고 현상계의 모든 '형태 발생' 과정 일체를 취소해 버리는 '형태 부재화'를 일으키는 절대의 힘으로서 X라는 긴 시간대의 진행자가 있다.

현상계에 몸을 드러낸 한 개체 실존 x가 달려가는 곳을 가상으로 추적해 따라가면, 그 길은 형태 부재한 곧 모든 것을 부재화하는 자의 경계 X로 빠져들어 간다. 그리고 이 '부재화'는 미래에 일어나는 일이 아니고 현재의 매 순간에 일어나고 있는 일이다. 그래서 사람들은 형태 부재화로 들어가는 경계선에서, 곧 현재의 시간대 너머에서 살아남을 자신의 영혼 아니면 그래도 잡을 만한 그의 잔해를 찾는다. 어떻게든 각자의 타고난 특이성과 개체성에 따라 모두 현재 부재화하는 진행 방향으로 현재를 초월하는 삶을 모색한다. 그렇게 현재 부재화로써 초월해

---

14) 『서양의 논리, 동양의 마음』 (1987년 초판) 고양, 경기: 사월의책, 2017, (0890).

가는 장구한 시간대에 참여한다.

그렇게 모두가 매 순간에 '현재 부재화'하는, 그렇게 '초월하는' 삶을 산다. 삶 자체가 매 순간 '현재 부재화'라는 초월의 행위이다. 누구든지 초월하면서 산다.[15)]

그것이 어린 나이에도 감지하는 삶의 진수이다. '죽으면 어떻게 되느냐고….' '사람은 다 알고 살 수 없느냐고….'

'그렇게' 물음으로써 이미 그 해답을 향해 접근하고 있는 것이다. '일생의 매 순간에 그리고 지금도 현재 너머로 부재화하는 곧 초월하는 삶을 마스터해 가고 있는 것이라고. 하나도 걱정할 것이 없다고.' 이렇게 각기 소속하는 무상한 시간대 너머의 메신저 X가 모든 일생의 신비로 가득한 진로를 가리키고 있다. (200522)

10.

영원의 기억을 지닌 x는 그로부터 비롯하는 상상과 기투 행위 $\neg x$에 의해 지상의 현재로 끊임없이 재현된다. 그렇게 재현된 것은 다시 부재

15) "한 개체 생명이 인간으로 태어나 일생을 통과할 때, 그는 예고 없이 닥치는 보다 높은 위계의 초월자 또는 '국외자' 앞에 놓일 수 있다. … 그는 자기 한계에 부딪혀 꺾이거나 무너져가면서, 자신의 경계를 초월하는 위계의 존재에게 승복하거나 순응하도록 피할 수 없는 압력을 받는다. 그렇게 자기 경계 또는 자기 시간대의 초월은 끝내 그의 운명이 된다." 이 책 Σ3. "초월은 운명이다"의 줄기글 2.에서 따옴.

화하면서 새로운 현재로 재현한다. 부재화란 매 순간에 일어나는 새로운 현재로의 재현 계단이다. 부재화 또는 부재(不在)는 새로운 다음 시간대로 진행하는 초월의 한 계단이다.

형태 부재화로써 나타나는 재현 또는 초월의 형식에 대하여, 불교의 뛰어난 해설가 틱낫한은 현상학적인, '다만 현상학적인'[16] 대안의 설명을 제안하고 있다.

> "우리가 하나의 꽃을 깊이 들여다보면, 거기서 우리는 구름과 햇볕과 미네랄(mineral)과 시간과 흙 그리고 우주 안에 있는 모든 것을 본다."[17]

> "우리 주변의 사물들을 살펴보면 어떤 것도 아무것도 없는 데서 나타나는 것이 아니다. 피어난 꽃은 이미 구름, 햇볕, 씨앗, 흙 같은 다른 형

---

16) 그는 현재라는 시간대 너머에 위계를 달리하는 시간대의 실재 가능성을 부정한다. 그가 거주하고 있는 우주는 모든 것이 모든 다른 것들에 연결되어있는 하나의 거대한 단층의 현상계로 이루어진다. 그는 실재 자체 또는 물 자체 x의 차원을 인정하지 않는 다음과 같은 현상학적 세계관을 말하고 있다.(1)

"우리는 현상계에 대해 말할 수는 있지만, 본체계에 대해 말하기는 대단히 어렵다. [이를테면] 우리들의 개념이나 낱말들을 가지고 신에 대해 말하는 것이 불가능하다. … … 신은 작다거나 크다고 말할 수 없다. 신에게는 시작이나 종말이 없다. 신은 더 아름답거나 덜 아름답지 않다. 현상계를 묘사할 때 사용하는 이런 관념들을 신에게 적용할 수 없다. 그러니까 신에 대해 아무것도 말하지 않는 것이 현명하다." Thich Nhat Hanh, ***Going Home: Jesus and Buddha as Brothers***, New York: Riverhead Books, 1999, pp. 7-8.

17) Thich Nhat Hanh, ***Living Buddha, Living Christ***, London: Rider, 1996, p. 11.

태로 있었던 것이다. 태어남 그리고 다시 태어남이라기보다는 '드러남'(manifestation) 그리고 '다시 드러남'(re-manifestation)이라고 말하는 것이 사실에 더 맞는다. … … 꽃이 시들어 죽었다고 말할 때 그것은 맞는 말이 아니다."[18]

그에 따르면, 지금 피어 있는 꽃이 시들어 죽는 일은 결코 없다. '시들어 죽는다.'라는 인식은 한 피상의 관찰에 머물러 있는 것이다. 틱낫한은 '부재화' 또는 '부재'(不在)란 결코 죽음이 아니라 '다시 드러남'의 한 '피상적' 국면이라는 관찰을 또 다른 사례 가운데서 대변한다.

"피상의 세계에서 살다 보면, 나뭇잎은 3월에 태어났고, 10월에 땅에 떨어지고, 그해의 마지막에 그 나뭇잎을 밟게 되는 것이다. … … 그러나 깊은 세계에서 살 때는, 그 [땅에 떨어진] 나뭇잎을 밟으며 우리는 태어남도 죽음도 없는 세계에 접하는 것이다. 태어남과 죽음은 피상의 세계에 있을 뿐이다. 그 나뭇잎을 깊이에서 접하면, 그는 우리에게 웃으며 이렇게 말한다. '안녕, 내가 죽었다고 생각하지 마세요. 나는 내년 4월에 하나의 나뭇잎 모양으로 다시 돌아올 거예요. 그때 다시 와서 푸른 색깔의 나를 보세요.'"[19]

이렇게 '다시 드러남'의 놀라움을 관찰하면서, 왜 '부재화'라는 이면(裏

---

18) Thich Nhat Hanh, "Thich Nhat Hanh Talks About Reincarnation," ***Omaha Community of Mindful Living***. Omaha, Nebraska, U.S.A.

19) Thich Nhat Hanh, ***Going Home: Jesus and Buddha as Brothers***. New York: Riverhead Books, 1999, pp. 158-159.

面)의 시작 행위를 피상의 국면이라 하는가? '다시 드러남'의 놀라움을 이루기 위하여 그 아래에서 끊임없이 '부재화'라는 초월의 시작 행위를 하고 있음에도.

이처럼 한 불교 해설가의 세계에서, '드러남'(manifestation) 그리고 '다시 드러남'(re-manifestation)으로 이루어지는 우주 만상은 철두철미 현상학적 관찰에 머물러 있다. 그렇게 이루어지는 그의 우주 현상계는 '드러남' '다시 드러남'을 연출하면서, 배후로 숨겨진 *x* 또는 *X*는 잊히어진다.[20] 현상계에 몸을 드러낸 각각의 것들이 소속하는 현재 그 시간대가 사라져 가는 것처럼 또는 지상에서 다섯 차례나 거듭된 대멸종의 사태처럼 무한히 반복하는 자기 초월의 전조(前兆) 곧 부재화는 그에게 보이지 않는다.

그러나 세상에는 어느 순간에도 모든 존재하는 것들의 부재화가 일어나고 있다. 그렇게 매 순간의 부재화로써 현재를 초월하는 새로운 삶을 산다. 매 순간은 영원을 향해 '자신'을 부재화하며 초월하는 삶이다. 그러므로 한 사람은 바울을 따라 "나는 날마다 죽노라." 하고서는, 다시 다음과 같이 말할 수 있다. "나는 매 순간 죽음으로써 영원을 향해 달리노라."

---

20) "불교의 뛰어난 구도자인 틱낫한의 이른바 죽음도 태어남도 없는 '귀향' 길은 역시 세상에 몸을 드러낸 모든 것이 함몰 회귀해 들어가는 우주적 시간대에 눈을 감고 외면해 버리고 있는 것이 아닌가? 아니면 귀향이 뜻하는 '*x* ⇨ *X*'는, 지질학과 우주론에서 가리키는 영원을 지향하는 시간대 '*x* ⇨ *X*( )'와 함께 결국에 동행하는 것인가? *x*가 *X*로 회귀하는 길에서, 하나의 큰 이변 *X*( ) 또한 있을 수 있는 변수로 추가될 가능성이 있다." 이 책 Σ6. "불타는 자아의 경계 위에 살다"의 이야기 10. 『귀향: 예수와 붓다가 형제로서』 줄기글 4.에서 따옴.

"한 알의 밀알이 땅에 떨어져 죽지 아니하면 한 알 그대로 있고 죽으면 많은 열매를 맺는다."

이것이 예수의 마지막 절규하는 메시지였다. 세상에 몸을 드러내 존재하는 것들에게 끊임없이 다가오는 종말 또는 소멸의 신호에 따라, 그들은 각기 자신의 초월을 꿈꾼다. 그렇게 초월은 운명처럼 피할 수 없게 다가온다.

모두 자신을 부재화함으로써 자신을 초월해가는 길을 찾는다. 그래서 자신을 초월해가는 길로서 죽음은 모두에게 같지 않음이다. 그렇게 x는 각기 쉼 없이 자신을 불사르며, 절대의 길잡이 X를 따라 함께 달린다.[21)]

'부재화 곧 초월'이라는 한결같은 양면 행위 이것이 언어조작 기술에 뛰어난 플라톤이 이해할 수 없었던 철학자 헤라클레이토스가 불일치의 일치를 투시하며 전하려고 하는 야생의 논리다. (200524)

---

21) 우리들의 모든 이야기는 x가 X로 합류 회귀하는 길에서 일어나는 일들에 관한 것이다. 이 책 Σ6. "불타는 자아의 경계 위에 살다"의 이야기 1.에서 12.까지 보기.

Σ6

불타는 자아의 경계 위에 살다
—x가 X로 회귀하는 끝없는 이야기들

i

의식의 출현 이전과 이후
—이야기 1. 2. 3.

인간에게 주어진 의식과 그로 비롯하는 활동 ¬x는 세계에 어떤 변화를 가져오는가? 만약 의식이라고 할 만한 것이 출현하지 않았다면, 인간에게 비친 사물들 x는 어떤 모양으로 다가왔을까? 인간의 의식과 그로 비롯하는 낱말과 개념과 규칙들을 가지고 조작하고 통치하는 세계가 그런 의식 활동의 개입 이전 상태로 돌아간다면, 사람들이 만나는 세계는 어떤 모양으로 변해 있을까?

본디에 의식이라는 것이 인간에게 들어오지 않았다면, 그래서 어떤 허구의 낱말도, 어떤 허구의 범주도, 어떤 허구의 규칙도 없었다면, 이 세상의 자연, 사회, 인생은 어떤 모양으로 우리에게 비쳤을까?

이러한 유의 사고 실험을 하면서 사르트르는 문명 이후 처음으로, 의식의 '출현 이전의' 뿌리 깊은 x의 자연학을 발견하게 된다. 문명의 시대에 들어선 이후, 사르트르가 한 만큼 근본적인 사고의 실험을 한 철학자는 없었다. 이에 따라 x의 자연학, x의 존재론, x의 영혼론, x의 운명관 같은 대안의 세계관이 나타날 수 있게 된 것이다.

그렇게 이름도 모양도 없는 자연(보기: 『구토』), 자기의식을 소유할 수도 그에 따르는 자기 정체성을 의식할 수도 없는 인간(보기: 『의식의 기원』), 전통의 신앙 체계에서 보장했던 약속과 응보(應報)의 질서가 취소되어 제각기 벌거벗은 개체 실존으로 살아야 하는 현실(보기: 「전도서」)에 관한 이야기들이 펼쳐지고 있다. (200329)

이야기 1. 『구토』: x

"나는 중얼댄다. 이것은 의자야. … … 그러나 말이 내 입에 남아 있어 물건 위에까지 가서 자리 잡기를 거부한다. 물건은 있는 그대로다. … … 그것은 의자가 아니다. … … 사물들은 명명된 그들의 이름으로부터 해방되었다."[1)]

"나는 공원에 있었다. 마로니에의 뿌리는 바로 내가 앉은 의자 밑에서 땅에 뿌리를 박고 있다. 그것이 뿌리라는 것을 나는 이미 기억하지 못했었다. 어휘는 사라지고, 그것과 함께 사물의 의미며, 그것들의 사용법이며, 또 그 사물들 표면에 사람이 그려 놓은 가냘픈 기호도 사라졌다. … … 존재가 갑자기 탈을 벗은 것이다. 그것은 추상적 범주에 속하는 해롭지 않은 자기의 모습을 잃었다. … … 또는 차라리 뿌리며, 공원의 울타리며, 의자며, 풀밭의 듬성듬성한 잔디며, 모든 것들이 사라졌다. 사물의 다양성, 그것들의 개성은 하나의 외관, 하나의 껍데기에 불과했다. 그 껍데기가 녹은 것이다. 괴상하고 연한 무질서한 덩어리—헐벗은, 무시무시하고 추잡한 나체 덩어리만이 남아 있었다."[2)]

"그것들은 제각기 내가 그 속에 가두어 버리려던 관계에서 빠져나가 고립하여 범람하곤 했다. 그 관계들을(인간 세계의 붕괴를 지연시키기 위

풀이말

1) 장 폴 사르트르, 『구토』 강명희 옮김. 서울: 하서출판사, 2009, 231쪽.

2) 장 폴 사르트르, 『구토』 강명희 옮김. 서울: 하서출판사, 2009, 234-235쪽.

해 유지하려고 내가 고집을 부리던 그런 척도와 양과 방향 그런 관계들을) 나는 임의적이라고 느꼈었다. 그 관계들은 사물에는 이미 들어맞지 않는 것이었다."[3]

"무식도 지식도 중요하지 않았다. 설명이나 이치의 세계는 존재의 세계가 아니기 때문이다. … … 저 뿌리는 내가 설명할 수 없는 것이며 존재할 따름이다. … … 내가 아무리 '이것은 뿌리다'라고 되풀이해도—그 말은 겉돌고 있었다. … … '그것' 자체[에 대해서]는 조금도 설명해 주지 않았다. 그 빛깔, 그 형태, 그 굳어버린 동작을 가진 뿌리는 … 모든 설명 밑에 있었다."[4]

"나는 자연을 '본다.' … … 그[자연의] 복종은 게으름이고, 자연에는 법칙이 없다는 것을 나는 알고 있다. [사람]들은 그것을 항구적인 것으로 간주하고 있는 것이다. … … [그러나] 자연에는 습관만이 있고, 자연은 습관을 내일이라도 바꿀 수가 있다. 만약 무슨 일이 생긴다면? 만약 갑자기 자연이 꿈틀거리기 시작한다면? … … 그때 그들의 둑, 그들의 성벽, 그들의 발전소, 그들의 용광로, 그들의 전기방아가 무슨 소용이 있을 것인가? 그것은 언제든지, 아마 당장에라도 일어날 수 있는 일이다."
"나는 벽에 기대어 지나가는 사람들에게 소리를 지를 것이다. '너희들이 과학으로 무엇을 했단 말이냐? 어디에 생각하는 갈대의 위엄이 있

3) 장 폴 사르트르, 『구토』 강명희 옮김. 서울: 하서출판사, 2009, 237쪽.

4) 장 폴 사르트르, 『구토』 강명희 옮김. 서울: 하서출판사, 2009, 239쪽.

단 말이냐?'"[5]

1.

그것이 무엇이라고 또는 어떻게 생겼다고 묘사할 수 없는, 그래서 그것에 갖다 붙일 이름도 개념도 법칙도 없는, 아니 그런 허구의 껍데기들을 모두 거부한 존재의 벌거벗은 모습을, 젊은 시절 사르트르의 대변자 앙투안 로캉탱이 본다. 일상의 삶에서 필수적 구실을 하는 의식의 명명(命名) 활동이나, 그로 말미암아 주어지는 사물들의 모양이나 질서 같은 것이 모두 사라진, 그래서 어떤 모양도 질서도 없는 혼돈의 세계 그런 것을 본 것이다. (200318)

2.

사르트르 자신이 이렇게 '알 수 없는' 어떤 무질서 또는 혼돈의 세계에 부딪혀 투쟁을 벌이고 있다. 그 혼돈과의 투쟁을 그의 젊은 날의 작품 『구토』에 기록하고 있다. 여기에서 그는 지금까지 어떤 일급의 과학자도 발견한 적이 없는 자연의 모습, 그런 혁명적인 '자연학'을 개척하였다.

그렇게 그는 의식이라는 구실이 개입하지 않았을 때 드러나는 무형(태), 무질서의 세계를 보면서, 의식의 절대적 창조 역량을 발견한다. 아

5) 장 폴 사르트르, 『구토』 강명희 옮김. 서울: 하서출판사, 2009, 292쪽 그리고 294쪽.

무것도 없는 데서(*ex nihilo*), 의식이 그의 의도에 따라 어떤 모양의 존재를 창조하며 그 운명을 결정한다고, 실존주의자 사르트르가 주장할 수 있게 된 것이다. (190829)

3.

그렇다면, 세상에서 또는 일상에서 사용하는 모든 낱말과 개념, 규칙과 법칙들은 전적으로 인간 특히 그의 의식의 창작 활동으로 말미암아 사물 사건들에 덧씌워진 것이다. 그 낱말과 개념, 규칙과 법칙들은 자연 또는 세계에 존재하는 것 자체의 속성이나 성질일 수 없다. 그것들은 인간 특히 그의 의식과 창작 활동이 작용해서 만들어지고, 그것들을 자연과 세계에 덧입혀 놓고, 다시 그것들을 매개로 해서 세상을 구분하고 분열시키며 그러면서 통치한다.

다만 그런 측면에서 실존주의자 사르트르는, 그가 의도했던 바와는 심히 어긋날 만큼 플라톤에서 버트런드 러셀에 이르는 인간 본위의 질서 창조를 믿은 관념론 전통에 속하는 철학자이다. (200302)

4.

지그문트 프로이트에게 'Id'('그것'에 해당하는 라틴어 낱말, 독일어로 'das Es')를 자아를 가리키는 개념으로 빌려 쓰도록 시사했던, 그러나 이후에 그 참뜻을 왜곡했다고 비판한 20세기 정신분석의 선구자 게오르그 그로텍 자신은, 세상의 모든 사건을 일으키는 숨은 실재 자체는 무엇이라고 정의할 수 없는 것이므로, 그것을 다만 'Es'('그것')로서 가리킬 수 있을 뿐이라고 다음과 같이 말했다.

> "나는 인간은 '미지의 것'에 의해 움직인다는 관점을 제안한다. 인간 안에서 [미지의] '그것'(Es)이 움직인다. … '나는 살고 있다'라는 주장은 오직 조건부로 옳다. … … ' [실은] '그것'(Es)이 인간[나]의 삶을 살고 있다.'"[6]

> "'나'는 '그것'(Es)의 생산물에 불과하다. 몸짓, 음성, 움직임, 생각함, 세우기, 걷기, 춤추기, 이 모든 것이 '그것'의 생산물이다. … … 그러나 '그것' 자체에 대해서 우리는 아무것도 알지 못한다."[7]

(200302)

5.

그래서 인간은 그들이 자의(恣意)로 만들어낸 낱말과 개념들, 규칙과 법칙들을, 본디에 알 수 없는 세계의 숨은 그 자체 '그것'을 향해 임시의 껍데기로 덮어씌운 것이라고 할 수밖에 없다. 따라서 인간이 그들의 의식 가운데서 분출하는, 이를테면 칸트의 선험적 직관과 판단의 규칙 같은 것들을 우리 앞에 놓여 있다고 상상하는 세계의 숨은 그 자체 '그것'을 향해 투사하는 행위처럼, 세계를 혼돈과 무질서로 빠뜨리는 무

---

6) Georg Groddeck, ***The Book of the It***, trans. V. M. E. Collins. NY: Random House, (1923) 1949, p. 11.

7) Georg Groddeck, ***The Book of the It***, trans. V. M. E. Collins. NY: Random House, (1923) 1949, p. 24.

모한 짓은 없다. 이러한 상황은 우리로 하여금 다음과 같이 선언하도록 이끈다.

"존재하는 모든 것들을 인간[또는 그의 언어]으로부터 해방시켜라."[8)]

이는 사르트르의 '구토'를 경험하고 난 다음, 한 철학자가 제안하는 '독선 금지'의 한 계율일 수 있다. 세상에 실재하는 모든 '그것' *x*에는 본디 인간이 가져다 매길 수 있는 낱말과 개념, 규칙과 법칙에 해당하는 것이 없기 때문이다. (200718)

8) "언어는 존재하는 모든 것에게 인간이 휘두르는 하나의 폭력이다. 인간이 사용하는 언어와 그 언어가 다가가는 사물들 사이에 어떤 공통의 척도가 없기 때문이다. 공통의 척도가 없음에도 그 사물들에게 다가가 인간이 자의(恣意)로 만들어낸 범주와 이름들을 매기는 것은, 그들에게 폭력을 휘두르는 것에 다름 아닌 것이다." v. "존재하는 모든 것들을 인간으로부터 해방시켜라" 『*x*의 존재론』 고양, 경기: 사월의책, 2017, 167쪽.

이야기 2.『의식의 기원』: $x \Rightarrow \neg x$

"『구약』의 책들 가운데 가장 오래된 것과 가장 최근의 것을 비교해 보면 꽤 믿을 만한 증거를 얻을 수 있다. … 가장 오래된 것들 가운데 「아모스」는 B.C. 8세기에 그리고 가장 최근의 「전도서」는 B.C. 2세기에 이루어진 것이다. 이 두 시대의 책에서 신의 소리를 직접 듣고 그대로 실행하는 사람(bicameral man)과 주관적인 의식을 소유한 사람 사이의 다른 점을 발견하게 된다."[9]

"「아모스」는 사막의 한 무식한 양치기가 신의 소리를 들리는 대로 토해내는 발언들의 기록이다. … … 「아모스」에는 마음, 생각한다, 느낀다, 이해한다, 이 같은 내면 의식에 해당하는 낱말은 없다. 그는 속으로 어떤 것도 계산하지 않는다. 그렇게 하는 것이 불가능하다. … 그는 말하기 전에 의식하며 생각하지 않는다. 실로 그는 생각하지 않는다. … … 「전도서」는 이 모든 면에서 정반대이다. 전도자는 가슴 깊이 삭이는 바를 생각한다. 그리고 오직 대단히 주관적인 사람만이 할 수 있는 말을 한다. '헛되고 헛되다. 모든 것이 헛되다.'(「전도서」 1:2)라고."[10]

"아모스는 맹렬히 정의롭고, 확고하고, 고상하게 오만함으로 그러나 그 자신의 의식이 없이, 오직 꾸짖는 신의 열변을 토한다. … 전도자는 영

---

9) Julian Jaynes, ***The Origin of Consciousness in the Breakdown of the Bicameral Mind***. Boston: Houghton Mifflin Co., 1976, p. 295.

10) Julian Jaynes, ***The Origin of Consciousness in the Breakdown of the Bicameral Mind***. Boston: Houghton Mifflin Co., 1976, p. 296.

락없이 화로 옆에 앉아있는 친구로서 부드럽고 친절하며 배려 깊고 조심스럽게 그러나 아모스에게는 불가능한 방법으로 인생의 모든 면을 두루 살핀다."[11]

"여기서 유대교에 대한 예수의 개혁 운동을, 신의 소리를 듣고 즉시 행하던 [지난 시대의] 사람들이 아닌 [각자의 내면에] 의식을 지니게 된 사람들을 향한 새로운 종교적 필요에 호응하는 것으로 해석할 수 있게 되는 것이다. 이제 행위는 모세의 율법처럼 밖으로부터 지시되는 것이 아니라 새로이 출현한 의식 안으로부터 제시되지 않으면 안 된다. 죄와 참회는 이제 의식 안의 요구이며 의식 안의 회개이다. 외부로 보이는 행위에 대한 십계명과 성전에 바치는 제물과 거기서 주어지는 징벌이 문제가 아니다. [새로운 시대에] 하느님의 나라는 물리적 외계에서가 아니라 마음 안에서 찾아지도록 마련된 것이다. 그것은 직설적인 것이 아니라 비유적인 것이다."[12]

"현대 사회에서는 경직된 권위주의의 정권을 군대와 경찰의 탄압에 의한 것이라고 연결 짓는다. 그러나 이런 연결은 신의 소리를 직접 듣고 행하는 시대의 권위적 국가체제에는 해당되는 것이 아니다. 군대와 경찰과 공포에 의한 통치는, 모두 오늘날처럼 주관적 의식이 속에서 들끓는 민중들을 통제하려는 필사적인 대응책으로 나타나는 것이다. 그 민

---

11) Julian Jaynes, ***The Origin of Consciousness in the Breakdown of the Bicameral Mind***. Boston: Houghton Mifflin Co., 1976, p. 296.

12) Julian Jaynes, ***The Origin of Consciousness in the Breakdown of the Bicameral Mind***. Boston: Houghton Mifflin Co., 1976, p. 318.

중들은 각기의 내면에 정체성 위기를 겪고 있고, 그들 각각은 그들 안에 겹겹이 간직한 희망과 증오들로 갈라져 있는 것이다. 신의 소리를 직접 듣고 행하는 시대 사람들의 마음은 그 자체가 사회적 통제로 작용하는 것이고 거기에 공포나 억압 또는 법률조차 개입하는 것이 아니다. 그들에게는 어떤 사사로운 야망도, 어떤 사사로운 불평도, 어떤 개인적인 좌절감도, 어떤 개인적 무엇도 없다. 그들에게는 사사로울 수 있는 내부 '공간'이 없기 때문에."[13]

1.

사르트르는 『구토』에서 의식 작용에 의한 개념조작이나 관념 활동이 개입하지 않은, 그래서 어떤 인위적 규칙도 질서도 없는 벌거벗은 자연 상태를 본다. 의식의 주관적 활동이 개입하지 않은 자연 상태에는 도대체 어떤 규칙도 질서도 있을 수 없는가? 의식의 주관적 활동이 발현하기 이전과 이후의 현저한 다름을, 고대 이스라엘의 『구약성서』 가운데 「아모스」와 「전도서」를 비교 분석함으로써 심리학자 줄리언 제인스가 설명하고 있다.

어느 시기에 인간 개개인에게서 의식의 주관적 활동이 깨어나기 시작했는가? 그 이전에 사람들은 무엇을 따라 행동했는가? 그에 대한 해답

---

13) Julian Jaynes, ***The Origin of Consciousness in the Breakdown of the Bicameral Mind***. Boston: Houghton Mifflin Co., 1976, p. 222.

으로서 B.C.E. 800년대 신의 대언자(代言者)로 등장한 아모스가 자기의식이 없이 토해내는 신의 질타와 고함 그리고 그 후 B.C.E. 300년대에서 200년대 사이에 등장한 「전도서」의 설교자가 자기의 주관적 의식 안에서 우러나서 펼치는 이야기들을 고대 심리학의 연구자 제인스가 비교 대조하고 있다. (200318)

2.

아모스는 당대의 타락한 정권과 그 백성을 향한 신의 질타를, 자기의식의 여과 없이 다음과 같이 토해낸다.

> "나 야훼가 선고한다. 다마스쿠스가 지은 죄, 그 쌓이고 쌓인 죄 때문에 나는 다마스쿠스를 벌하고야 말리라. … … 다마스쿠스 성의 빗장을 부수고 아웬 평야에 군림한 자, 베데덴에서 왕권 잡은 자를 죽이고 아람 백성을 키르로 잡혀가게 하리라. 야훼의 말씀이시다."(「아모스」 1:3-5)

이렇게 뜬금없이 나타나, 한 나라의 왕과 그 백성을 향해 반란을 꾀하는 듯 저주를 퍼붓는 아모스에게 당시 나라의 사제가 다가와 경고한다.

> "이 선견자야, 당장 여기를 떠나 유다 나라로 사라져라. 거기 가서나 예언자 노릇을 하며 밥을 벌어먹어라. 다시는 하느님을 팔아 베델에서 입을 열지 마라. 여기는 왕의 성소요 왕실 성전이다."(「아모스」 7:12-13)

이에 아모스는 자신이 쏟아내는 말은 자기를 잡아서 부리는 하느님 야훼가 직접 하시는 명령이라고 다음과 같이 대답한다.

> "나는 본시 예언자가 아니다. 예언자의 무리에 어울린 적도 없는 사람이다. 나는 목자요 돌무화과를 가꾸는 농부다. 나는 양떼를 몰고 다니다가 야훼께 잡힌 사람이다. 당신의 백성 이스라엘에게 가서 말을 전하라고 하시는 야훼의 분부를 받고 왔을 뿐이다."(「아모스」 7:14-15)[14]

아모스 자신은 개인적으로 그런 일을 감히 스스로 할 자격도 없고, 그런 말을 하리라고 생각한 적도 없는, 오직 하느님 야훼가 시키는 대로 말하는 순진한 대언자(代言者)일 뿐이라고 실토한다. 이렇게 신의 부름에 잡혀 자신의 개인적 의도나 의식이 없이 발언하며 행동하는 사람들의 시대 곧 「아모스」의 시대를, 그 이후 각기의 다른 생각으로 분열된 의식과 의도가 개개인의 내면을 파고들어 온갖 사사로운 속생각들로 들끓는 사람들의 시대 곧 「전도서」의 시대와 구별한다.

그래서 B.C.E. 3세기에서 B.C.E. 2세기에 걸쳐서 이루어졌을 이야기인 「전도서」는, 사람들의 각기 다른 마음 가운데서 주체할 수 없는 속생각들로 번뇌하며 방황하는 이야기들이 넘쳐나는 것을 보여준다.

> "어차피 지혜가 많으면 괴로운 일도 많고 아는 것이 많으면 걱정도 많아지는 법이다."(「전도서」 1:18)

> "그러나 내가 이 손으로 한 모든 일을 돌이켜 보니, 모든 것은 결국 바람을 잡듯 헛된 일이었다. 하늘 아래서 하는 일로 쓸 만한 것은 하나도 없었다."(「전도서」 2:11)

---

14) 『공동번역성서』 서울: 대한성서공회, 1977.

"성전으로 갈 때 너는 발걸음을 조심하여라. 어리석은 사람은 악한 짓을 하면서도 깨닫지 못하고 제물이나 바치면 될 줄 알지만, 그보다는 말씀을 들으러 나갈 일이다."(「전도서」 4:17)

"나는 지혜를 다 짜내어 이 모든 것을 알아보려고 했다. 나는 스스로 지혜있는 자이거니 생각했는데 어림도 없었다. 나로서는 세상만사 알 길이 없었다. 깊고 또 깊은 그것을 그 누가 알겠는가?"(「전도서」 7:23-24)[15]

(200318)

3.

그러므로, 다시 200년쯤 지난 시대에 나타난 예수는 그 마음이 온갖 속생각들로 들끓는 사람들을 향해서 설득하며 설명해야 했다. 그들은 아무리 배우지 못했더라도 더 이상 누구의 명령에 무조건 따르는 단순한 사람들이 아니다. 심지어 그들 가운데는 마음속에 온갖 계략을 품고 예수로 하여 실언을 하도록, 그를 시험하는 자들도 나타나게 된 것이다.

"바리사이파 사람들은 물러가서 어떻게 하면 예수의 말씀을 트집 잡아 올가미를 씌울까 하고 궁리한 끝에 자기네 제자들을 헤로데 당원 몇 사람과 함께 예수께 보내어 이렇게 묻게 하였다. '선생님, 우리는 선생님이 진실하신 분으로서 사람을 겉모양으로 판단하지 않기 때문에 아무도 꺼리지 않고 하느님의 진리를 참되게 가르치시는 줄을 압니다. 그래서 선생님의 의견을 듣고자 합니다. 카이사르에게 세금을 바치는 것이

---

15) 『공동번역성서』 서울: 대한성서공회, 1977.

옳습니까? 옳지 않습니까?'"

"예수께서 그들의 간악한 속셈을 아시고, '이 위선자들아, 어찌하여 나의 속을 떠보느냐? 세금으로 바치는 돈을 나에게 보여라.' 하셨다. 그들이 데나리온 한 닢을 가져오자 '이 초상과 글자는 누구의 것이냐?' 하고 물으셨다. '카이사르의 것입니다.' 그들이 이렇게 대답하자 '그러면 카이사르의 것은 카이사르에게 돌리고 하느님의 것은 하느님께 돌려라.' 하고 말씀하셨다."(「마태」 22:15-21)[16)]

그리하여, 이제는 그들이 겉으로 다듬어진 말이나 행위로서가 아니라 그들 각자의 깊은 마음속에 간직한 믿음에 의해 구원을 받을 것이라고 예수는 설득하고 있다. 지금은 더 이상 아브라함이나 아모스처럼, 사사로이 생각하는 내적 공간을 거치지 않고 신의 소리를 직접 듣고 즉시 실행에 옮기는 사람들의 시대가 아니기 때문이다. (200319)

---

16) 『공동번역성서』 서울: 대한성서공회, 1977.

이야기 3. 「전도서」: $x \Rightarrow \neg x$

"지금 있는 것은 언젠가 있었던 것이요 지금 생긴 일은 언젠가 있었던 일이라. 하늘 아래 새것이 있을 리 없다. '보아라, 여기 새로운 것이 있구나!' 하더라도, 믿지 말라. 그런 일은 우리가 나기 오래전에 이미 있었던 일이다. 지나간 나날이 기억에서 사라지듯 오는 세월도 기억에서 사라지고 말 것을."(「전도서」 1:9-11)[17]

"그러나 하느님께서 사람에게 역사[영원, 어둠]의 수수께끼를 풀고 싶은 마음을 주셨지만,[18] 하느님께서 어떻게 일을 시작하여 어떻게 일을 끝내실지 아는 사람은 하나도 없다는 것을 나는 알았다."(「전도서」 3:11)[19]

"죽는 날이 태어난 날보다 좋다. 잔칫집에 가는 것보다 초상집에 가는 것이 좋다. 산 사람은 모름지기 죽는다는 것을 명심할 필요가 있다. 웃는 것보다는 슬퍼하는 것이 좋다. 얼굴에 시름이 서리겠지만 마음은 바

---

17) 『공동번역성서』 서울: 대한성서공회, 1977.

18) "하느님이 인간의 마음 가운데에 심어주셨다는 영원은 인간으로 하여금 그 자신이 행사하는 일의 시작과 끝을 어둠 속에 두어서 알 수 없게 하는 것이다. 인간은 제한된 시간 가운데 놓여 있고 모든 시간들은 영원 가운데로 빠져들어 가게 만들어져 있다." "따라서 유한의 시간들 안에 갇혀있는 인간들은 어둠으로 빠져들어 가는 영원에 대하여 경외와 공포를 느낀다." 『x의 존재론』 고양, 경기: 사월의책, 2017, 103쪽의 따온글 (18)과 102쪽 참고.

19) 『공동번역성서』 서울: 대한성서공회, 1977.

로 잡힌다. 지혜로운 사람은 마음이 초상집에 있고 어리석은 사람은 마음이 잔칫집에 있다."(「전도서」 7:1-4)[20)]

"나는 덧없는 세월을 보내면서 세상만사를 다 겪어보았다. 착한 사람은 착하게 살다가 망하는데 나쁜 사람은 못되게 살면서도 고이 늙어가더구나. 그러니 너무 착하게 살지 마라. 지나치게 지혜롭게 굴 것도 없다. 그러다가 망할 이유가 어디 있는가? 그렇다고 너무 악하게 살지도 마라. 어리석게 굴 것도 없다. 그러다가 때도 되기 전에 죽을 까닭이 없지 않은가?"(「전도서」 7:15-17)[21)]

"내가 또다시 하늘 아래서 벌어지는 일을 살펴보았더니 발이 빠르다고 달음박질에 우승하는 것도 아니고 힘이 세다고 싸움에서 이기는 것도 아니며 지혜가 있다고 먹을 것이 생기는 것도 아니고 슬기롭다고 돈을 모으는 것도 아니며 아는 것이 많다고 총애를 받는 것도 아니더라. 누구든지 때가 되어 불행이 덮쳐오면 당하고 만다."(「전도서」 9:11-12)[22)]

"그 마음은 올가미요 그 말은 사슬이다. … 하느님은 사람을 단순하게 만드셨는데 사람들은 공연히 문제를 복잡하게 만든다."(「전도서」 7:26-29)[23)]

---

20) 『공동번역성서』 서울: 대한성서공회, 1977.

21) 『공동번역성서』 서울: 대한성서공회, 1977.

22) 『공동번역성서』 서울: 대한성서공회, 1977.

1.

오래전부터 길들여져 익숙한 자연의 질서와 일상의 습관들이, 그리고 그런 것들이 의존하는 모든 범주체계와 법칙들이 붕괴하는 체험을 20세기의 사르트르가 그의 작품 『구토』에 기록하고 있다.

그와 유사한 붕괴의 체험 기록이 고대 이스라엘에서도 전해지고 있다. 『구약』에서 이를테면 「신명기」에서 약속된 응보(應報)의 질서가 붕괴하며 무효화되는 새로운 시대의 체험 기록을 「전도서」가 담고 있다. 「전도서」는 약속된 미래가 취소되고 응보의 믿음이 무효화되는 사태를, 급변하는 그 시대의 한복판에서 묘사하고 있다. 「전도서」에는 오래된 『구약』의 「신명기」에 나오는 다음과 같은 응보의 믿음 또는 그런 유의 행위 질서를 찾아볼 수 없다.

> "야훼께서 너희를 택하신 것은 너희가 어느 민족들보다 수효가 많아서 거기에 마음이 끌리셨기 때문이 아니다. … 다만 너희를 사랑하시고 너희 선조들에게 맹세하신 그 맹세를 지키시려고 … 이집트 왕 파라오의 손아귀에서, 그 종살이하던 집에서 건져내셨다."(「신명기」 7:7-8)[24]

---

23) 『공동번역성서』 서울: 대한성서공회, 1977.

24) 『공동번역성서』 서울: 대한성서공회, 1977.

"너희가 만일 너희 하느님 야훼께서 하신 말씀을 귀담아들어, 내가 너희에게 내리는 그의 모든 명령을 성심껏 실천하면, 너희 하느님 야훼께서는 땅 위에 사는 만백성 위에 너희를 높여주실 것이다."(「신명기」 28:1)[25]

이러한 믿음으로 이루어져 왔던 이스라엘 공동체 삶에서 구약시대를 관통해 내려오던 응보의 질서가 더 이상 유효하지 않게 된 것이다. 이제는 시대가 바뀌어 개개인 각자에게 발현하는 의식과 그로부터 분출하는 상상과 기투 행위가 어떤 변화를 가져오게 했는지를, B.C.E. 300년대에서 200년대에 걸쳐서 활동했을 한 설교자가 남긴 토론서 곧 「전도서」에서 확인할 수 있다. 「신명기」에 기록된 저 믿음의 길잡이가 「전도서」에서 다음과 같은 실토로 바뀌는 것은 놀라운 역사의 증언이라 아니할 수 없다.

"나는 덧없는 세월을 보내면서 세상만사를 다 겪어보았다. 착한 사람은 착하게 살다가 망하는데 나쁜 사람은 못되게 살면서도 고이 늙어가더구나. 그러니 너무 착하게 살지 마라. 지나치게 지혜롭게 굴 것도 없다. 그러다가 망할 이유가 어디 있는가? 그렇다고 너무 악하게 살지도 마라. 어리석게 굴 것도 없다. 그러다가 때도 되기 전에 죽을 까닭이 없지 않은가?"(「전도서」 7:15-17)[26]

(190829)

---

25) 『공동번역성서』 서울: 대한성서공회, 1977.

26) 『공동번역성서』 서울: 대한성서공회, 1977.

2.

의식과 그 내면의 활동이 출현함으로 말미암아, 그가 놓인 주변의 환경으로부터 고립 소외된 자신이 한 개체 실존으로 있음을 스스로 깨닫는다. 그때 비로소 자신과 그의 주변 세계 사이의 새로운 관계를 인식하며, 취소된 전통의 세계질서와 습관적 믿음에 대한 의문이 일어난다. 그래서 전도자는 이렇게 말한다.

> "사람의 운명은 짐승의 운명과 다를 바 없어서, 사람도 짐승도 같은 숨을 쉬다가 같은 죽음을 당하는 것을! 이렇게 모든 것은 헛되기만 한데 사람이 짐승보다 나을 것이 무엇인가! 다 같은 데로 가는 것을! 다 티끌에서 왔다가 티끌로 돌아가는 것을! 사람의 숨은 위로 올라가고 짐승의 숨은 땅속으로 내려간다고 누가 장담하랴! … … 죽은 다음에 어찌 될지를 알려 줄 자 어디 있는가!"(「전도서」 3:19-22)[27]

전통의 세계질서와 습관적 믿음이 이렇게 깨어져서 고립무원의 처지에 놓인 그는 자신의 깊은 바닥에서 무엇을 보았는가? 그 자신 안에 숨겨져 있던 적나라한 실체가 드러나 보이는가? 그가 기존의 모든 허구의 질서와 믿음에서 벗어날 때, 남겨지는 것은 사르트르의 이른바 '벌거벗은' 자신의 존재 x일 뿐이다. 「전도서」의 설교자는 역사에 출현했던 어떤 전통의 철학자보다 더욱 깊이 자신의 속으로 들어가 본, '인간 자아'의 탐구자이다. (200804)

---

27) 『공동번역성서』 서울: 대한성서공회, 1977.

3.

이렇게 그들이 굳게 믿어 왔던 초월하는 절대자가 행사하는 응보의 질서에 대해서뿐만 아니라 일상 행위의 도덕적 지침에 대해서조차 의문을 품게 하는 급변 시대 한가운데서, 히브리 전통의 한 설교자가 그의 깊은 회의를 토로하고 있는 것이다.

> "그러나 하느님께서 사람에게 역사[영원, 어둠, 무지]의 수수께끼를 풀고 싶은 마음을 주셨지만, 하느님께서 어떻게 일을 시작하여 어떻게 일을 끝내실지 아는 사람은 하나도 없다는 것을 나는 알았다."(「전도서」 3:11)[28)]

> "그처럼 조물주 하느님께서 어떻게 일하시는지는 알 길이 없다. 아침부터 씨를 뿌리고 저녁때까지 손을 쉬지 말아라. 이것이 싹틀지 저것이 싹틀지, 혹은 모두가 싹틀지 누가 알겠는가?"(「전도서」 11:5-6)[29)]

그가 아직도 버리지 않고 믿는 하느님은 어떻게 움직이는 존재인가? 도대체 세계를 이끌고 가는 아니면 휩쓸고 가는 모든 운명의 심판자는 무엇으로 가리키며 대표해야 하는가? 그는 히브리 전통에서 인과응보로 주재하던 야훼도, 역사를 관통하는 절대 이성도, 이데아의 이데아도, 음양의 대대(待對) 관계를 관장하는 도(道)도 아니다. 그는 오직 x

---

28) 『공동번역성서』 서울: 대한성서공회, 1977.

29) 『공동번역성서』 서울: 대한성서공회, 1977.

로서밖에는 대표할 방법이 없다.

그러므로 개개인에게 의식이 침투하고 그로 비롯하는 온갖 상상과 기투 행위가 분출함으로 말미암아 고대문명의 절대 체제가 붕괴하는 전환시대에 반응하는 「전도서」의 메시지는, 다음 시대에 등장하는 예수의 새로운 메시지를 기다리며 예비하는 것이라고 이해할 만한 것이다.

"다시 200년쯤 지난 시대에 나타난 예수는 그 마음이 온갖 속생각들로 들끓는 사람들을 향해서 설득하며 설명해야 했다. 그들은 아무리 배우지 못했더라도 더 이상 누구의 명령에 무조건 따르는 단순한 사람들이 아니다."[30] (200805)

---

30) 이 책 Σ6. "불타는 자아의 경계 위에 살다"의 i.의 이야기 2. 『의식의 기원』의 줄기글 3.에서 따옴.

ii

의식의 투쟁에서 변신하기까지
—이야기 4. 5. 6.

개개인에게 의식과 그것을 통해 상상하고 실행하는 일체의 가능성 $\neg x$ 가 출현하고 난 다음, 사람들은 그들이 소속한 집단 또는 공동체 'Xx & $\neg x$' 안에서 놓이는 위치에 따라 각기의 고유한 학습과 모험의 패턴을 만들어 간다. 그 안에서 그들은 각자 타고난 것을 가지고 각기의 고유한 모양으로 온갖 다른 개체성을 발휘하는 것이다.

그렇게 해서 의식의 출현은 개체 존재들/사람들 사이에서 한쪽으로는 뛰어난 공감력과 친화력을 발휘하는 동시에, 다른 한쪽으로는 극심한 분열과 대립이라는 관계 현상을 낳게 한다. 특히 사람들은 각각의 깊은 내면에 간직한 감정과 생각을 서로 통분 공유할 수 없을 만큼 대내적, 대외적 분열의 국면을 연출하기도 한다.

그 가장 극심한 대내적 또는 대외적 분열의 체험 기록을, 조선 시대 척화파(斥和派)와 주화파(主和派) 사이에 끼인 한 임금님의 치욕스러운 항복 절차의 기록 『남한산성』에서, 또한 한국전쟁 이후 남북의 체제와 이념의 갈등을 통렬하게 체험하고 관찰한 작가의 작품 『광장』에서, 그리고 20세기 초에 한 유대 청년이 유럽에서 겪은 정신적 고립감과 자아 분열증세의 보고서와도 같은 『변신』에서 읽을 수 있다. (200301)

이야기 4. 『산성일기』: $Xx \& \neg x$

“화친은 이미 믿을 것이 못 되고, 싸우기와 지키기를 다할 뿐이었다. [그런데] 최명길이 상소하여 화친할 사신 보내기를 청한 데 대하여, 교리 오공[오달제]과 이조정랑 윤공[윤집]이 상소하여, 최명길을 베라고 하였다. 조정이 이러지도 저러지도 못하였다. … 이때 홍타이지[淸의 황제 汗]가 … 답서에 다음과 같이 일렀다.
‘너희 나라가 산성을 많이 쌓았으나, 내 당당히 큰길을 따라갈 것이니 산성에서 나를 막을쏘냐? 너희 나라가 [피신할] 강화도를 믿는 모양이나 내가 조선 팔도를 짓밟을 때 조그만 섬에서 임금 노릇을 하고 싶으냐? 너희 나라의 의논을 짐작하건대, 모두가 선비이니 가히 붓을 쌓아서 나를 막을쏘냐?’”[1)]

“[청(淸)의 황제 홍타이지에게 보낼 아래의 국서]는 이조판서 최명길[주화파]이 지은 것이다. 예조판서 김청음[척화파]이 들어와 이 편지를 보고 손으로 찢고 실성통곡하니 곡성이 대궐 안에 사무쳤다. 김청음이 최명길에게 이렇게 일렀다. ‘대감이 차마 어찌 이런 일을 하시오?’
[최명길이 쓴, 청(淸)의 황제 홍타이지에게 보낼 국서는] ‘대국(大國, 淸)의 위엄과 덕이 멀리까지 더하고 … 큰 명령이 바야흐로 새롭거늘, 소방이 십 년 형제로서 도리어 죄를 얻음이 많으니, 미치지 못할 뉘우

풀이말

1) 작자 미상, 『산성일기: 인조, 청 황제에게 세 번 절하다』 김광순 옮김. 경기, 파주: 서해문집, 2006, 33-35쪽.

침이 있는지라. … … 성[남한산성]에서 나오라고 하는 명(命)은 진실로 어진 뜻이지만 포위된 것이 풀리지 않았고, 황제의 노함이 바야흐로 왕성하니, 여기에 있어도 죽고 나와도 죽을 것이다. … …황제의 덕이 천지 같으니 감히 실정을 드러내어 말하고 공경히 은혜를 기다리노라.'"[2)]

"신생의 길은 죽음 속으로 뻗어 있었다. 임금은 서문으로 나와서 삼전도에서 투항했다. 밖으로 싸우기보다 안에서 [척화와 주화를 각기 내세워] 싸우기가 더욱 모질어서 글 읽는 자들은 갇힌 성안에서 싸우고 또 싸웠고, 말들이 창궐해서 주린 성에 넘쳤다."[3)]

"한[淸의 황제 汗]이 황금 걸상 위에 걸터앉아 바야흐로 … 활쏘기를 멈추고, 전하[조선의 임금 仁祖]로 하여금 걸어서 들어가게 하였다. 백보 걸어 들어가셔서 … 뜰 안의 진흙 위에서 배례하시려 할 때였다. 신하들이 돗자리 깔기를 청하는데 임금께서 '황제 앞에서 어찌 감히 스스로를 높이리오.' 하고 말씀하셨다. 이렇게 세 번 절하고 아홉 번 머리를 조아리는 예를 행하시자 … 제왕[汗]이 [그의] 오른쪽에 앉으시게 하였다."[4)]

---

2) 작자 미상, 『산성일기: 인조, 청 황제에게 세 번 절하다』 김광순 옮김. 경기, 파주: 서해문집, 2006, 72-73쪽.

3) 김훈, 『남한산성』 서울: 학고재, 2007, 4-5쪽.

4) 작자 미상, 『산성일기: 인조, 청 황제에게 세 번 절하다』 김광순 옮김. 경기 파주: 서해문집, 2006, 96쪽.

1.

조선의 성벽은 더 이상 버틸 수 없게 된다. 조선의 경계는 무너진다. 조선의 왕은 성 밖으로 나와, 황금 걸상 위에 걸터앉은 청의 황제 한(汗) 아래에서 진흙 바닥에 무릎을 꿇는다. 그리고 진흙 바닥에서 세 차례 절하고 아홉 차례 머리를 조아리는 예(禮)를 올린다.[5] 그렇게 조선은 청의 황제에게 먹힌다.

조선의 왕은 청나라 황제의 경계 안에 놓인 마디가 된다. 조선의 왕은 그러니까 청의 황제가 다스리는 경계 안의 마디로서 구실을 하며 먹혀 버린 자신의 희미한 경계를 조심스럽게 잡고 있다.

이 상황을 작가 김훈은 『남한산성』에서 이렇게 요약하고 있다.

> "신생의 길은 죽음 속으로 뻗어 있었다. 임금은 서문으로 나와서 삼전도에서 투항했다."[6]

임금은 먹힘으로써 살아남는 위태로운 경계 모색을 한다. 그러한데 청

5) 작자 미상, 『산성일기: 인조, 청 황제에게 세 번 절하다』 김광순 옮김. 경기, 파주: 서해문집, 2004, 96쪽 보기.

6) 김훈, 『남한산성』, 서울: 학고재, 2007, 4쪽.

의 황제 한(汗)은 왜 조선을, 조선의 왕을 완전히 먹어버리지 않았을까? 만약 그랬다면 조선은 세상에서 사라지고 지금은 아마도 중화인민공화국의 한 자치주가 되어 있지 않았을까? 혹시 소화하기에 부담스러움을 느꼈던가? 곽란을 일으킬까 봐. 그래서 완전히는 삼켜버리지 않고 그가 다스리는 경계 안의 마디로 살려두는 것이 자신에게 유리하다고 생각했나?

먹고 먹히는 삶 그 생명의 과정은 이렇게 경계의 무너짐과 다시 지음의 반복이다. 타자를 자기 경계의 마디로 하거나 아니면 타자의 경계 속으로 자신이 먹히어 들어가거나, 그렇게 생명의 격렬한 곡예가 펼쳐져 간다.[7] (070606)

2.

조선의 임금을 둘러싸고 선비 관료들은 여전히 중화의 나라 명(明)을 섬기자는 척화파(斥和派)와 신흥세력인 오랑캐의 청(淸)과 타협하자는 주화파(主和派)로 갈라져 논쟁을 일삼을 때, 청의 한(汗)은 조선의 임금에게 다음과 같은 내용의 서신을 보낸다.

> "너희 나라가 [피신할] 강화도를 믿는 모양이나 내가 조선 팔도를 짓밟을 때 조그만 섬에서 임금 노릇을 하고 싶으냐? 너희 나라의 의논을 짐작하건대 모두가 선비이니 가히 붓을 쌓아서 나를 막을쏘냐?"[8]

---

7) 이 책 Σ6.의 간추림 1. "불타는 자아의 경계 위에 살다" 참고.

한 작은 나라가 산전수전을 통과해야 하는 그의 전략을 어떤 하나의 이념이나 도덕만으로 꾸려나간다는 것은 불가능하다. 3백 수십여 년 전 척화(斥和)와 주화(主和)로 갈라져 이념 투쟁을 하다가 임금이 진흙 바닥에서 항복의 절을 하는 굴욕을 당했는데, 이후에도 남과 북으로, 그리고 다시 좌(左)와 우(右)가 각기 견고한 편당을 이루며 또 다른 이념 투쟁을 함으로 대내(對內) 분열을 일삼고 있다.

어떤 통치 이념과 도덕의 질서 곧 Xx는, 그것이 부딪칠 수밖에 없는 대외(對外) 세력으로부터의 반격 '$Xx \,\&\, \neg x$'를 평정할 체제의 힘이 있는 동안 지키며 펼쳐갈 수 있다. 그러므로 우리가 얼마 전까지도 스스로 밑으로 들어가 받들고 높여왔던 중화(中華)의 거대한 체제도, 외부로부터 오는 압력을 방어하고 평정할 힘을 잃었을 때 처음에는 유교라는 이념과 원칙을, 다음에는 공산주의라는 이념과 원칙을 접고, 실사구시라는 임시변통에 따를 수밖에 없었다.

3.

아무도 못 본 체할 수 없도록 보다 높은 위계로부터 격파해 들어오는 행위 선택의 낯선 압력에 누구든지 부딪힐 수 있고, 그때는 자신을 점검하며 반성해서 그의 경계를 허물며 새로 지어야 하는 상황에 승복할 수밖에 없다. 그렇게 이 세상에 몸을 드러내 있는 한, 누구든지 그 자아의 경계가 대내 대외의 충격에 의해 불타서 무너지고 다시 짓기를 거듭한다. (070606)

---

8) 작자 미상, 『산성일기: 인조, 청 황제에게 세 번 절하다』 김광순 옮김. 경기, 파주: 서해문집, 2004, 34-35쪽.

이야기 5. 『광장』: $\mathcal{X}x \,\&\, \neg x$

"한국의 정치가들이 정치의 광장에 나올 땐 자루와 도끼와 삽을 들고 … 도둑질하러 나오는 것이지요. … … 이게 한국 정치의 광장이 아닙니까?" "이런 광장들에 대하여 사람들이 가진 느낌이란 불신뿐입니다. 그들이 가장 아끼는 건 자기의 방, 밀실뿐입니다. 그는 밀실에만은 한 떨기 백합을 마련하기를 원합니다. 그의 마지막 숨을 구멍이기 때문이지요. … … 개인만 있고 국민은 없습니다. 밀실만 푸짐하고 광장은 죽었습니다."[9)]

"이게 무슨 인민의 공화국입니까? 이게 무슨 인민의 소비에트[평의회]입니까? 이게 무슨 인민의 나랍니까?" "남녘에 있을 땐, 아무리 둘러보아도, 제가 보람을 느끼면서 살 수 있는 광장은 아무 데도 없었어요. 아니, 있긴 해도 그건 너무나 더럽고 처참한 광장이었습니다. … 제가 월북해서 본 건 대체 뭡니까? 이 무거운 공기. … 인민이라구요? 인민이 어디 있습니까?" "편집장은 [기자인] 저한테 이런 말을 했습니다. '이명준 동무는, 혼자서 공화국을 생각하는 것처럼 말하는군. 당이 명령하는 대로 하면 그것이 곧 공화국을 위한 거요. 개인주의적인 정신을 버리시오' 라구요. 아하, 당은 저더러는 생활하지 말라는 겁니다. 일이면 일마다 저는 느꼈습니다. 제가 주인공이 아니고 '당'이 주인공이란 걸. '당'만이 흥분하고 도취합니다. 우리는 복창만 하라는 겁니다. '당'이 생각하고 판단하고 느끼고 한숨지을 테니, 너희들은 복창만 하라는 겁니다."[10)]

---

9) 최인훈, 『광장』 서울: 문학과지성사, 2008, 65쪽 그리고 67쪽.

"개인의 밀실과 광장이 맞뚫렸던 시절에, 사람은 속은 편했다. 광장만 이 있고 밀실이 없었던 중들과 임금들의 시절에, 세상은 아무 일 없었다. 밀실과 광장이 갈라지던 날부터, 괴로움이 비롯했다. 그 속에 목숨을 묻고 싶은 광장을 끝내 찾지 못할 때, 사람은 어떻게 해야 하는가?"[11)]

1.

'밀실과 광장이 마주 뚫렸던 시절'에 대한 기억이 어렴풋이 떠오른다. 그러했던 과거의 이야기들을 무수히 들어온 터이다. 그 극단의 한 사례를, 아들을 제물로 바치라는 신의 명령을 듣고 다음 날 새벽에 아들과 그를 사를 장작을 싣고 가서 제단 앞에 서는 아브라함의 이야기에서 확인할 수 있다. 아브라함 이후 신의 분노하는 소리를 받아 즉시 그대로 토해내는 B.C.E. 800년대의 아모스에 이르기까지, 개개인에게 밀실 아니면 자아의식이라고 할 만한 것은 없었다.

그런데 세계가 그의 지역들이 서로 격리 또는 고립 불가능할 만큼 하나의 광장으로 함몰 통합되어 가는 20세기에 이르러, 어떤 공적 체제 또는 제재(制裁)로 말미암아 무너지거나 먹히는 위협에서 자유로운 한 개체 존재가 있을 수 있는가? 그렇게 숨길 것도 없고 방어할 것도 없는

---

10) 최인훈,『광장』서울: 문학과지성사, 2008, 131쪽, 132쪽, 그리고 134쪽.

11) 최인훈,『광장』서울: 문학과지성사, 2008, 92쪽.

그런 투명한 개개인의 '밀실'이 오늘날 어떤 사회나 나라의 '광장'에서 존재할 수 없게 된 것이다.

그러해서 타락한 개인들의 밀실 속 추태들로 꽉 찬 사회 또는 광장에 실망하여 월북한 이명준이 뜻밖에 부딪힌 것은, 어떤 종류의 밀실도 어떤 개인적인 판단도 허용하지 않는 그래서 일률적 복창만을 강요하는 전체주의라는 광장이었다. (200103)

2.

그러나 오늘의 사회이론가들에 따르면 20세기 이후에 이루어지는 현대 사회체제에서, 각자 안에 깊숙이 숨겨진 밀실들을 성분으로 하지 않는 광장은 더 이상 실현 가능한 것이 아니다. 대체로 생명의 존재들이 구축하는 사회집단 안에서 구성원들의 이합집산에 따르는 분열은, 넓거나 좁은 범위에서 그리고 대외적으로나 대내적으로 발생한다. 그렇게 자/타, 대내/대외로 분열해서 투쟁하며 동거하는 관계를 맺는다. 생명이 분열하는 데서 각각의 고유한 밀실들이 발생하며 그런 밀실들이 모여서 불일치와 일치가 동거하는 사회라는 광장을 구축한다.

현대 사회에서 사람들의 취향과 추구하는 것들은 다양화되고, 그것들은 다시 분열/갈등의 관계로 심화해 간다. 그 분열/갈등은 그런 관계에 얽힌 구성원들을 서로 이해할 수 없을 만큼 갈라놓고, 드디어 그들 각기의 주관과 객관이 영원히 만날 수 없게 갈라놓는다. 그래서 주관과 객관, 사적인 것과 공적인 것의 대립 구조가 모든 사회 모든 국가 가운데에 자리 잡는다. 이러한 현대 사회의 경향을 한 그룹의 사회이론가들이 설명하고 있다.

"인류의 역사에서 대부분의 경우, 개인들은 정도의 차이는 있지만 통합되어있는 [밀실과 광장이 마주 뚫렸던] 삶의 세계에 살았다." "[그러나 그들이 구축하는] 삶의 세계들이 복수화(複數化)할 때, 그 가장 근본적인 모양은 그것들이 사적인(private) 영역과 공적인(public) 영역으로 분화되는 것이다."[12)]

"[현대 사회에서] 개인과 사회 사이에서, 그리고 주관적으로 느끼는 자기와 역할에 따라 주어지는 객관적 자격 사이에서 이루어지는 상호 관계는 일종의 투쟁으로 체험되기까지 한다. [공적인] 제도라는 장치는 이제 자아가 '몸을 둘 곳'(home)이 아니다. 오히려 제도들은 자아를 소외시키고 왜곡하는 억압적 실재로서 다가온다. 사회적으로 주어지는 역할은 이제는 자아를 실현하기보다는 자아를 감추는 '마야의 베일' 같은 것일 뿐이다."[13)]

(200105)

3.

그러나 이러한 일련의 시대적 상황변화가 막 현대 사회로 진입하는 '초

---

12) Peter Berger, et al., ***The Homeless Mind: Modernization and Consciousness***, Penguin Books, (1973) 1977, p. 62. 그리고 p. 63.

13) Peter Berger, et al., ***The Homeless Mind***, Penguin Books, (1973) 1977, pp. 86-87.

기 단계'에서 '밀실'만이 판을 치는 썩은 광장, 아니면 밀실이 제거된 살벌한 '광장'이라는 특수한 분화 현상을 낳고 있었다. 이렇게 나타난 두 체제의 분화가 남과 북의 판이한 이념대립에 따라 자리를 잡게 된 것이다. 380여 년 전에 북방으로부터 청의 황제 홍타이지가 조선의 임금과 조정 대신들이 피신해 들어간 남한산성으로 침공해 온 시각에도, 조정 대신들은 척화(斥和)와 주화(主和)로 갈라지는 이념대립으로 극렬한 투쟁을 벌였던 그 역사를 지금 다시 반복 통과하고 있다.

4.

그렇다면 한 국가 또는 사회 내부에 자리 잡을 수 있는 이같이 극렬한 이념대립의 관계는, 사적인 것과 공적인 것, 주관적인 것과 객관적인 것이 동거 협력해 나아가야 하는 현대 사회의 진로를 제대로 반영하는 것일까?

현대 사회의 형성 과정을 분석하는 이론가들에 따르면, '밀실'과 '광장'의 분화, 아니면 사적인 것과 공적인 것의 분화, 아니면 주관적인 것과 객관적인 것의 분화 국면은 한 사회 또는 국가를 이루는 데 필수적 동반 성분들이다. 그래서 밀실과 광장, 사적인 것과 공적인 것, 주관적인 것과 객관적인 것 어느 쪽도 지나치게 누를 수도 지나치게 판을 치게 할 수도 없게 돼 있는 것이다.

이렇게 불일치와 일치의 모순 동거의 관계로써 이루어질 수밖에 없는 현대 사회체제 안에서 이념대립이라는 극단의 사태가 어떤 주도적 사회 성분으로 작용할 때, 그것은 정치문화의 지나친 지체 현상(lag phenomenon)으로 치닫는다.

20세기의 한 사회이론가는 밀실과 광장, 사적인 것과 공적인 것, 주관적인 것과 객관적인 것을 효율적으로 분리해서 병행할 수 있도록 '도시'라는 특별한 공간을—곧 안정된 공존 체제로서의 '$Xx \& \neg x$'를—발명한 것이라고 다음과 같이 설명한다.

> "도시는 사적이 아닌(impersonal) 삶이 이루지는 곳이다. 도시는 인물과 관심과 취미의 다양성과 복합성을 사회적 경험의 기회로 제공하는 틀이다. 사적인 것이 제거된 데에 두려움을 느낄 때, 그런 틀을 벗어날 수 있다. 그들은 그들의 깔끔한 정원에 앉아, 런던이나 뉴욕의 끔찍스러움을 이야기한다. 하이게이트[Highgate, 런던 교외 지역]나 스카스데일[Scarsdale, 뉴욕 근교 지역]에서는 이웃 사람들과 서로 알고 지내며, 흥미 있는 일도 없지만, 삶은 안전하다. 여기는 마치 부족 마을로 되돌아온 것 같은 느낌을 준다.
>
> 도시는 대부분 문명인들의 역사에서 활발한 사회생활을 위한 중심지로, 이해관계가 부딪힐 때 갈등과 조정의 장으로서, 인간이 실현하는 가능성의 실험장으로서 역할을 해왔다."[14)]

(200313)

14) Richard Sennett, ***The Fall of Public Man***, Cambridge: Cambridge University Press, (1974) 1976, pp. 339-340.

이야기 6. 『변신』: $\mathcal{X}x \,\&\, \neg x$

"어느 날 아침 그레고르 잠자는 불길한 꿈에서 깨어났을 때, 자신이 한 마리의 끔찍한 벌레로 둔갑해 있는 것을 침대 속에서 발견했다. 하루아침에 벌레로 변한 그는 기가 막혔다. 굵직한 두 다리가 있던 자리에 가느다란 여러 개의 다리가 아주 초라한 모습으로 그의 눈앞에서 버둥거리고 있었으니 말이다. '도대체 나한테 무슨 일이 일어난 거지?' … … 하지만 이건 정말 꿈이 아니었다."[15]

"'제기랄! 어쩌다가 나는 이렇게 힘든 직업을 선택했을까?' 외무사원인 그는 날마다 출장을 다녀야 했다. 그러다 보니 정신적인 스트레스가 이만저만이 아니었다. 게다가 여행을 떠나게 되면 늘 열차 시간이나 사고 위험에 신경 써야 하는 것은 물론이고, 불규칙하고 좋지 못한 식사와 낯선 사람들과의 피상적인 만남으로 늘 긴장해야만 했다."[16]

"그때 현관에서 초인종이 울렸다. '회사에서 누가 왔구나' 하고 생각하니, 갑자기 몸이 빳빳해지는 것 같았다." "'오빠 지배인이 오셨어요.'" "'여보게, 잠자 군, 아직 일어나지 않았나?' 그 사이에 지배인이 끼어들어 친근한 목소리로 불렀다." "'지배인께서 들어가셔도 괜찮겠니?' 아버지는 초조해하면서 이렇게 묻고는 또다시 문을 두드렸다. '안 됩니다.'

---

15) 프란츠 카프카, 『변신』 채운정 옮김. 고양, 경기: 태동출판사, (2004) 2006, 5쪽. 문단 붙임.

16) 프란츠 카프카, 『변신』 채운정 옮김. 고양, 경기: 태동출판사, (2004) 2006, 7쪽. 문단 붙임.

그레고르가 대답했다." "이윽고 '찰칵' 하고 자물쇠가 열리는 소리가 들렸다. … … '오오!' 잠시 뒤, 신음하듯 내뱉는 지배인의 소리가 바로 옆에서 들려왔다. 그레고르를 바로 가까이에서 본 지배인은 반쯤 열린 입에 한 손을 갖다 댄 채 뒤로 어물어물 물러나기 시작했다." "그 순간, 얼빠진 사람처럼 멍하니 있던 그의 어머니가 벌떡 일어나더니 두 팔을 허공에 쭉 뻗어 내저으며 소리를 질렀다. '사람 살려요! 아이고, 사람 살려요!' 그러고는 그레고르를 더 자세히 보려는 듯 머리를 숙이더니, 머리를 갸우뚱거리며 정신없이 뒤로 물러섰다."[17]

"이때 그레테가 손으로 탁자를 탁 치며 입을 열었다. '어머니, 아버지! 이젠 더 이상 못 견디겠어요. 저런 괴물을 계속해서 오빠라고 부르지 못하겠다고요. 저런 괴물은 빨리 없애버려야 해요. 저런 것과 함께 먹고 살기 위해 우리들은 이미 할 수 있는 모든 것을 다 했잖아요. 이젠 저걸 없앤다 해도, 아무도 우리를 비난하지 못할 거예요.' '그래, 네 말이 옳을지도 모르겠구나.'"[18]

"그는 진작부터 자기가 없어져야 한다고 생각했다. 그의 이런 생각은 누이동생이 생각하는 그것보다 훨씬 더 절실한 것이었다. … … 창밖이 훤하게 밝아오기 시작했다. 그때 그의 머리가 그의 의지와는 전혀 상관없이 밑으로 푹 수그러졌다. 그의 콧구멍에서는 그의 마지막 숨결이 아

---

17) 프란츠 카프카, 『변신』 채운정 옮김. 고양, 경기: 태동출판사, (2004) 2006, 19쪽, 21쪽, 22쪽, 23쪽, 33-34쪽, 41쪽에서 각각 따옴.

18) 프란츠 카프카, 『변신』 채운정 옮김. 고양, 경기: 태동출판사, (2004) 2006, 121쪽.

주 힘없이 흘러나왔다."[19]

"이튿날 아침 일찍이 온 [청소하는] 할멈은 … 보통 때처럼 슬쩍 그레고르의 방을 들여다보았지만, 처음에는 아무 이상도 발견하지 못했다. … … 할멈이 문밖에서 마침 손에 들고 있던 기다란 빗자루를 내밀어 그레고르를 건드려 보았다. 그래도 아무 반응이 없자, 할멈은 그레고르의 몸을 쿡쿡 쑤셔보았다. 그러나 그레고르는 아무 반응이 없이 밀려나기만 했다. … … 이내 상황을 깨달은 할멈은 우물쭈물하지 않고 … '여기 좀 와보세요. 저것이 뻗었어요. 방바닥에 그만 뻗어버리고 말았다고요!'"[20]

"할멈은 문 옆에 서서 미소를 지었다. 그런데 할멈은 마치 가족들에게 매우 반가운 소식을 전해 주고 싶지만, 상대방이 캐어묻지 않으면 선뜻 알려주지 않겠다는 태도를 보였다. '무슨 일이 있는 거요?' 잠자 씨의 부인이 물었다. … '네….' … '저어, 옆방에 있는 그것을 치워버릴 걱정은 조금도 안 하셔도 돼요. 벌써 제가 다 치워 버렸으니까요."[21]

---

19) 프란츠 카프카, 『변신』 채운정 옮김. 고양, 경기: 태동출판사, (2004) 2006, 129쪽.

20) 프란츠 카프카, 『변신』 채운정 옮김. 고양, 경기: 태동출판사, (2004) 2006, 129-131쪽.

21) 프란츠 카프카, 『변신』 채운정 옮김. 고양, 경기: 태동출판사, (2004) 2006, 137-138쪽.

1.

20세기 사회이론가들의 분석에 따르면, 공적 체제로서 '광장'에 대비되는 사적 세계인 '밀실'은 불가피한 현대 사회의 수반(隨伴) 현상이다. 이는 신의 명령을 듣는 즉시 그것을 행동으로 옮길 만큼 별도의 '자기의식이 없는' 사람들 아브라함(B.C.E. 2000?)이나 아모스(B.C.E. 760-755?)의 시대를 지나서, 주관 가운데에 의식이 나타나고 거기에 들끓는 상상이 가득한 그 후의 사람들에게 밀실이라는 것은 필수적 동반자다. 그 밀실이 필수적임을, 사회이론가들이 말하는 다음의 짧은 정리가 반영하고 있다.

> "인류의 역사에서 대부분의 경우 개인들은, 정도의 차이는 있지만 대개 통합되어 있는 [밀실이 따로 없는] 삶의 세계에 살았다." "[그러나 현대 사회의 공적인] 제도라는 장치는, 이제 자아가 [또는 사적인 밀실이] '몸을 둘 곳'(home)이 아니다. 오히려 그런 [공적] 제도들은 자아를 소외시키고 왜곡하는 억압적 실재로서 다가온다."[22)]

현대 사회를 사는 각자에게 필수적인 사적 공간인 밀실을 공적 체제 이를테면 광장 안에다 공개(公開) 공생하도록 편입시켜 놓는다면, 이런 조치처럼 가혹한 횡포와 전제(tyranny)는 있을 수 없을 것이다. 그래서

---

22) Peter Berger, et al., ***The Homeless Mind***, Penguin Books, (1973) 1977, p. 62. 그리고 p. 86-87.

만약 각기의 내면에 간직한 사사로운 밀실을, 어떤 도덕적 이념적 또는 종교적 이유로 공적 질서인 광장 안으로 끌어들여 공개 공생하기를 강요한다면, 사람들은 아마도 『광장』의 이명준이 남쪽과 북쪽을 넘나들며 체험했던 것과 같은 엄청난 혼란과 자아 분열증에 빠지게 될 것이다.

예수는 이미 당대의 사람들이 그들 내면에 밀실이 존재한다는 것을 전제하고 직설 아닌 비유로서 설득 설교하고 있다. 현대 사회는 그렇게 사적 공간인 밀실이 각자의 깊은 내면에 격리 또는 분리되어 존재할 수 밖에 없는 상황에 대비해서, '도시'라는 또 하나의 공간 곧 공적 공간을 제공하는 균형책을 마련하고 있다고 한 사회학자가 설명하고 있다.

> "도시는 사적이 아닌(impersonal) 삶이 이루지는 곳이다. 도시는 인물과 관심과 취미의 다양성과 복합성을 사회적 경험의 기회로 제공하는 [비사적(非私的)인] 틀이다."[23)]

(200806)

2.

그러나 카프카가 파고드는 사적 공간으로서의 밀실은 어떤 공적 체제의 부분이기를 거부하는 데서 끝나는 것이 아니다. 카프카가 평생에 찾으며 잠입해 들어갈 수밖에 없었던 밀실은, 어떤 현실 세계의 누구와도 공유하거나 연대할 수 없는, 그리고 어떤 현실에도 이를테면 어떤 도시

---

23) Richard Sennett, ***The Fall of Public Man***. Cambridge: Cambridge University Press, (1974) 1976, pp. 339-340.

에서도 적응할 수 없는 그렇게 단절된 밀실이었다. 그런 단절된 밀실에서 일생을 보낸 극단의 경우를 그의 작품『변신』에서 발견한다. 그는 그렇게 밀실에 갇혀 단절 분열된 경지를 그의 일기에서 이렇게 말한다.

> "내가 유대인과 무슨 공통점이 있느냐고? 나는 나 자신과도 공유하는 것이 거의 아무것도 없다."(1914년 1월 8일)

> "나의 어머니는 나를 이해할 수 없다고 말했다. 그것은 무엇보다 분명하다고, 나는 대답했다. 어머니는 다시 말했다. '그럼, 아무도 너를 이해하는 사람이 없구나. 나도 너한테는 이방인일 테고, 그리고 너의 아버지도.' 나는 대답했다. '물론이에요. 두 분은 저에게 이방인이죠. 우리는 오직 혈연으로만 관련되어 있어요.'"(1913년 8월 15일)[24]

그는 그 자신의 혈육인 유대 가족에 소속하지 않았을 뿐만 아니라, 이 세상 사람이 아니었다. 그래서 그는 작품『변신』에서 그 자신에 다름이 없는 그레고르를 한 마리의 벌레로 변신시켰고, 그리고 그레고르의 변신이 끝내 죽음에 이르렀을 때 그 시체가 아낌없이 쓰레기로 버려지는 운명을 택했다.

3.

질 들뢰즈와 펠릭스 가타리가 그들의 문학 이론에서 프란츠 카프카를

---

24) Franz Kafka, ***Diaries***, ed. Max Brod. New York: Schocken Books, (1948) 1975.

다만 유목민에 비유한 것은 그에 대한 부당한 대우였다. 그들은, 영토화된 지배체제에 예속해 있는 한 유목민은 그 예속 상태로부터의 해방을 위하여 다음과 같이 탈-영토화를 감행한다고 말한다.

"그레고르가 한 곤충으로 변신한 것은 아버지로부터 도망치려는 게 아니고, 아버지가 길을 찾을 수 없게 숨어 들어갈 곳을, 그리고 지배인과 관리들로부터 숨어버릴 수 있는 곳을 마련하기 위한 것이다. 윙윙거리는 소리밖에 들리지 않는 곳으로."[25)]

그러나 카프카의 분신과 같은 그레고르가 감행한 탈-영토화의 이면에서는, 다시금 또 하나의 이탈 해방하는 밀실 행(行)의 사태가 벌어지고 있다. 그는 탈-영토화에도 불구하고 여전히 머물러야 하는 지상의 거처 어디에도 착지할 수 없어서, 거기 어디에서조차도 완전히 탈출한다. 그래서 그레고르의 '변신'은 단순한 탈-영토화가 아니다. 탈-영토화 다음에도 머물러야 하는 지상의 '거처'에서 그리고 다시 그 '자신'으로부터도 완전한 이탈과 해방을 감행한다. 그런 뜻에서 그는 그 자신으로부터도 아낌없이 이별하는 저 영원한 밀실의 은둔자 x다. 그는 이렇게 말했다.

"나는 나 자신과도 공유하는 것이 거의 아무것도 없다."(1914년 1월 8일)[26)]

25) Deleuze & Guattari, ***Kafka: Toward a Minor Literature***, trans. Dana Polan. Minneapolis: University of Minnesota Press, 1986, p. 13.

카프카의 의식 내면에서 움직이는 출구를 알 수 없는 상상 그리고 쉼 없이 의식 내면에서 찾는 자기 정체성은, 그가 머무는 지상의 어떤 거처에서도 그리고 어떤 탈-영토화에 의해서도 가라앉혀 잡아놓을 수 있는 그런 대상이 아니다. 그는 x일 뿐이다.

그러니까 x는 지상에 실현된 어떤 거주자에게도 내재하지만, 그러나 거기에 여전히 기거하며 의존해야 하는 유목민은 아니다. 오히려 거꾸로, 지상에 거주하는 모든 존재는 x에 의존하며 x에 기거하는 관계를 떠날 수 없다. 이러한 관계에서 보면 x는 더 이상 유목민이 아니다.[27]

---

26) Franz Kafka, ***Diaries***, ed. Max Brod. New York: Schocken Books, (1948) 1975.

27) [아래의 풀이말(1)과 따온글(2)은 이 책 Σ4. "그대가 소속한 시간대를 돌아보라"의 풀이말 7)에서 옮겨옴.]

(1) "그러나 들뢰즈와 가타리는 그들의 카프카 문학론에서 카프카의 변신을, 유목민이 행하는 것과 같은 탈-영토화 형식으로 이해하며 다음과 같이 풀이하고 있다."

(2) "짐승으로 변신하는 행위는 … 절대적인 탈-영토화다. 짐승으로 변신하는 것은 피신할 길을 찾기 위한 모색 행동이다. 그곳에서는 모든 표현과 그 의미들 같은 형식들이 모두 소멸해 버린다. 탈-영토화 흐름 가운데 무형상의 질료만이 남는다. … … 그레고르가 한 곤충으로 변신한 것은 아버지로부터 도망치려는 게 아니고, 아버지가 길을 찾을 수 없게 숨어 들어갈 곳을, 그리고 지배인과 관리들로부터 숨어버릴 수 있는 곳을 마련하기 위한 것이다. 윙윙거리는 소리밖에 들리지 않는 곳으로. 그러면, '지배인은 이렇게 말하겠지. "그가 말하는 소리가 들립니까? 짐승의 소리가 들렸는 데요."' …." Deleuze & Guattari, ***Kafka: Toward a Minor Literature***, trans. Dana Polan. Minneapolis: University of Minnesota Press, 1986, p. 13.

그는 유목민이 아니고 오직 x이다.[28] 다만 카프카 그는 이 현실의 세계에서 그런 대안의 출구를, x에 의탁해서 찾는 뿌리 깊은 존재 회귀의 길, 곧 '$x \Rightarrow X$'를 자신의 길로 정당화하는 데에 이르지 못했을 뿐이다. (200807)

28) 이 책 Σ4. "그대가 소속한 시간대를 돌아보라"의 줄기글 **4.** 참고.

iii

투쟁하는 의식의 운명
—이야기 7. 8.

나무와 인간은, 그들의 일생이 통과해 가는 진로를 가로막으며 느닷없이 나타나는 절박한 위기에서 동일한 운명에 놓여있지 않은가? 인간이 나무보다 뛰어난 의식 활동과 그에 따르는 민첩한 기동성을 가졌다고 해서, 그런 것이 그의 일생을 더 안전하고 평화롭게 하는가?

인간의 심신을 더욱 격렬하게 작동시키는 의식과 그의 활약 $\neg x$가 그에게, 심신의 활약이 비교적 미미한 나무가 향유하는 그것보다 어떤 유익한 일생을 가져다주는가? 인간이 각기 그의 예측할 수 없는 마지막을 맞이하는 모양들에 대한 한 젊은 장례지도사의 관찰 기록을 읽은 다음, 차라리 그보다는 예측 가능한 한 그루 나무의 평온한 나날을 부러워하며 자신의 일상이 거쳐 가는 매일의 긴장된 험로(險路)를 되돌아보게 된다.

그러나 어떤 이는 타고나기를 나무의 고착 상태를 거부할 수밖에 없을 테고, 어떤 이는 타고나기를 나무에 강요된 침묵을 참을 수 없을 테니 어찌할 것인가? 그럼에도 '자신의 마지막 날이 언제 어떤 모양으로 닥쳐올지 모르는' 인간이나, '오직 한 자리에서 온갖 험악한 날씨와 괴롭히는 침입자를 견뎌야 하는' 한 그루의 나무나, 각기 통과해야 하는 일생의 험로와 그 마지막 모양 '$\neg x \Rightarrow X(\ \ )$'는 매한가지 아닌가? (200330)

이야기 7.『한 그루의 나무가 알고 있는 것들』: $\neg x \Rightarrow X(\ )$

"거의 모든 동물들은 그들의 환경을 선택할 수 있고, 태풍을 피해 숨을 곳을 찾을 수 있으며, 먹을 것을 찾아다닐 수 있지만, … 나무들은 끊임없이 변하는 기후, 잠식해 들어오는 이웃들, 침입하는 해충들을 견디며 그것들에 적응할 수 있지 않으면 안 된다. 그들은 더 나은 환경을 찾아 움직여 갈 수가 없다." "나무들은 한 곳에 뿌리를 박고 있어서, 먹을 것을 찾아 이동해 갈 수 없다. 이 고착 상태의 생명을 보상하기 위해 식물들은 햇볕을 찾아서 먹이를 생산하는 능력을 갖추어야 한다. …… 그들은 살아남기 위하여 그들 주변에서 움직이는 시각적 환경을 감지하고 있어야 한다."[1)]

"우리가 인식해야 하는 것은, 하나의 넓은 범위 안에서 [인간은] 침팬지나 개들뿐 아니라 해당화나 세쿼이아 거목과도 하나의 생물학을 공유하고 있다는 것이다. 그래서 우리가 활짝 핀 장미 덩굴을 바라보면, 이는 먼 오래전에 헤어진 사촌을 만나는 것이다. 그렇게 우리는 공통의 유전자들을 나누어 가지고 있다. 우리가 담벼락을 기어 올라가는 담쟁이덩굴을 바라볼 때, 우리는 우리의 운명일 수도 있었을 모습을 보고 있는 것이다. 우리는 우리 자신의 진화[진로]에서 20억 년 전 즈음에 갈라져 나간 다른 가능한 결과를 바라보고 있다."[2)]

풀이말

1) Daniel Chamovitz, ***What a Plant Knows***, New York: Scientific American, 2012, p. 4. 그리고 p. 23.

"나무는 한번 정착한 곳에서 일생을 보내는 고착 생명입니다. 고착생활을 한다는 것은 숱한 시련에 노출되어 있음을 의미합니다. 나무는 일생 동안 온갖 생명체의 공격으로부터 성할 날이 없습니다. 잎, 줄기, 눈, 꽃, 열매, 심지어 뿌리까지도 무수한 동물의 표적이 됩니다." "오래된 숲에 대한 공포는 죽음에 대한 두려움에서 오는 것입니다. 오래된 숲이 산 것과 죽은 것으로 이루어져 있듯이 오래된 나무에도 살아있는 것과 죽은 것이 공존합니다. …… 큰 나무를 들여다보면 그 나무를 이끌어가는 힘이 가지 끝의 1년생 잎들과 수명 3개월을 버티지 못하는 뿌리털에 있음을 알게 됩니다."[3)]

"글을 쓰는 내내 제 주위의 소중했던 사람들의 죽음을 생각하지 않을 수 없었습니다. 하얀 뼛가루가 뿌려진 강가의 버드나무가 더욱 눈부시게 보이는 이유를 알 것 같습니다. …… 이제 숲을 걸어 나오면서 나뭇잎에게 새로운 말 걸기를 해야 합니다. '당신은 어느 영혼으로부터 왔나요? 우리 어디선가 만난 적이 있지요?'"[4)]

---

2) Daniel Chamovitz, ***What a Plant Knows***. New York: Scientific American, 2012, p. 141.

3) 차윤정, 『나무의 죽음』 서울: 웅진지식하우스, 2007, 41쪽 그리고 27쪽.

4) 차윤정, 『나무의 죽음』 서울: 웅진지식하우스, 2007, 9쪽.

1.

한 그루의 나무가 통과해 가는 일생을 관찰하며 생각하는 식물학자는 이렇게 말하고 있다.

> "나무들은 끊임없이 변하는 기후, 잠식해 들어오는 이웃들, 침입하는 해충들을 견디며 그것들에 적응할 수 있지 않으면 안 된다. 그들은 더 나은 환경을 찾아 움직여 갈 수가 없다." "나무들은 한 곳에 뿌리를 박고 있어서, 먹을 것을 찾아 이동해 갈 수 없다."[5)]

아마도 대부분의 현대인들은 한 나무가 통과하는 험난한 생애에 관한 이 저자의 관찰에 동의할지도 모른다. 그러나 인간에 대해서는 다르게 말할 수 있을까? 이 저자에 따르면, 인간은 적들을 피해서, 아니면 먹을 것을 찾아서 더 나은 환경으로 이동해 갈 수 있다.

> "거의 모든 동물들은 그들의 환경을 선택할 수 있고, 태풍을 피해 숨을 곳을 찾을 수 있으며, 먹을 것을 찾아다닐 수 있지만 …."[6)]

---

5) Daniel Chamovitz, ***What a Plant Knows***, New York: Scientific American, 2012, p. 4. 그리고 p. 24.

6) Daniel Chamovitz, ***What a Plant Knows***, New York: Scientific American, 2012, p. 4.

한 인간은 한 그루의 나무와는 달리 그를 공격하는 적들을 피해서, 아니면 먹을거리를 찾아서 더 나은 환경으로 이동해 갈 수 있는가? 오늘 세계의 수많은 현장에서 전해오는 소식에서 사람들은 더 나은 환경으로 이동해 갈 수가 없어서, 있는 자리에서 박해를 당하거나 포격을 당하고 아니면 굶주리며 죽어간다. 1950년 6월 25일에 일어난 한국전쟁으로 점령당해 갇혀있던 뜨거운 여름 서울에서는, 헤아릴 수 없이 많은 청소년이 징용되어 낙동강 전투에서 전사했고, 헤아릴 수 없이 많은 시민이 초근목피로 연명하다가 병사했다.

때로는 일시적으로 아니면 피상적으로 관찰할 때, 사람들은 더 나은 환경으로 이동할 수 있는 것처럼 보인다.

험난한 환경을 견디며 살아남기 위한 각고의 적응과 변화 과정을 통과하며 수십억 년이라는 공통의 시간대를 함께 하면서, 이 나무와 나, 식물과 인류는 각기 약간의 다른 전략과 다른 노선을 선택해 왔을 뿐이다. (200307)

2.

인간은 그의 동적인(dynamic) 수월성 때문에 더 안전한 삶을 누리는가? 적들의 공격으로부터 더 효과적으로 대피할 수 있는가? 미래에 놓여있는 불확실성에 더 효율적으로 대비할 수 있는가? 수많은 인생의 마지막 길을 안내하는 장례지도사 양수진은 매일의 경험과 사색을 담은 기록에서 다음과 같이 말한다.

> "죽음은 삶의 순간순간마다 이미 다가와 있는 가능성이다."

> "[이 이야기들이] 오늘이 가면 내일이 오고, 만남 뒤에는 새 인연을 만나게 될 것이라는 느긋한 삶의 관성을 흔들어 놓는 계기가 되었으면 한다. 오늘은 언제든 멈출 수 있고 우리의 시간은 제각기 흐르고 있다는 사실을 한 번쯤은 되새겨보길 바란다. 시간이 제각기 흐르듯, 멈춤도 제각각이라는 사실을."[7]

나는 가끔 어둠이 짙은 한밤중에 창문을 열고, 저기 웅장하게 자라서 가지와 잎들이 무성한 목련 나무를 바라보며 이렇게 묻는다. '나는 그대 나무보다 자유로운가? 거기 서 있는 그대보다 지혜로운가?' 나의 속에서 전해오는 답은 거의 언제나 부정에 가깝다. (200308)

3.

인간은 그의 생계를 위해 쉼 없이 움직이며 이동해야 한다. 그래서 그는 더욱 다양한 불확실성에 노출될 수밖에 없다. 그 행동이 재빨라서 기동성이 충만한 인간과 한 군데 박혀서 사는 나무는 각기 부딪히는 위기에서 그리고 그의 마지막을 맞이하는 모양에서 어떻게 다른가? 어떠하든지 인간의 일생과 나무의 일생이 각기 통과해야 하는 불규칙, 불확실성과 그에 대응하는 지혜에 어떤 차이가 있는가?

---

7) 양수진, 『이 별에서의 이별』 파주, 경기: 문학동네, 2018, 46쪽 그리고 271쪽.

한 개체 생명이 일생의 고비 고비에서 부딪히는 예측 불가능하고 불규칙한 무상(無常)의 세계를, 'x의 ¬x의 X'에 대한 관계로 이해할 수 있다. 그 x의 ¬x가 보여주는 무상하고 불규칙한 상상의 패턴은 언제 어디에서 연유한 것일까? 그의 기억으로 비롯하는 무상하고 불규칙한 상상의 패턴은 역시 불규칙하고 무상했던 끝없는 과거의 체험, 그 영원의 시간으로부터 전해오는 것이다.

사람이나 나무가 각기의 기억과 상상을 가지고 일생의 무상(無常), 불규칙, 불확실성에 대응하는 전략은, 그 핵심이 '¬x ⇨ X( )'로서 대표하는 무상, 불규칙, 불확실했던 영원한 과거의 체험에서 비롯하는 것이다. 그리고 사람과 나무의 무상하고 불확실한 미래의 운명은 모두 x가 X로 합류 회귀하는 길에서 이루어진다. 우리는 사람이든 나무든 그렇게 같은 길을 통과해 가는 먼 여행의 동반자이다. (200309)

이야기 8. 『이 별에서의 이별』: $\neg x \Rightarrow X(\ )$

“따스한 봄날, 오월의 신랑 신부가 된 20대 부부는 결혼식을 마치자마자 비행기에 몸을 실었다. … … 여행지는 호주로 정했다. … … 호텔에 도착해서, 다음 날 … 그토록 꿈꾸던 바다로 향했다. … 평소 수영에 자신이 있던 남편은 망설임 없이 초록빛 미지의 세계로 뛰어들었다. … 그런데 카메라를 찾으려고 잠깐 고개를 돌린 새 그의 모습이 보이질 않는다. … … [그렇게] 그녀는 신혼여행의 둘째 날, 새신랑의 주검을 맞이해야 했다.” “빈소는 이루 말할 수 없이 침통했다. 창창한 나이도 그렇거니와 둘이 떠난 신혼여행에서 한쪽만 살아 돌아왔으니. … … 며칠 전 결혼식에 참석했던 친구들은 옷만 바꿔입고 장례식에 조문을 와야 했다. 다들 믿을 수 없다는 표정이었다. 활짝 웃으며 찍었던 웨딩사진이 흑백의 영정사진으로 둔갑했다.” “죽음이라는 불확실한 확실성은 인간을 겸손하게도 만들지만, 때로는 비참함에 몸부림치게 한다. 삶과 죽음의 길은 왜 이렇게 논리와 상식의 저편에 있는 것인가.”[8)]

“30대 남성이 인근 산에서 주검으로 실려 왔다. 실족사라고 했다. 장례식장 직원의 말로는 술 냄새가 풍겼다고 한다. … … [함께 등산했던] 친구들로 보이는 사람들이 한걸음에 달려왔다. … 그들의 얼굴도 한껏 달아올라 있었다. 방금 전까지 같이 웃고 떠들던 친구가 죽었다는 공포감과, 그의 죽음을 가족에게 알려야 한다는 두려움으로 가득했다.” “죽음은 삶의 순간순간마다 이미 다가와 있는 가능성이다. [그 가능성으로부터] 벗어나고 싶어도 인간의 힘으론 어쩔 수 없다. … 차가운 밤공기

8) 양수진, 『이 별에서의 이별』 파주, 경기: 문학동네, 2018, 42쪽.

에 섞인 풀냄새 같은 살아있는 체취가 간절해 밖으로 나갔다. … 입을 크게 벌려 숨을 들이켰다. '하……' 나는 아직 살아 있었다."[9]

"'아 여보세요? 아 저기. 제가 장례를 치러야 하는데, 그 … 돈이 얼마나 들까요?'

'아 네. 부모님께서 많이 위독하신가요?'

'아뇨. 제, 제가요.'

'… 네?'

… …

'아 고객님을 위해서 장례를 준비하시는 겁니까?'

'예. 그게, 제가 사실은 시한부 선고를 받았어요. … … 근데 지금 제 주머니에 100만 원밖에 없어서요. 이 돈으로 장례를 치를 수 있을까요?'"[10]

"[이 이야기들이] 오늘이 가면 내일이 오고, 만남 뒤에는 새 인연을 만나게 될 것이라는 느긋한 삶의 관성을 흔들어 놓는 계기가 되었으면 한다. 오늘은 언제든 멈출 수 있고 우리의 시간은 제각기 흐르고 있다는 사실을 한 번쯤은 되새겨보길 바란다. 시간이 제각기 흐르듯, 멈춤도 제각각이라는 사실을."[11]

---

9) 양수진, 『이 별에서의 이별』 파주, 경기: 문학동네, 2018, 46-47쪽.

10) 양수진, 『이 별에서의 이별』 파주, 경기: 문학동네, 2018, 59-60쪽.

11) 양수진, 『이 별에서의 이별』 파주, 경기: 문학동네, 2018, 271쪽.

1.

각기 다른 처소에서 다른 모양으로 맞이하는 수많은 생명의 최후를 대면하고 예우해야 하는 한 장례지도사는 그의 경험에서 우러나는 다음과 같은 생각을 한다.

> "죽음은 삶의 순간순간마다 이미 다가와 있는 가능성이다."[12)]

이는 한 사람의 운명에 관한 이야기인가, 아니면 한 그루의 나무가 느낄 운명의 예감일까? 한 그루의 나무가 폭풍이 매일 같이 불어오는 어느 날 느끼는 자기 운명의 예감일 수 있는 것이다. 그리고 한 예리한 식물관찰자는 이렇게 말한다.

> "나무는 일생 동안 온갖 생명체의 공격으로부터 성할 날이 없습니다. 잎, 줄기, 눈, 꽃, 열매, 심지어 뿌리까지도 무수한 동물의 표적이 됩니다."[13)]

오늘의 세계에서 보아도, 사람들은 그들의 각기 다른 처소에서 결코 나무들에 덜하지 않은 공격과 그로 인한 상처를 받으며 산다. 나무도 사람도 깊은 관찰자에게는 생명이 공유할 수밖에 없는 같은 운명의 동행

---

12) 양수진, 『이 별에서의 이별』 파주, 경기: 문학동네, 2018, 46쪽.

13) 차윤정, 『나무의 죽음』 서울: 웅진지식하우스, 2007, 41쪽.

자로 비추어진다.

그래서 한 식물학자는 자신의 소중한 사람들의 죽음을 기억하며, 같은 운명의 동행자인 나무에 대한 사적인 감회를 이렇게 돌아보고 있다. 소중한 사람들의 죽음이 하얀 가루가 되어서 뿌려진 강가에서, 무성한 잎들이 눈부신 버드나무를 바라보며 남기는 말이다.

> "이제 숲을 걸어 나오면서 나뭇잎에게 새로운 말 걸기를 해야 합니다. '당신은 어느 영혼으로부터 왔나요? 우리 어디선가 만난 적이 있지요?'"[14]

(200808)

2.

나무도 사람도 각기 소속하는 일생의 시간대가 마감하는 때에 놓일 상황을 예측할 수 없다. 그들은 최대한의 자기실현을 하는 각각의 다른 길을 가다가, 그런 자신의 모든 계획이나 예상 $\neg x$ 밖에서 다가오는 사태 $X(\quad)$로 함몰해 들어간다. 그리고 아마도 다시금 또 하나의 모습으로 또 하나의 시간대를 통과하게 될 것이다.

나무도 사람도 같은 숙명의 동행자인데, 생각이 많은 사람은 오히려 그의 생각을 줄이고, 한 곳에 정착해서 모든 것을 삭이며 해결하는 나무로부터 배워야 할 삶의 지식과 지혜가 많다. 젊은 날에 수많은 좌절을

---

14) 차윤정, 『나무의 죽음』 서울: 웅진지식하우스, 2007, 9쪽.

경험한 한 사람은 너무 많은 것을 시도했던 일생의 마지막 날이 다가올 때 다음과 같은 상상의 정리를 할 수 있다.

> "기억할 수 없는 생명의 태동기에 나무에게도 선택을 구사하고자 하는 자유의 의식이 있었다고 하자. 그 자유의 의식이 지금까지 남아 있을 수 있을까. 수없이 되풀이한 좌절의 경험 때문에 아마도 그 자유의 의식은 드디어 [오직 그 자신의 길을 따라 움직이는] 자연의 질서에 동의하고 말았을 게다. 사람에게 아직도 남아 있는 자유의 의식에 대해서도 결국 양도하지 않으면 안 되는 [오직 제 길을 따라 굴절하는] 운명의 순서가 다가오는 것이 아닐까."[15]

어떤 이는 이를 두려움을 감추려는 변명이라고, 어떤 이는 이를 인간의 투지를 잃은 비겁함이라고, 어떤 이는 또 무어라 할 것인가? 천만에. 아니다. 이는 역시 폐허와 야생의 한 삶을 통과한 자에게 다가온 영원한 원시의 진리를 음미하고 있음이다. (200811)

---

15) 『서양의 논리, 동양의 마음』 (1987년 초판) 고양, 경기: 사월의책, 2017, 18쪽.

iv

전생의 기억과 귀향
—이야기 9. 10.

전생을 기억하는 어린아이들이 말하는 비상한 체험들의 이야기를 들으며 분석한 정신과 의사 아이언 스티븐슨은 그의 저서 『전생을 기억하는 어린아이들』에서, 인간이 지니는 특성과 성향이 오직 유전과 생후 환경 요인에 의한 것으로만 이해하거나 설명할 수 있는가 하는 의문을 제기한다. 그리고 그런 전생의 이야기들이 유전과 생후 환경의 조합에 의한 것으로만 이해할 수 없는 것이라면, 그 이야기들은 다만 생물학적으로 타고난 몸이 아닌, 영혼이나 그 밖의 다른 매개/경로를 따라 전달되는 것일 수 있다.[1)]

세계적인 불교 해설가 틱낫한은 자신의 연기이론을 담은 『귀향』에서 전생 또는 환생의 실재를 인정하지 않는다. 그의 연기이론 곧 '모든 것들의 사이가 이어진 존재'(inter-being)라는 순환구조에 따르면, 세계는

풀이말

1) 아래의 이야기 9.의 줄기글 1. 참고.

그 안에 있는 모든 것이 어떤 단절도 없이 온통 하나로 이어져 있어서, 깊이 들여다보면 죽음이나 새로 태어남과 같은 일은 실재하는 것이 아니다.

그렇다면 우주 또는 자연에 일어나는 모든 사건과 변화는, 그 사건과 변화를 일으키는 하나하나의 단위 기억체 x가 끊임없이 연이은 흐름을 따라 모두 이전의 출발점인 고향 X로의 '귀향'을 하고 있는 현상일 뿐이다. 이는 죽음과 환생이라는 불편한 현실을 다만 위로하는 설교일까?[2]

그렇게 '귀향'은 'x ⇨ X'의 길을 따라 회귀하는 여정이라면 '환생'은 'X ⇨ x'의 길을 따라 외출하는 여행으로 풀이할 수 있다. (200327)

2) 아래의 이야기 10.의 줄기글 4. 참고.

이야기 9. 『전생을 기억하는 어린아이들』: $X \Rightarrow x$

"뉴욕의 한 저명한 의사 마셜 맥더피와 그의 아내는 어느 날 그들의 쌍둥이 남자 어린아이들이 당혹스럽게도 알 수 없는 말로 서로 대화하는 장면을 발견하게 된다. 그래서 아이들을 컬럼비아 대학교 외국어 전공 학과에 데리고 갔는데 거기에 있는 어떤 교수도 아이들이 말하는 언어의 정체를 알 수 없었다. 그러다가 마침 그곳을 지나가던 한 고대 언어 전공 교수가 그 아이들이 하는 말이, 예수가 살았던 당시의 언어인 아람어라는 것을 확인하고 놀라지 않을 수 없었다."[3]

"두 살에서 두 살 반 사이의 고팔(Gopal)이 말을 하기 시작했을 즈음에, 그의 집에 한 손님이 다녀갔는데 그때 그의 아버지는 고팔에게 손님이 사용한 물잔을 치우라고 말했다. 고팔은 다음과 같은 말을 해서 가족 모두를 놀라게 했다. '나는 그 물잔을 집어 들지 않을 거야. 나는 샤르마(Sharma)란 말이야.' (샤르마는 인도에서 가장 위의 계급인 브라만에 속함) 그는 화를 내면서 물잔들이 깨지는 소란을 피웠다. 그의 아버지가 그의 무례한 행동과 말의 이유를 묻자 그는 그의 전생에 관한 자세한 이야기를 했다. 그는 마투라(Mathura)라는 도시에서 살았던 기억이 있다고 했는데 그곳은 [지금 그의 가족이 살고 있는] 델리에서 남쪽으로 160킬로쯤 떨어진 데 있었다. 그는 [전생에] 마투라에서 의약품을 취급하는 회사를 경영했었고 그 회사 이름은 '슈크 샨차라크'(Sukh

---

3) Joseph Head & Sylvia Cranston, ***Reincarnation: The Phoenix Fire Mystery***, Pasadena, CA: Theosophical University Press, 1994, p. 402.

Shancharak)였다는 것이다."[4]

"나는 다만 유전적 요인을 가지고, 아니면 유전과 환경 요인의 조합을 가지고 정신과 의사들이 관찰하는 인간 성격의 비정상 또는 특이성을 모두 설명할 수 있다고 믿지 않는다. …… 유전과 환경 요인에 의한 설명을 대체할 수 있다고 생각하지는 않지만, 일생의 이른 초기에 나타나는 그리고 때로는 일생을 통해 계속되는 평범하지 않은 행동에 대한 보다 나은 설명을 환생이 제공해 준다고 본다. 그리고 그런 행동은 그가 태어난 가족에게도 평범하지 않은 것이다. 따라서 그런 비정상의 행동은 [그가 태어나 함께 있는] 가족들에게서 학습한 것도 아니고, 유전으로 받은 것도 아닐 것이다. 그런 행동에 대한 가능한 남은 설명은 환생일 것이다."[5]

"전생을 기억하는 것이 도움이 되는가 방해가 되는가? …… 전생을 기억하는 많은 어린아이들은 그들이 참으로 소속한다고 생각하는 가족들로부터 소외되어 있다고 느끼기 때문에 고통을 겪는다. …… 이런

---

4) 그 후에 아버지는 아이가 말하는 마투라 도시에 그 아이가 기억하는 약품 회사가 지금도 있다는 것을, 그리고 그가 찾아간 회사의 직원도 아이가 전생에서 경영했었다는 당시의 회사와 그의 가족사까지도 아이가 말한 그대로 확인할 수 있었다. Ian Stevenson, ***Children Who Remember Previous Lives: A Question of Reincarnation***. rev. ed. Jefferson, NC: McFarland & Company, Inc., 2001, pp. 56-58.

5) Ian Stevenson, "Dr. Ian Stevenson interviewed by Dr. K. S. Rawat." September/October, 1995 issue of ***Venture Inward*** (the magazine of the Edgar Cayce research organization). https://www.carolbowman.com/dr-ian-stevenson/interview-dr-ian-stevenson에서 재인용.

아이들은 실로 외롭게 될 수 있다. 물리적으로는 (전생의) '참' 가족들로부터 고립되고, 사회적으로는 그의 (현재의) 실제 가족으로부터 분리된다. 그들의 부모들도 더 나은 상황에 있지 않다. 그들이 원했던 아이가 그들에게 반항하거나 그들을 참 부모가 아니라 무가치한 대체존재라고 선언한다. 이렇게 두 살에서 다섯 살 사이의 아이들이 겪는 소속감의 갈등하는 소용돌이를 생각하면 전생을 기억하는 것이 관련된 어느 쪽에도 도움이 된다고 말할 수 없다."[6]

"환생이란 한 영혼이 한 육체 안으로 들어가는 것이라고 생각할 수 있다. 몸은 변화하는 것이고 영혼은 불변한 것으로 보는 것이다. 우리는 하나의 몸을 벗어던지고 다른 하나의 몸으로 들어간다고 생각한다. 그런데 여러분들은 아시아의 많은 불교 신자들이 환생을 좋아하지 않는데에 놀랄지도 모른다. 그들은 태어남과 죽음의 순환이 끊어지기를 원한다. 그런 순환이 끝없는 고통이라는 것을 알기 때문이다."[7]

---

6) Ian Stevenson, ***Children Who Remember Previous Lives: A Question of Reincarnation***. rev. ed. Jefferson, NC: McFarland & Company, Inc., 2001, pp. 216-217.

7) Thich Nhat Hanh, "Thich Nhat Hanh Talks About Reincarnation," ***Omaha Community of Mindful Living***. Omaha, Nebraska, U.S.A. https://honeylocustsangha.weebly.com/on-reincarnation.html

1.

배운 적이 없는 먼 고대의 언어를 말하는 2, 3살 어린아이는 그것을 어디에서 학습한 것일까? 전생의 경험에 관련한 이야기에서처럼, 지상의 현실계에서 일어나는 저 특별한 사태를 어떤 일관된 인과의 원리로 설명하거나 환원할 수 있는가?

사건의 경위를 설명하는 형식의 환원주의에는 두 가지가 있을 수 있다. 하나는 현상계를 관찰하며 발견한 원인과 결과 또는 근거와 귀결이 될 만한 것들의 반복적 관계에 의한 설명 체계로 환원하는 것이다. 그것은 대개 인간이 만들어낸 범주와 규칙, 개념과 의미에 의한 추론 체계를 따른다.

그러나 그런 추론 체계에 호소해서 그 근거와 귀결의 관계를 밝힐 수 없는 현상계의 사건이 있다. 그런 사건의 설명은 인간이 발견한 저 추론 체계에 따라 환원할 수 없는 유형의 것이다.

그러한 경우에 우리는 어떤 것은 그 근거를 확인할 수 없는 데서, 어떤 것은 그 귀결을 확인할 수 없는 데로 나아가는 가상의 환원 과정을 따라 추적하며 이해할 수밖에 없다. 그래서 X에서 x로, 아니면 x에서 X로 나아가는 가상의 환원 과정을 따라 이해한다. 그러므로 어린아이들의 전생에 관련한 이야기를 X에서 x로의 발현과정 곧 '$X \Rightarrow x$'로, 불교의 해설가 틱낫한이 설명하는 '귀향'(Going home)을 x에서 X로의 회귀

과정 곧 '$x \Rightarrow X$'로 이해할 수 있다. (200809)

2.

어린아이들이 들려주는 천 수백 건의 전생 이야기들을 분석한 아이언 스티븐슨은 다음과 같은 보고를 하고 있다. '전생의 체험과 기억을 말하는 어린아이들의 이야기에는, 단지 모든 사람에게 예외 없이 주어지는 유전과 환경 요인의 조합에서 비롯하는 것이라고 설명할 수 없는 부분이 있다.'

영원의 기억체로서 x에는 무엇이 저장되어 있는가? 한 개인이 그의 몸에 기억으로 지닌 특성들을 결정하는 것은 흔히 유전과 환경 요인이라고 말한다. 그렇다면, 그가 태어난 환경밖에 어떤 다른 환경에도 노출될 수 없었을 한 어린아이의 전생 기억도 유전과 환경 요인에 말미암은 것일까? 아니면, 일상의 현실에서는 찾을 수 없는 별도의 근거에서 비롯했을 전생의 기억이란, 육신을 매개로 하든 영혼을 매개로 하든 그 뿌리를 거슬러 올라가면, 근거를 확인할 수 없는 x 아니면 X로 귀착하게 되지 않는가? (200310)

3.

그러나 전생과 환생의 이야기가 일상화된 문화와 사상 전통을 배경으로 하는 불교의 수행자 틱낫한은 전생이나 환생이라는 이야기를 무효화하려고 한다. 존재하는 일체의 것들을 각기 '그 밖의 모든 것들로 말미암아 일어나는 존재'(inter-being, 사이에 끼인 존재)로 이해하며, 그러므로 어떤 존재에게도 '독립하는 자체'의 자격이나 자아 같은 것이 있을 수 없다는 설명을 하고 있다. 이렇게 죽음이나 태어남의 주체가 될 만한 자아 같은 것이 없다고 함은 다만 사람들을 위로하기 위한 인간 본위의 환원주의가 아닌가? 아니면, 그렇게 이해할 수밖에 없는, 그래서 부정할 수 없는 '진리'의 실상인가?

틱낫한이 『귀향』에서 풀이하는 것처럼, 전생과 환생의 이야기를 그렇게 무력화하든, 그래서 오직 드러남(manifestation)에서 다시 드러남(re-manifestation)으로 이어져서 모든 존재하는 것이 무아(no self)로 돌아가든, 그에 대해 다음과 같은 실증적 현상에 밀착하는 대안의 설명을 제시할 수 있다.

> "그러나 세상에는 어느 순간에도 모든 존재하는 것들의 부재화(不在化)가 일어나고 있다. 그렇게 매 순간의 부재화로써 [불가피하게] 현재를 초월하는 새로운 삶을 산다. 그렇게 매 순간은 영원을 향해 '자신'을 부재화하며 초월하는 삶이다."[8]

(200311)

8) 이 책 Σ5. "매 순간이 초월하는 삶" 줄기글 10.에서 따옴.

이야기 10. 『귀향: 예수와 붓다가 형제로서』: $x \Rightarrow X$

"붓다는 하나의 '사람'은 다섯 가지 요소로 이루어진다고 가르쳐 주었다. 우리의 몸, 감정, 지각, 정신 상태 그리고 의식, 이 다섯 가지 요소들은 한 제한된 시간 동안 함께 모여 있는 것이다. 이 다섯 가지 요소들은 항상 변화하고 있다. 단 하나의 요소도, 이어지는 두 순간 동안 같은 상태로 머물러 있는 것은 없다. 우리의 몸만 변화하는 것이 아니라 우리의 영혼 또한 불변하는 것이 아니다. … … 불멸의 영혼이라는 개념이 이렇게 끊임없이 변화하는 요소로 대체될 때 환생에 관한 우리의 이해가 진리에 접근하게 된다." "우리 주변의 사물들을 살펴보면 어떤 것도 아무것도 없는 데서 나타나는 것이 아니다. 피어난 꽃은 이미 구름, 햇볕, 씨앗, 흙 같은 다른 형태로 있었던 것이다. 태어남 그리고 다시 태어남이라기보다는 '드러남'(manifestation) 그리고 '다시 드러남'(re-manifestation)이라고 말하는 것이 사실에 더 맞는다. … … 꽃이 시들어 죽었다고 말할 때 그것은 맞는 말이 아니고, 다만 꽃을 이루고 있던 성분들이 다른 형태의 요소들로 형태를 바꿔 [다시 나타났음]을 말하는 것이다."[9]

"우리가 하나의 꽃을 깊이 들여다보면, 거기서 우리는 구름과 햇볕과 광물성과 시간과 흙 그리고 우주 안에 있는 모든 것을 본다."[10]

---

9) Thich Nhat Hanh, "Thich Nhat Hanh Talks About Reincarnation," ***Omaha Community of Mindful Living***. Omaha, Nebraska, U.S.A. https://honeylocustsangha.weebly.com/on-reincarnation.html

10) Thich Nhat Hanh, ***Living Buddha, Living Christ***. London: Rider, 1996, p. 11.

"하나의 나뭇잎, 하나의 파도, 한 사람을 깊이 접하면, 모든 것이 서로 이어져 있는 모습에 접하게 된다. 쉼 없이 흘러감, 무엇의 자체라는 것이 없음(non-self), 사이에 끼인 존재(inter-being)의 모습을 접하게 된다. 그렇게 해서 우리는 모든 것의 끝, 하느님(God)과 열반(nirvana)에 이르게 된다. 궁극의 차원(the ultimate dimension)과 역사의 차원(the historical dimension) 사이의 차별이란 실은 함께 이어져 있는 것이다. 궁극적인 것과 역사적인 것의 차별이라는 환각은 제거되어야 한다."[11)]

"[이렇게 궁극적인 것과 시간적인 것의 차별이 제거되면] 당신은 하느님 나라에 들어가기 위해서 죽어야 할 필요가 없다. … … 하나의 파도가 죽음으로써 바다와 함께하는 것은 아니다. 그것이 아니고, 파도는 지금 바로 바다와 함께하는 것이다. … … [마찬가지로] 하느님 아버지는 여기에 계시고, 궁극의 차원 또한 여기 있는 것이다. 그래서 이렇게 말하는 것이다. '하느님 나라가 여기에 임하시고.'"[12)]

1.

'세상에 존재하는 일체의 것들은 모두 그 밖의 다른 것들에 의해서 일

11) Thich Nhat Hanh, ***Going Home: Jesus and Buddha as Brothers***, New York: Riverhead Books, 1999, pp. 160-161.

12) Thich Nhat Hanh, ***Going Home: Jesus and Buddha as Brothers***, New York: Riverhead Books, 1999, p. 103.

어나는 존재이다. 그러므로 세상의 어떤 하나의 존재도 독립해 있는 자체의 자격 또는 자아라는 것을 가지고 있지 않다.' 이렇게 '모든 것은 모든 다른 것에 연결되어 있음'으로 환원할 수 있는가? 그렇다면, 우주 전체를 어떤 단절이나 비약이 없이 하나의 통일체계로 이해하며 설명할 수 있을 것이다.

이는 문명 이후의 철학자들이 그동안 추구해온 천하 통일의 체계를 구상하는 흐름을 이어가고 있는 한 마디에 지나지 않는 것이다. 이런 천하 통일의 체계는 인류의 실현 가능한 프로젝트일까? (200303)

2.

한쪽에서는 헤라클레이토스와 파르메니데스로부터,[13] 다른 한쪽에서는 맹자와 장자로부터[14] 흐르는 전통에 따라서, 철학자들은 그들이 의

---

13) "헤라클레이토스는 대립자들의 다툼 또는 불화를 일치 조화의 관계로 보여주는 척도로서 '로고스'를 내놓는다. "… 로고스에 귀를 기울임으로써 모든 사물이 하나라는 것에 동의하는 것이 현명하다."(Diels-Kranz, 헤라클레이토스 토막글, 50) " "파르메니데스의 우주와 도시에서는 모두 함께 하나로 묶여 '있음'이라는 굴레 안에 놓이므로 불평등의 차별 곧 정의롭지 않음이란 있을 수 없다." "파르메니데스가 내놓은 척도는 이후의 그리스 철학자들이 발전시켜가는 우주 및 도시구축의 논리에 무엇보다도 결정적으로 기여하는 동일보존 및 모순배제의 원칙이라는 것이다." 『안티호모에렉투스』 (2001년 초판) 고양, 경기: 사월의책, 2017, 147쪽, 151쪽, 그리고 153쪽.

14) "맹자는 '盡其心者, 知其性也. 知其性則知天矣'(『孟子』 『盡心上』)라고 하고, 장자는 '天地與我並生, 而萬物與我爲一' '道通爲一'(『莊子』 『齊物論』)이라고 하며, 왕양명은 '心卽理也, 此心無私欲之蔽, 卽是天理'(『傳習錄』 上 3)라고 하니, 이는

탁하며 종속해 있는 자연 또는 우주의 질서에서 그 귀추가 예측 불가능한 영원의 시간대를 제거해 버렸다. 그렇게 그들은 예측할 수 없게 끝없이 흐르는 영원의 시간대가 제거된 한 상상의 영토로서 우주를 가설한다.[15] 그들은 자신들이 소속하는 현재의 짧은 시간대를 넘어 합류 회귀해 들어가는 우주적 시간대에 아예 눈을 감아 버린 것이다.

과연 어떤 철학자가, 아니면 일상의 세계에 머물러 있는 누가 저 '영원의 시간대를 제거함으로써' 가설한 가상의 우주 체계 안에 안주하면서, 그 밖의 미지 세계로부터 닥쳐올 반전과 반격을 감당할 수 있겠는가? (200810)

天地, 天人, 心物이라는 類들 사이의 근본적 층차와 간극이 사라지고, 모두 對待의 集體 또는 無待의 一體로 관통되어 결국 등석이 제기한 '天於人無厚'의 문제의식을 깊이 천착하고, 나아가 드디어 혜시의 '天與地卑' '萬物一體'라는 우주무후관을 모두 體得體現함에 이르는 것이다." 『안티호모에렉투스』 (2001년 초판) 고양, 경기: 사월의책, 2017, 131-132쪽.

15) 현대의 한 신비주의자는 우주 전체를 하나의 완결된 경계 안으로 집어넣는 가상의 체계를 다음과 같이 설명한다.

"… 경계선의 가장 혁명적인 재작도(再作圖) 또는 변경은 지고의 정체성 체험에서 일어난다. 이 지점에서는 자기 정체성의 경계가 온 우주를 포함할 정도로 확장되기 때문이다. 경계선이 전부 없어진다고 말할 수도 있을 것이다. '하나의 조화로운 전체'와 동일시할 경우, 그곳에서는 더 이상 어떠한 안도 밖도 없으며, 따라서 경계선을 그을 곳이 어디에도 없기 때문이다." 켄 윌버, 『무경계』 김철수 옮김. 서울: 무수, 2005, 25쪽.

3.

그것은 사르트르가 인간이 자의(恣意)로 만들어낸 낱말과 개념, 범주와 법칙을 일상의 자연으로부터 탈취해 버렸을 때 드러난 혼돈의 실재 x를 향해, 다시금 저러한 인간 자의의 관념 체계를 일방적으로 덮어씌우는 무모한 행위일 수 있다. 이는 자연 또는 우주 전체를, 그리고 예측할 수 없는 그 영원의 시간대를 하나의 폐쇄된 인간적 해석 체계 또는 통치 체제 안으로 잡아넣으려는 한낱 인간적인 망상이 아닐까? (200310)

4.

불교의 뛰어난 구도자인 틱낫한의 이른바 죽음도 태어남도 없는 순환의 '귀향' 길은 역시 세상에 몸을 드러낸 모든 것이 합류 회귀해 들어가는 우주적 시간대에 눈을 감고 외면해 버리고 있는 것이 아닌가? 아니면 귀향이 뜻하는 'x ⇨ X'는, 지질학과 우주론에서 가리키는 영원을 지향하는 시간대 '⇨ X(　)'에 합류해서 결국에 동행하는 것인가? x가 X로 회귀하는 길에서 하나의 큰 이변 '⇨ X(　)' 또한 있을 수 있는 변수로 추가될 가능성이 있다.

틱낫한의 '귀향' 곧 'x ⇨ X'는 인간이 예측하며 설명 가능한 닫힌 체계인가, 아니면 예측 불가능한 이변과 격파가 다가오는 영원한 미지의 시간대 '⇨ X(　)'로 열린 체계인가?[16] (200819)

---

16) Σ6.의 v. "자연과 우주의 회귀 운동—이야기 11. 12." 참고.

V

자연과 우주의 회귀 운동
—이야기 11. 12.

지구상에 존재하는 다양한 생명체에 마지막 경고처럼 다가온 '인류세'(the Anthropocene)는 인간이 만들어낸 '자연의 종말'에 말미암은 것이라고 많은 환경이론가와 지질학자들이 말한다. 자연의 깊은 내면을 파고든 인간은 자연의 모든 측면을 파헤치고 조작하고 변질시켜 놓아서, 더 이상 자연은 자연이 아니다. 인류는 그 안에 기거하면서 동시에 그의 몸으로 삼고 있는 자연을 이제는 자연이 아니게 철저히 변질시킴으로써, 결국 인류 자신이 자연과 함께 때 이른 종말 아니면 어떤 변종의 단계에 이르게 된 것이다.

그렇게 「자연의 종말의 종말」 단계에서 인류는 하나의 영원한 암석 지층으로 들어갈 날을 앞당기고 있다. 어떻든 하나의 영원한 암석 지층으로 들어갈 인간에게 이제 필요한 것은 그의 성숙한 한계 인식이다. "죽음을 기억하라." "죽는다는 것을 기억하라." 옛날의 깨달은 이들의 경고를 다시 되새겨야 하는 때에 이른 것이다.

인류가 소속해서 살아남을 수 있는 시간대 자체가 결코 영원한 것이 아니다. 영원회귀를 음송하며 신앙하는 누구일지라도 그는 『우주의 마지막 운명』에서 가리키는 관문 '⇨ X( )'를 향해간다. 거기는 공간, 시간, 물질, 에너지, 그리고 물리계의 법칙들이 완전히 소멸해 들어가는, 존재하는 것들 x의 마지막 시간대이다.

그렇다면, 자연과 우주의 마지막 운명을 예고하는 관문 '⇨ X( )'는 불교의 수행자 틱낫한이 말하는 모든 존재하는 것들이 귀향하는 길, 곧 'x ⇨ X'와 같은 것일까? 그 두 길이 통과하는 과정의 모든 차이에도 불구하고, 실로 세상에 몸을 드러내 존재하는 것들 x는 예외 없이 모두 X를 향해 합류 회귀하는 동행자들이 아닌가? (200326)

이야기 11. 「자연의 종말의 종말: 인류세와 인류의 운명」 : ⇨ X( )

"우리는 대기를 변화시켰고 그로 인해 날씨도 변화시켰다. 날씨가 바뀜으로써 우리는 지구상의 모든 곳을 인공적이고 인위적인 것으로 만들었다. 우리는 자연에서 독립성을 빼앗았고, 그로 인해 자연의 의미는 치명적인 손상을 입었다. 자연에 독립성이라는 의미가 없다면, 이 세상에 인간 이외에 아무것도 없다." "자연이 인간의 흔적을 담고 있다 해서 우리가 자연을 제어할 수 있다는 뜻은 아니다. 이 새로운 자연은 예측할 수 없을 만큼 난폭할 수 있다. 사실 어떤 것에 대해서도 예측은 가능하지 않다. … … 이전에 자연의 두드러진 특징이 절대적 믿음이었다면 새로운 자연의 두드러진 특징은 예측 불가능성이다."[1)]

"… 시간을 간직한 암석(time-rock)의 각 단층은 그것에 대응하는 시간대 곧 지구 체계에 일어난 엄청난 변화의 순간들에 따라 암석이 기억하는 시간(rock-time)대를 알려주는 것이다. 시간은 공간을, 공간은 시간을 정의한다. 그들의 고유하고 되돌릴 수 없는 순서를 재구성할 수 있는데, 그것은 마치 암석으로 이루어진 지질학 교과서의 페이지 순을 매기는 것과 같다. 그렇게 시간은 공간[에 펼쳐진 것들]에 순서를 결정한다." "공작인(Homo faber)은 자연의 종말을 의미한다. … … 공작인은 자연의 정복자로서 행동할 뿐만 아니라 … … 자연의 다른 것들이 자기들을 위해서 존재한다고 상상할 정도로 오직 자신들만이 우월하다고

풀이말

1) 빌 맥키벤, 『자연의 종말』 진우기 옮김. 서울: 양문, 2005, 101쪽 그리고 151쪽.

믿는다. … … 이를테면 30에서 50%의 토양이 인간에 의해 변형되었고 모든 신선한 수자원의 반 이상이 인류에 의해 사용되고 있다. 그렇게 인류세는 공작인 인류가 최후의 승자인 듯한 모양을 보여주고 있다."[2]

"… 인간은 마치 해변의 모래밭에 그려 놓은 얼굴처럼 휩쓸려 사라질 것이라고 장담할 수 있다. 그러나 인류세에서 보는 '인간'의 운명은, 사라지는 데 있는 것이 아니고 오히려 그는 암석에 영원히 보존되는 불멸의 존재로서 남는 데 있다. … … 앞으로 있을 대대적인 멸종 사태는 화석으로 기록되어 남겨질 것이다. 인류세 시대가 남길 지층은 그 자체가 '죽음을 기억하라'(memento mori)라는 경구(警句)이다. … … 인류세의 지층은 그렇게 동시에 안치되고 구축된다. 동시에 틀에 박히며 사라진다. 그렇게 공작인(Homo faber)으로서, 소비인(Homo consumens)으로서, 그리고 통치인(Homo gubernans)으로서 '인간'은 종말을 맞이한다."[3]

1.

장구한 지질학적 시간대를 거쳐 형성된 지층에 대해서 탈-지층화(de-

2) Bronislaw Szerszynski, "The End of the End of Nature: The Anthropocene and the Fate of the Human," ***Oxford Literary Review***, Vol. 34, No. 2 (2012), pp. 173-174.

3) Bronislaw Szerszynski, "The End of the End of Nature: The Anthropocene and the Fate of the Human," ***Oxford Literary Review***, Vol. 34, No. 2 (2012), pp. 180-181.

stratification) 아니면 어떤 종류의 탈-영토화가 가능한가?

일정한 영토를 점유 지배하고 있는 체제들에 대항해서 '탈-영토화하기'를 질 들뢰즈와 펠릭스 가타리는 역설한다. 그들은 인간 운명을 향해 쉼 없이 공습해오는 초월성을 '내재성으로 환원하기'를 줄기차게 시도해온 철학사의 전통을 답습하며, 여전히 인간적인 행위 개념으로 자연과 우주를 대상화하고 있다.

플라톤을 비롯한 당대의 철학자들이 소속해 있던 그리스 사회로부터 전해져온다고 그들이 말하는 '내재성의 원리'는, 이미 체제화된 영토 또는 지층을 향해 탈-영토화, 탈-지층화로써 탈주하는 관계를 모든 수준의 가능한 행위 원리로 제시하고 있다. 그들은 내재성의 원리를 이렇게 서로 대등한 자들 사이의 관계로 이해한다. 그들은, 자신을 절대적으로 초월하는 차원 또는 위계에서 피할 수 없게 격파해오는 자기 붕괴 또는 자기 소멸의 단계 곧 '⇨ $X(\ \ )$'를 외면한다. 특히 모든 지층은 그렇게 수십억, 수천만, 수백만 년을 거치며 이루어진 것인데.

그들이 그리스인들에게서 발견한 내재성의 원리는 다음과 같은 것이다.

> "그리스인들은 질서라는 것을 엄밀하게 [초월성을 배제한] 내재성으로서 구상한 처음의 사람들이다. … … 그렇게 해서 처음으로 등장한 그리스 철학자들은 혼란이 침범하지 못하도록 그걸 걸러내는 내재성의 평면을 구축한 것이다. 그런 뜻에서 그리스 철학자들은 종교적인 인격체나 사제 같은 현자들과는 구별된다. 그런 현자들은 보통보다 높은 신 또는 대단한 전제 군주로 취임해서 언제나 [권위적으로] 초월적인 질

서 체제를 부과하기 때문이다. …… 오직 친구들[또는 경쟁자들]만이 우상이 제거된 내재성의 평면을 공동의 바탕으로 삼을 수 있다."[4)]

들뢰즈와 그를 따르는 이들은, 그리스 철학자들 대부분이 바로 내재성의 원리에 갇혀서 인간 운명을 향해 덮쳐오는 초월성을 망각하고 있다는 사실을 간과한다. 그러나 그렇게 그리스 철학자들이 망각하고 있는 운명의 초월적 심판권을, 그들과 동시대의 아이스킬로스, 소포클레스 같은 비극 작가들이 이야기하고 있었다.

"인간의 숙고된 결단과 행동의 노력에도 불구하고 결국 다가오고야 마는 무자비한 운명의 심판은 옛날 그리스의 자연 철학자들에게도 비극 작가들에게도 받아들여지고 있었다. …… 비극 작가들은, 이러한 절대적 초월성의 지배에서 벗어나려는 독립적 의사와 결단의 소유자가 그렇게 도전하는 자신의 오만(hybris)으로 인하여 벌을 받게 되는 운명의 역설적 과정을 그리고 있다."[5)]

그러나 당시 계몽시대의 흐름을 따르는 그리스 철학자들은 저렇게 다가오는 운명의 심판 사상에 도전하며 독립적 의사와 결단의 주체로 변신하고 있었다.

---

4) 위의 따온글은 간략하게 줄인 번역임. Gilles Deleuze & Felix Guattari, "The Plane of Immanence," ***What is Philosophy?*** trans. Hugh Tomlinson and Graham Burchell. New York: Columbia University Press, 1994, p. 43.

5) "옛날 그리스 비극의 사족으로서의 서양 철학사," 『동양의 논리는 어디에 있는가』(1993년 초판) 고양, 경기: 사월의책, 2017, 251쪽.

"'동양에는 왜 비극이 없는가?'라고 문학이론가들은 시비를 벌여 왔다. ⋯ ⋯ [그렇다면] '서양에는 비극이 있는가?' [적어도, 그리스 계몽시대에서 들뢰즈와 가타리에 이르기까지] 서양 철학사에는 비극이 없다. 그들의 역사에 나타난 철학적 자아는 언제나 성공적으로 운명의 심판자로부터 탈주[탈-영토화]하며, 타자화된 절대의 심판자를 매개하고 자기화하는 주체로서 극대화되어 가기 때문이다. 그들은, 파르메니데스에서 플라톤에 이르기까지, 데카르트에서 헤겔에 이르기까지 그러한 타자 매개 또는 자기화가 근본적으로 실패할 수밖에 없다는, 그래서 파국이나 비극을 피할 수 없다는 생각을 체계적으로 회피하고 있다."[6)]

"진리는 사람이 만들어내는 것인가? 증명이나 실험으로써 찾아내는 것인가? 진리는 다른 무엇으로 환원시킬 수 있는 어떤 것인가? ⋯ 아니면, 명상이나 직관에 비쳐오는 어떤 것인가? 거부할 수 없는 것으로서, 피할 수 없는 것으로서 덮쳐오는 그 진리는, 사람의 이런저런 엮음으로, 만듦으로, 함(actus)으로 이루어지는 것이 아니다. ⋯ ⋯ 우리는 전쟁과 재난이 덮친 폐허의 마당에서 사람이 실현하려는 진리보다 언제나 그 위계가 높은, 그래서 비극 아닌 어떤 다른 모양이나 논리로도 잡을 수 없는, 그런 의외의 질서가 있음을 깨닫는다."[7)]

(200701)

---

6) "옛날 그리스 비극의 사족으로서의 서양 철학사," 『동양의 논리는 어디에 있는가』 (1993년 초판) 고양, 경기: 사월의책, 2017, 265-266쪽.

7) "옛날 그리스 비극의 사족으로서의 서양 철학사," 『동양의 논리는 어디에 있는가』 (1993년 초판) 고양, 경기: 사월의책, 2017, 247쪽.

2.

그들이 그들의 철학사의 전통을 대변하며 역설하는 탈-영토화, 탈-지층화는 언제까지 그리고 어떤 범위에서 가능한 행위인가? 지질학적 또는 우주적 시간대를 향해서도 실행 가능한 행위일까? 수백만, 수천만 년을 거치며 멸종과 변종을 거듭한 고생태(古生態)의 흐름에 대해서도 탈-영토화, 탈-지층화 행위로써 대응할 수 있는가? 우주적 시간대에 소속해서 이루어지는 자연과 우주의 진행 과정 자체를 탈-지층화, 탈-영토화 행위의 대상으로서 접근할 수 있는가?

아시아 대륙을 향해 인도 대륙이 마주치며 일으키는 히말라야산맥의 형성 과정에 대해 그들은 어떤 종류의 탈-지층화, 탈-영토화를 말하고 있는가? 결국의 탈-영토화, 탈-지층화를 행하는 자는 누구인가? 세계에 몸을 드러낸 모든 것 *x*를 거두어 '⇨ *X*(　)'로 회귀해가며 탈-영토화, 탈-지층화하는 자는 실은 지질학적, 우주적 시간대를 이끌고 가는 *X*인데, *X*는 인간의 내재성으로 말미암은 행위자가 아니고 일체의 가능한 내재성을 초월하는 행위자다. (200703)

3.

들뢰즈를 따르는 이들은 아직도, 저 거대 암석들의 모임으로 이루는 히말라야산맥의 활동을 탈-지층화의 대상으로 이해할지도 모른다. 그들은 탈-지층화 또는 탈-영토화하는 행위자의 시간대 너머에서 영원의 시간대를 이끌고 가는 회귀 운동 '⇨ X(　)'를 간과한다. 그들의 탈-지층화, 탈-영토화하는 행위자는 브뤼노 라투르를 비롯한 이들의 '평등한 객체들의 민주주의'와 함께, 다만 자기들의 시간대-내-정치, 부족들의 미니-정치를 제안하고 있을 뿐이다.

라투르를 비롯한 이들은 들뢰즈를 따르는 이들과 함께, 높아지는 위계의 차원에서 비롯하여 닥쳐오는 붕괴의 사태 곧 초월당할 수밖에 없는 사태를 외면하며, 이른바 내재성의 존재론, 평등의 사회학을 주장하고 있다. 그 내재성의 존재론, 평등의 사회학은 다음과 같은 한계 또는 비판에 부딪힌다.

> "… 존재의 평준[또는 평등]화를 내세우는 라투르의 행위자-연결망 이론은 행위자들이—그들이 인간이든 인간 아닌 것이든—행위 능력을 발휘하는 데 아무런 차별이 없다는 것을 주장한다. … … 그 연결망 이론은 행위자들의 격차 또는 행사하는 힘의 위계(hierarchy)가 실제로 작용한다는 것을 무시한다. … … 평등의 존재론(flat ontology)에서는 척도로 삼을 수 있는 점도, 전체도, 중심도 없다. 모든 것이 끝없는 연결고리로 엮여 있다. … … 모두가 한 역할을 담당하도록 강요된 연결망에서 탈출할 어떤 출구도 없다."[8]

'자연의 종말의 종말' 그리고 '우주의 마지막 운명'에서 이루어지는 자연과 우주의 회귀 과정 '⇨ $X(\ \ )$'는, 현상계에 몸을 드러내 존재하는 모든 것 x를 향해 그것을 초월하는 절대 위계의 역량을 행사한다.

---

8) Alexandre Leskanich, Book Review: ***Facing Gaia: Eight Lectures on the New Climatic Regime*** by Bruno Latour. LSE Review of Books, London School of Economics. August 24th, 2017.

지질학적 시간대 그리고 영원의 시간대를 이끌고 가는 절대 위계의 흐름 '⇨ X(　)'는 과연 들뢰즈와 가타리가 말하는 '내재성의 존재론', 라투르를 비롯한 이들이 주장하는 '객체들의 민주주의' '평등의 사회학'을 허용할까? 인간들 각기의 시간대를 초월해서 자체의 흐름을 따라 움직이는 우주와 자연을 향해, 인간이 참여하는 어떤 시간대의 척도를 적용할 수 있겠는가? (200502)

이야기 12.『우주의 마지막 운명』: ⇨ X( )

"블랙홀은 그의 안으로 어떤 종류의 물질이 들어갔는지 아무 기억도 가지고 있지 않다. 전체 질량과 전체 각(角)운동량이 아닌, 그 밖의 어떤 물질의 성질도 지워져 버린다. 심지어 그의 안으로 삼켜버린 물질이 입자인지 반입자인지 (또는 물질인지 반물질인지) 그런 정보조차 사라져 버린다."[9)]

"마지막에는 무한 또는 무한에 가까운 밀도를 가진 압축 공간 가운데로 모든 물질과 방사선이 통째로 삼켜진 이른바 '빅 크런치'로 들어간다. 빅 크런치 다음에는 무슨 일이 일어날까? 이런 질문이 떠오를 수밖에 없다. 이 질문은 빅뱅 이전에 어떤 일이 일어났는가? 하는 질문으로 이어진다. 이런 의문에 이르면, 어떤 만족할 만한 답변도 있을 수 없다. …… 이런 질문들이 반드시 의미 없는 것은 아니지만, 다만 우리는 그 답을 모른다는 게 사실이다."[10)]

"이 닫혀있는 우주 안에서 빅 크런치가 일어날 때 어떤 종류의 생명도 살아남을 희망이 없다. 그렇지만, 인간이 지닌 기발함의 한계를 모르기 때문에 그런 견해에 단정적일 수도 없다. 우주가 실로 닫혀있는 것이라면, 우리는 아마도 수십억 년 사이에 빅 크런치에서 살아남을 방법

---

9) J. N. Islam, ***The Ultimate Fate of the Universe***. Cambridge: Cambridge University Press, 1983, p. 75.

10) J. N. Islam, ***The Ultimate Fate of the Universe***. Cambridge: Cambridge University Press, 1983, p. 113.

을 생각해내려고 할 수도 있다. … 빅뱅과 그의 마지막 함몰(빅 크런치)이 이루는 순환이 반복하는 데에 생명이 다시 출현할 수 있는 길이 있고, 그렇게 은하계들이 태어나고 다시 태어남으로 하여 어떤 지역에서는 생명이 존재할 수 있는 조건이 성숙할 수도 있다. 이런 일이 일어날 수 있는지 없는지는 물론 알 수 없다."[11]

1.

우주 안에 몸을 드러낸 모든 것 x가 마지막에는 가장 큰 소멸 곧 빅 크런치 '⇨ X( )'를 만난다. 그렇다면 이것이 우주의 종말인가? 이 종말의 사건 '⇨ X( )'는 다시금 'X( ) ⇨' 곧 빅뱅을 일으켜서 또 하나의 새로운 시간대를 만들 수 있다고 우주 물리학자들이 추론한다. 이는 그것을 말하고 추론하는 그들조차 가본 적도 없고 관찰한 적도 없는 가상의 사태에 관한 순수 이론적 상상이다. 시작에서 종말로 다시 종말에서 시작으로 관통하는 가상의 우주적 여정을 x의 존재론에서 이렇게 대표한다.

'X( ) ⇨ x ⇨ $\neg x$ ⇨ X( )'[12]

---

11) J. N. Islam, ***The Ultimate Fate of the Universe***. Cambridge: Cambridge University Press, 1983, p. 114.

12) 이 책 Σ2.의 붙임 2. "인류학—박제화된 시간/시간대의 파도를 해방하라" 답변 x−2. 참고.

(200808)

2.

한 닫혀있는 단위로서 우주가 그 안에서 더 이상 움직일 수 있는 에너지가 고갈된 상태 곧 엔트로피 최대한의 단계에 이를 때 그것은 빅 크런치에 들어간다고 이론가들은 추론한다. 그리고 그들은 다음과 같은 추론을 더하기도 한다.

> "우리들이 살고 있는 우주에는 부활의 가능성이 남아 있다. 오늘의 물리학 이론들은 빅 크런치 또는 대대적인 해체에 대해 [의견이] 갈리고 있다. 그래서 [빅 크런치 같은] 잿더미에서 한 새로운 우주가 [또 하나의 빅뱅으로] 탄생할 가능성도 열어놓고 있다."[13]

그렇게 우주 안에 몸을 드러낸 모든 것 *x*는 태초의 사건 '*X*( ) ⇨'에서 비롯하고 다시 그 운명의 마지막 사건 '⇨ *X*( )'를 향해 회귀하는 길을 간다. 그렇다면, 태초의 빅뱅도 그 마지막의 빅 크런치도 모두 불교의 수행자 틱낫한이 말하는 '귀향' 곧 '*x* ⇨ *X*'의 부분일 뿐이라고 말할 수 있지 않은가? (200809)

---

13) Stephen Battersby, "How will it all end?" ***New Scientist***, vol. 211, no. 2822. (2011)

3.

「전도서」의 설교자는 누구든지 언제나 예비하며 잊지 말아야 하는 '귀향'에 대하여 다음과 같이 말하였다.

> "그러니 좋은 날이 다 지나고 '사는 재미가 하나도 없구나!' 하는 탄식 소리가 입에서 새어 나오기 전, 아직 젊었을 때, 너를 지으신 이를 기억하여라. 해와 달과 별이 빛을 잃기 전, 비가 온 다음에 다시 구름이 몰려오기 전에 그를 기억하여라."(「전도서」 12:1-2)[14)]

이는 문명 이후 일어난 계몽시대가 한창일 때 미신에 지나지 않는 가상이라고 경계했던 바로 그런 의인주의(擬人主義)인가? 다만 또 하나의 인간 본위의 추론에서 비롯한 우주관일까? (200815)

4.

인류는 왜 여전히 종교라고 일컫는 영역을 떠날 수 없는가?

인류는 한 그루의 나무보다 결코 근본적으로 더 나은 지식, 먼 미래에 대응하는 더 나은 지혜를 갖고 있지 않기 때문이다. 그렇게 한 그루의 나무도 나도 똑같이 X를 향해 자신을 부재화(不在化)하며 자신을 초월하는 그렇게 동행하는 똑같은 위계의 존재 x로서 자각하기 때문이다.

14) 『공동번역성서』, 서울: 대한성서공회, 1977.

"현상계에 몸을 드러낸 한 개체 실존 x가 달려가는 곳을 가상으로 추적해 따라가면, 그 길은 형태 부재한 곧 모든 것을 부재화하는 자의 경계 X로 빠져들어 간다. 그리고 이 '부재화'는, 미래에 일어나는 일이 아니고 현재의 매 순간에 일어나고 있는 일이다. 그래서 사람들은 형태 부재화로 들어가는 경계선에서, 곧 현재의 시간대 너머에서 살아남을 자신의 영혼 아니면 그래도 잡을만한 그의 잔해를 찾는다. 어떻게든 각자의 특이성과 개체성에 따라 모두 현재 부재화의 진행 방향으로 현재를 초월하는 삶을 모색한다."[15)]

(200820)

15) 이 책 Σ5. "매 순간이 초월하는 삶" 줄기글 9.에서 따옴.

간추림 1.
불타는 자아의 경계 위에 살다

1.

임진왜란과 병자호란 그리고 6.25 전쟁만큼 한국 사람들이 지닌 자아의 경계를 부수고 다시 짓는 데에 깊이 관여한 사건들이 있을까? 왜 중국의 동북공정(東北工程)에서 서술하는 고조선, 고구려와 발해사가 한국 사람들의 위기의식을 불러일으켰던가? 왜 일본의 초중학교 교과서에 독도가 일본의 영토로 기록되는 것이 한국 사람들의 정신이 나가도록 하는가? 왜 한국 사람들은 저 먼 나라 영국의 맨체스터 유나이티드에서 뛰고 있는 한 축구선수 박지성의 성공과 좌절에 일희일비하는가? (100510)

그런데도, 왜 그들은 척화(斥和)와 주화(主和), 남과 북, 좌(左)와 우(右)로 서로 갈라지며 모두 적대적 대립 관계에서 벗어날 수 없는가? 왜 그들은 그들의 생계가 걸려있는 논과 밭을 팔아서라도 자식 공부를 시키려고 했는가? 한국에서 온갖 모양으로 굴절되는 교육열 그것이야말로 그들 존재의 경계가 항상 격렬하게 불타고 있음을 보여주는 것이다. 그들의 일생 가운데서 모든 경우에 입게 되는 존재의 모양들은 항

상 불타는 경계 위에 놓여 있다.[1]

그런데 자기 아이를 살해한 범인을 자기의 양자로 받아들인 손양원 목사의 경계는 어디까지 나가 있는 것인가? 왜 김수환 추기경은 그가 대표하는 가톨릭교와 전혀 다른 믿음을 대표하는 한 무속인의 내림굿 행사에 참관했는가? 왜 법정 스님은 자기 일생의 저서들을 자기 사후에 모두 절판하라고 유언했는가?

예수는 어떤 마음으로 "원수를 사랑하고 너희를 박해하는 사람들을 위하여 기도하라."(「마태」 5:44) 하였는가? 20세기 불교의 뛰어난 해설가 틱낫한은 왜 붓다의 깨달음을 'inter-being' 곧 모든 있음의 '무아'(無我)로서 요약하였는가?[2] 저 끝없이 일어나는 이야기들이 설파하고 있는 것은 모든 존재에 주어진 '자아의 경계가 항상 불타고 있음'이다.

그들은 모두 '있음'과 '있지 않음', '이다'와 '아니다'로 엮이는 자기 존재의 불타는 경계 위에서 언제나 새로운 경계를 짓고 있다. 그들이 각각 자아라고 생각하는 한 존재의 경계는 어디에 머무는 것인가? 그들의 몸이 머무는 경계는 항상 불타고 있으며 그래서 언제든 무너지며 다시 지어진다. 그들의 불타는 경계가 어디에 있는 것인지 말할 수 없을 만큼, 끝없이 멀리 나아가 있을 때가 있고, 아주 깊숙이 안으로 쳐들어와

풀이말

1) 이 책 Σ6. "불타는 자아의 경계 위에 살다"의 i. ii. iii. iv. v. 참고.

2) 이 책 Σ6. "불타는 자아의 경계 위에 살다"의 iv. 참고.

있을 때가 있다.[3] (110516)

2.

한 개체 존재 x는 영원의 한 조각 기억체로서 그가 발휘하는 상상의 활동 $\neg x$에 의해 모든 가능한 학습과 기투(project)를 수행한다. 따라서 한 사람의 상상과 그에 따르는 기투 행위는 세 가지 방면으로부터 다가오는 도전에 직면해서 대항하거나 타협하는 투쟁을 해야 한다. 그리고 언젠가는 끝을 맺어야 하는 그러한 투쟁의 가장 값진 수확은 각기의 현재가 의탁하는 자아의 소멸과 함께 이루는 자아의 초월이다.[4]

여기서 말하는 '자아의 초월'과 20세기에 이름을 날리던 실존주위 철학자 사르트르가 말하는 '자아의 초월'은 어떻게 다른가? 사르트르의 초월도 상상과 기투로써 이루어지는데, 그러나 그의 상상과 기투는 '아무것도 없는 데서'(*ex nihilo*) 일어난다.[5] 그렇게 초월이, '아무것도 없는 데서' 비로소 어떤 제약도 없이 절대 자유로운 상상과 기투로써 가능하다

3) 이처럼 항상 불타는 자아의 경계 위에서 일어나는 끝없는 이야기들 가운데 작품화된 12가지를, Σ6. "불타는 자아의 경계 위에 살다" 이야기 1.에서 12.에 이르기까지 조명하고 있다.

4) "… '초월'은 스스로 하든 당하든, 일생에 할 수도 안 할 수도 있는 선택이 아니다. 초월은 결국에 피할 수 없는 자기 시간대의 붕괴 절차이다. 그렇게 다가오는 죽음은 한 일생의 피할 수 없는 마지막 과제로서 주어지는 자기 시간대의 붕괴, 그러한 붕괴 또는 자기 부재화(不在化)로써 이루는 자기 자신의 초월이다. 그러므로 죽음은 자기 자아의 해체가 아니라 자기 자신을 초월함이다. 그렇게, 초월은 운명이다." 이 책 Σ3. "초월은 운명이다" 줄기글 2.에서 따옴.

고 생각하는 사르트르는, 고생물학과 유전학 이론에 무지한 아니면 그런 것들을 외면한 상태에서 오직 기발한 천재적 발상에 의존하고 있는 것이다.

그러나 자연의 현실 가운데서 일어나는 상상과 기투 행위 ¬*x*는 영원의 기억 *x*에서, 그리고 그 영원의 기억은 생명이 태초로부터 각각의 고유한 계통발생과 개체발생 과정을 따라 수없이 반복해온 격파당함 곧 멸종과 죽음의 체험 '⇨ *X*( )'에서 비롯한다.[6] 따라서 누구든지 '자아 소멸'의 기억을 등에 지고 수행하는 '자아 초월'의 가능성은, 저 수십억 년 그리고 다시 수백만 년이라는 지질학적 시간대를 통과하며 겪은 체험의 재현 과정 곧 '*X*( ) ⇨ *x* ⇨ ¬*x*'에 따르는 것이다. (200509)

3.

그렇게 장구한 시간대를 통과하며 겪은 오랜 체험과 그 재현 과정으로서 이루어지는 현실계에서 사람들은 온갖 상상과 기투 행위 ¬*x*로써, 같은 수준의 타자와 연대하거나 동거하며, 때로는 대항하거나 투쟁하는 모든 가능한 사회적 관계 '¬*x*&¬*x*'를 연출한다. (200118)

---

5) "… 선험적 의식은 하나의 비인격적 자발성이다. 그것은 매 순간 그 자신의 존재를 결정한다. 그런 의식의 결정 '이전에' 생각할 수 있는 것은 아무것도 없다. 우리 의식의 삶은, 매 순간 '아무것도 없는 데서'(ex nihilo) 만들어낸 것을 우리에게 보여준다." Jean-Paul Sartre, ***The Transcendence of the Ego***, trans. F. Williams & R. Kirkpatrick. New York: Farrar, Straus and Giroux, 1957, pp. 98-99.

6) 이 책 Σ6. "불타는 자아의 경계 위에 살다" iii. iv. v. 참고.

4.

또 하나의 방면으로는 그가 소속하거나 아니면 그들이 소속하는 공동체 또는 사회체제가 강제하는 규범 또는 통치 체제 $\mathcal{X}x$에 대해 저항이나 변화 또는 혁명을 시도함으로써 '$\mathcal{X}x \& \neg x$'라는 관계에 놓일 수 있다.[7]

문명권에 등장한 거의 모든 전통의 철학자들은, 그들의 진리 탐구의 역량을 가능한 통분(commensuration)과 통치(government) 형식 곧 $\mathcal{X}x$로 대표할 만한 행위의 질서 또는 진리의 체계를 구축하는 데에 쏟았다. 이런 철학자들의 습관적 관념 작업에 대해 다음과 같은 반성을 제안할 수 있다.

> "니체는 『우상들의 황혼』에서 이렇게 말했다. '플라톤은 실재 앞에서 겁쟁이였다. 그래서 그는 관념의 세계로 도피했다.'(제X장 2절) 어째서 이렇게 말할 수 있는가? 플라톤은, $\mathcal{X}x$라는 일반 관계식에 포함되는 하나의 특수 해법을 절대화해서, 그다음에 오는 철학자들을 겁쟁이로 길들인 교사로 남아 있기 때문이다."

> "$\mathcal{X}x$라는 일반해법 안에서 각기의 시대 배경에 따라 특수 해법을 제시한 철학자들로는 플라톤 말고도 아리스토텔레스와 공자와 노자, 그리고 그들이 시작한 철학의 전통을 이어온 숱한 인물들을 들 수 있다."

> "[그들은] 모두 통분(commesuration)과 통치(government)를 위한 체계

---

7) 이 책 Σ6. "불타는 자아의 경계 위에 살다" ii. 참고.

$\mathcal{X}x$를, 각기 소속한 문화권과 언어체계에 따라 우연하고도 특수하게 제한된 모양으로 추구했다. 그러나 이들 가운데 어떤 철학자도 $\mathcal{X}x$라는 일반 관계식 안에서, 자신의 특수한 지역 문화와 언어체계 그리고 그 절대 한계를 검토하고 반성하는 데 이르지는 못했다."[8]

어떻든, 역대의 철학자들과 그들의 관념 체계에 의존하는 통치자들은 끊임없이 야생의 사람과 역사로부터 끓어오르는 이의와 저항에 부딪힐 수밖에 없다. 그래서 그들의 어떤 진리 체계도 통치 체제도 일시적 임시적일 수밖에 없는 해법, '$\mathcal{X}x\&\neg x$'라는 시험대를 거쳐 간다. (200118)

5.

셋째의 방면에서 다가오는 도전과 투쟁의 상대는, '$\neg x\&\neg x$' 또는 '$\mathcal{X}x\&\neg x$'로 요약하는 인간의 가능한 존재 양식과 투쟁 역량의 한계 밖으로부터 다가오는 절대 위계의 행위자 $\mathcal{X}$이다. 이렇게 각기 소속한 시간대의 한계 또는 경계 밖으로부터 밀려오는 절대 위계 $\mathcal{X}$ 앞에서 더 이상 버틸 수 없음을, 한 사람 한 사람의 마지막 날에, 아니면 인류의 마지막 날에 어김없이 모든 자아 존재의 붕괴 '⇨ $\mathcal{X}$(　)'로서 체험할 것이다.[9] 이처럼 모든 자아 존재가 부재화(不在化)하는 시간대를 클로드 레비스트로스는 다음과 같이 추정한다.

---

8) 원문의 몇몇 낱말을 고쳐서 따옴. 『x의 존재론』 고양, 경기: 사월의책, 2017, 317-318쪽.

9) 이 책 Σ6. "불타는 자아의 경계 위에 살다" iii. iv. v. 참고.

"세계는 인류가 없이 시작했고, 다시 인류가 없이 끝날 것이다."[10)]

세상에 몸을 드러낸 어떤 존재도 그가 소속하는 시간대를 자신의 의사에 따라 탈출하거나 넘어가는 것은 아니다. 그는 초월당함으로써 자신을 초월하는 것이다. 그는 자신의 마지막이 어떤 모양으로 자신의 시간대 너머로 소멸하며 초월해 가는지를 미리 볼 수도 없다. 거기는 영원의 기억과 상상 그리고 믿음의 영역이다.

"미지에의 빠짐이 없이 어떤 탐구와 모험이 참으로 성공할 수 없다. 우리는 미지에 빠져 있을 뿐만 아니라, 거기서 떠날 수 없는 미지의 부분이다."[11)]

(200119)

6.

그런데도 인류의 역사는 저렇게 끊임없이 각기 불타서 무너지고 다시 짓는 자아의 경계를 통과하며 투쟁하는 가운데 '자아 소멸'과 함께 이루는 '자아 초월'로써 일생을 실현하는 희귀한 존재 x들에 의해서 빛나고 있다.

---

10) Claude Levi-Strauss, ***Tristes Tropiques***, trans. J. Weightman & D. Weightman. Penguin Books, 2012, p. 413.

11) 원문의 몇몇 낱말을 고쳐서 따옴. 『안티호모에렉투스』 (2001년 초판) 고양, 경기: 사월의책, 2017, 179쪽.

언제나 그들보다 높은 위계로부터 각기의 경계를 넘어 다가오며 불러 일으키는 '자기 소멸 곧 자기 초월'의 우주적 여정 곧 '$X(\ \ ) \Rightarrow x \Rightarrow \neg x \Rightarrow X(\ \ )$'[12]가, 그가 수행해야 할 행위와 진리의 시험대로서 작동하고 있음을 전하는 것이 한 철학자가 가지고 있는 마지막 메시지일 수 있다. (200119)

12) 이 책 Σ2.의 붙임 2. "인류학—박제화된 시간/시간대의 파도를 해방하라" 답변 x−2. 참고.

간추림 2.

뼈대로 간추림

x가 X로 합류 회귀하는 길에서 일어나는 이야기 1.에서 이야기 12.까지의 뼈대를 다음과 같이 정리할 수 있다.

i. 의식의 출현 이전과 이후

이야기 1.『구토』 : X
이야기 2.『의식의 기원』 : X ⇨ $\neg x$
이야기 3.「전도서」 : X ⇨ $\neg x$

ii. 의식의 투쟁에서 변신하기까지

이야기 4.『산성일기』 : Xx & $\neg x$
이야기 5.『광장』 : Xx & $\neg x$
이야기 6.『변신』 : Xx & $\neg x$

iii. 투쟁하는 의식의 운명

이야기 7.『한 그루의 나무가 알고 있는 것들』 : $\neg x$ ⇨ $X($ $)$
이야기 8.『이 별에서의 이별』 : $\neg x$ ⇨ $X($ $)$

iv. 전생의 기억과 귀향

이야기 9.『전생을 기억하는 어린아이들』 : X ⇨ x
이야기 10.『귀향: 예수와 붓다가 형제로서』 : x ⇨ X

v. 자연과 우주의 회귀 운동

이야기 11.「자연의 종말의 종말: 인류세와 인류의 운명」 : ⇨ $X($ $)$
이야기 12.『우주의 마지막 운명』 : ⇨ $X($ $)$

핵심문제 정리 / 찾아보기

아래에 정리하는 핵심문제에 들어가 있는 관점들은 철학의 오래된 주요 영역으로서 역사철학, 존재론, 신학, 사회학의 분야를 조명의 대상으로 한다. 이는 아리스토텔레스가 그의 형이상학의 원칙을 가지고 당대에 보여준 모범에 따르는 것이다. 물론, 저 문제의 관점들은 다시 자연학, 영혼론, 인류학, 문명관, 처세론, 도덕이론, 교육이론, 외교론 같은 분야의 이야기들을 끌어내는 데에도 관여할 수 있기를 바라보고 있다. (201101)

1.

2.

참고자료

『공동번역 성서』 서울: 대한성서공회, 1977.
작자 미상, 『산성일기: 인조, 청 황제에게 세 번 절하다』, 김광순 옮김. 경기, 파주: 서해문집, 2006.
고은, 『1950년대—그 폐허의 문학과 인간』 서울: 향연, 2005.
김진섭, 『생활인의 철학』 서울: 글로벌콘텐츠, 1948, 2015.
김훈, 『남한산성』 서울: 학고재, 2007.
박동환, 『동양의 논리는 어디에 있는가』 (1993년 초판) 고양, 경기: 사월의책, 2017.
박동환, 『서양의 논리 동양의 마음』 (1987년 초판) 고양, 경기: 사월의책, 2017.
박동환, 『안티호모에렉투스』 (2001년 초판) 고양, 경기: 사월의책, 2017.
박동환, 『진리의 패권은 사람에게 있는 것이 아니다』 고양, 경기: 사월의책, 2019.
박동환, 『x의 존재론』 고양, 경기: 사월의책, 2017.
양수진, 『이 별에서의 이별』 파주, 경기: 문학동네, 2018.
차윤정, 『나무의 죽음』 서울: 웅진지식하우스, 2007.
최인훈, 『광장』(1960년 발표) 서울: 문학과지성사, 2008.
최인훈, 『길에 관한 명상』 서울: 문학과지성사, 2010, 2018.

—

레비스트로스, 클로드, 『슬픈 열대』 박옥줄 옮김. 서울: 삼성출판사, 1990.
맥키벤, 빌, 『자연의 종말』 진우기 옮김. 서울: 양문, 2005.
밀롱, 알랭, 『도시의 이방인』 김미성 옮김. 서울: 연세대학교 출판문화원, 2017.
사르트르, 장-폴, 『자아의 초월성』 현대유럽사상연구회 옮김. 서울: 민음사, 2017.
사르트르, 장-폴, 『구토』 강명희 옮김. 서울: 하서출판사, 2008.
윌버, 켄, 『무경계』 김철수 옮김. 서울: 무수, 2005.
카프카, 프란츠, 『변신』 채운정 옮김. 고양, 경기: 태동출판사, 2004, 2006.

—

"여행 가방에 갇혀 '의식불명' 9살 아이, 끝내 숨져" (2020. 6. 3) "9살 아이 여행 가방 감금 살해사건…" (2020. 9. 16) **한겨레신문**.
"코로나, 공식으로 푼 물리학자[김범준] 2월 말 99% 도달, 3월 말 종료," **중앙일보**, 2020년 2월 13일.
박동환, "고고학으로 함몰하는 철학사 그리고 남은 과제" 1995년 **춘계 철학연구회** 세미나 (이후에『해방 50년의 한국철학』 철학과현실사, 1996).

박동환, "끝없는 탈출," 『철학과 현실』 서울: 철학과 현실사, 1989.
박동환, "호모에렉투스의 돌도끼에 얽힌 이야기," 『철학과 현실』 (1990년 여름호 133-146쪽. 철학문화연구소 발행).
박소정, "서평: 박동환의 철학 선집 V. 『진리의 패권은 사람에게 있는 것이 아니다』," **한국연구원 웹진**(Webzine), 2020년 1월 14일.
신채호, "낭객의 신년 만필," 『동아일보』, 1925년 1월 2일.
최보현, 질문서, 2020년 1월 10일, 2020년 2월 6일.
한국연구원 심포지엄(2020년 12월 22일) 발표글 김상환 교수의 "x의 존재론과 개체성".
한국연구원 심포지엄(2020년 12월 22일) 발표글 유헌식 교수의 "x의 존재론에서 인간 척도주의의 위상 문제".
한국연구원 심포지엄(2020년 12월 22일) 발표글 차은정 교수의 "x의 존재론에 대한 인류학적 고찰: 한민족의 코스몰로지는 어떻게 가능한가".
한국연구원 심포지엄(2020년 12월 22일) 이후 2차 발표글 김동규 박사의 "물음의 책임: 박동환 철학의 지렛목".

Aristotle, ***Metaphysics***, trans. Richard Hope. Ann Arbor, MI: The University of Michigan Press, 1952, 1960.
Berger, Peter, et al., ***The homeless mind***. Penguin Books, 1973, 1977.
Bryant, Levi R., ***The Democracy of objects***. Ann Arbor, MI: Open Humanities Press, 2011.
Bryant, Levi, & Nick Srnicek, Graham Harman, eds., ***The Speculative turn: Continental materialism and realism***. Melbourne: Re. Press, 2011.
Carroll, Sean, ***From eternity to here: The quest for the ultimate theory of time***. New York: Dutton, 2010.
Chamovitz, Daniel, ***What a plant knows***. New York: Scientific American, 2012.
Deleuze, Gilles & Felix Guattari, ***Kafka: Toward a minor literature***, trans. Dana Polan. Minneapolis: University of Minnesota Press, 1986.
Deleuze, Gilles, ***Pure immanence: Essays on a life***, trans. Anne Boyman. New York: Zone Books, 2001.
Deleuze, Gilles & Felix Gattari, ***A Thousand Plateaus***, trans. Brian Massumi. Minneapolis: University of Minnesota Press, 1987.
Deleuze, Gilles & Felix Guattari, ***What is philosophy?*** trans. Hugh Tomlinson and Graham Burchell. New York: Columbia University Press, 1994.
Feyerabend, Paul, ***Conquest of abundance: A tale of abstraction versus the richness of Being***, ed. Bert Terpstra. Chicago: The University of Chicago Press, 1999, 2001.
Groddeck, Georg, ***The book of the It***, trans. V. M. E. Collins. NY: Random House, 1923, 1949.
Hanh, Thich Nhat, ***Going home: Jesus and Buddha as brothers***. New York: Riverhead

Books, 1999.
Hanh, Thich Nhat, ***Living Buddha, living Christ***. London: Rider, 1996.
Head, Joseph & Sylvia Cranston, ***Reincarnation: The phoenix fire mystery***. Pasadena, CA: Theosophical University Press, 1994.
Hoffman, Donald, ***The case against reality***. (Kindle edition) New York: W. W. Norton & Co. (2019)
Hume, David. ***A treatise of human nature***. Oxford: At the Clarendon Press, 1888, 1905.
Islam, J. N., ***The ultimate fate of the universe***. Cambridge: Cambridge University Press, 1983.
Jaynes, Julian, ***The origin of consciousness in the breakdown of the bicameral mind***. Boston: Houghton Mifflin Co., 1976.
Kafka, Franz, ***Diaries***, ed. Max Brod. New York: Schocken Books, 1948, 1975.
Kolbert, Elizabeth, ***The sixth extinction: An unnatural history***. New York: Henry Holt & Co., 2014.
Latour, Bruno, ***Reassembling the social: an introduction to Actor-Network-Theory***. New York: Oxford University Press, 2005.
Levi-Strauss, Claude, ***La pensee sauvage***. Paris: Plon, 1962, 2009.
Levi-Strauss, Claude, ***The savage mind***, trans. no. Chicago: The University of Chicago Press, 1966.
Levi-Strauss, Claude, ***Structural anthropology***, trans. C. Jacobson & B. G. Schoepf. New York: Basic Books, 1963.
Levi-Strauss, Claude, ***Tristes Tropiques***, trans. J. Weightman & D. Weightman. Penguin Books, 1973, 2012.
Levy-Bruhl, Lucien, ***Primitive mentality***, trans. Lilian A. Clare. New York: The Macmillan Co., 1923.
Monk, Ray, ***Bertrand Russell: The spirit of solitude***. London: Vintage, 1997.
Nietzsche, Friedrich, ***Twilight of the idols***, trans. R. J. Hollingdale. Penguin Books, 1968.
Rovelli, Carlo, ***The order of time***, trans. E. Segre & S. Carnell. New York: Riverhead Books, 2018.
Sartre, Jean-Paul, ***The transcendence of the ego***, trans. F. Williams & R. Kirkpatrick. New York: Farrar, Straus and Giroux, 1957.
Sennett, Richard, ***The fall of public man***. Cambridge: Cambridge University Press, 1974, 1976.
Stevenson, Ian, ***Children who remember previous lives: A Question of reincarnation***. rev. ed. Jefferson, NC: McFarland & Company, Inc., 2001.
Thom, Rene, ***Structural stability and morphogenesis: An outline of a general theory of models***, trans. D. H. Fowler. Reading, MA: The Benjamin/Cummings Publishing Co., 1975, 1980.

"Black," (June 28, 2020) in ***Wikipedia***. https://en.wikipedia.org/w/index.php?title=Black &oldid=964941336

Battersby, Stephen, "How will it all end?" ***New Scientist***, vol. 211, no. 2822 (2011).

Colvin, Matthew, "Heraclitean Flux and Unity of Opposites in Plato's ***Theaetetus*** and ***Cratylus***," ***The Classical Quarterly***, New Series, Vol. 57, No. 2 (Dec., 2007).

De Waal, Frans, "Morally Evolved," ***Primates and Philosophers: How morality evolved***, eds. S. Macedo & J. Ober. Princeton & Oxford: Princeton University Press, 2006. p. 29.

Emlyn-Jones, C. J., "Heraclitus and the Identity of Opposites," ***Phronesis***, Vol. 21, No. 2 (1976).

Hanh, Thich Nhat, "Thich Nhat Hanh Talks About Reincarnation," ***Omaha Community of Mindful Living***. Omaha, Nebraska, U.S.A.

Heywood, Paolo, "The ontological turn," ***The Cambridge Encyclopedia of Anthropology***. (2017) (eds) F. Stein, S. Lazar, M. Candea, H. Diemberger, J. Robbins, A. Sanchez & R. Stasch. http://doi.org/10.29164/17ontology

Jolles, Jolle W. et al., "Consistent Individual Differences Drive Collective Behavior and Group Functioning of Schooling Fish," ***Current Biology*** 27, 1-7, September 25, 2017.

Kale, Sudhir & Natalina Zlatevska, "Globalization, reterritorialization, and marketing," ***The Journal of Internationalization and Localization***, Vol. 1 (2009), pp. 150-167.

Latour, Bruno, "Agency at the time of the anthropocene," ***New Literary History***, vol. 45, no. 1 (2014)

Latour, Bruno, "Another way to compose the common world," ***HAU: Journal of Ethnographic Theory*** Vol. 4, no. 1. (2014) pp. 301-307.

Leskanich. Alexandre, ***Facing Gaia: Eight lectures on the new climatic regime*** by Bruno Latour. ***LSE*** Review of Books, ***London School of Economics***. August 24th, 2017.

Malm, A. & A. Hornborg, "The geology of mankind? A critique of the Anthropocene narrative," ***The Anthropocene Review***, Vol. I, no. 1 (2014).

Matisse, Henri, "Henri Matisse Quotes," http://www.matissepaintings.org/quotes/

Matisse, Henri, "Notes of a painter," https://www.austincc.edu/noel/writings/matisse%20 -%20notes%20of%20a%20painter.pdf

Pavid, Katie, "What is the Anthropocene and why does it matter?" ***Natural History Museum***. 26 November 2019.

Pickering, Andrew, "The ontological turn: taking different worlds seriously," ***Social Analysis***, Vol. 61, no. 2.

Rightmire, G. Philip & Phillip Vallentine Tobias, "Homo erectus: Extinct homini," ***Encyclopedia Britannica***. Jan 6, 2020.

Stevenson, Ian, "Dr. Ian Stevenson interviewed by Dr. K. S. Rawat." September/October,

1995 issue of ***Venture Inward*** (the magazine of the Edgar Cayce research organization).
Szerszynski, Bronislaw, "The End of the end of nature: The Anthropocene and the fate of the human," ***Oxford Literary Review***, Vol. 34, No. 2 (2012).
Vandendriessche, Eric, "Lévy-Bruhl's theory on prelogical mentality and its influence in the field of history and philosophy of science: Léon Brunschvicg (1869-1944) / Abel Rey (1873-1940)" https://www.sphere.univ-paris-diderot.fr/IMG/pdf/vandendriessche-2020-wsawm.pdf
Zalasiewicz, J. et al., "When did the Anthropocene begin? A mid-twentieth century boundary level is stratigraphically optimal," ***Quaternary International*** (2014), httpss://doi.org/10.1016/j.quaint.2014.11.045